JN067887

装丁 / イラスト　申　智英

## 教科書の主な構成

### 文字と発音編

| 課 | 学習内容 |
|---|---|
| 第1課 | ・ハングルの構成<br>・基本母音字（ㅏ, ㅑ, ㅓ, ㅕ, ㅗ, ㅛ, ㅜ, ㅠ, ㅡ, ㅣ）<br>・出会いのあいさつ |
| 第2課 | ・基本子音字（ㄱ, ㄴ, ㄷ, ㄹ, ㅁ, ㅂ, ㅅ, ㅇ, ㅈ）<br>・激音（ㅋ, ㅌ, ㅍ, ㅊ, ㅎ）と濃音（ㄲ, ㄸ, ㅃ, ㅆ, ㅉ）<br>・別れのあいさつ |
| 第3課 | ・合成母音（ㅐ, ㅒ, ㅔ, ㅖ, ㅘ, ㅙ, ㅚ, ㅝ, ㅞ, ㅟ, ㅢ）　・感謝のあいさつ |
| 第4課 | ・終声（パッチム）　・二つのパッチム　・連音化　・謝罪のあいさつ |
| 第5課 | ・日本語のハングル表記　・分かち書き |
| 参考 | 発音の変化 |
| テーマ | 教室用語 |

### 本編

| 課 | 機能・概念 | 文法 | 表現 |
|---|---|---|---|
| 제1과 | 初対面のあいさつ | ・-입니다 / 입니까?　・-는 / 은　・-(이) 라고 합니다 | 助詞「-의 (～の )」<br>いろいろな趣味、いろいろな職業 |
| 제2과 | 物の名前をたずねる | ・가 / 이　・指示表現　・무엇 | 指示詞<br>身のまわりのもの |
| テーマ | | 国・地域の名前、言語の名称 | |
| 제3과 | 家族を紹介する | ・-예요 / 이에요　・体言文の尊敬形<br>・-가 / 이 아니에요 | 親族名称 |
| 제4과 | 場所や位置を<br>たずねる | ・여기 / 거기 / 저기 / 어디　・있습니다 / 없습니다<br>・-에　・-하고 | 位置表現 |
| 제5과 | 予定を述べる | ・-ㅂ니다 / 습니다, ㅂ니까 / 습니까?( 합니다体 )<br>・-를 / 을　・-에서　・-고　・語幹型 | 時間帯の表現 |
| 제6과 | スケジュールを<br>伝える | ・-아요 / 어요 ( 해요体 )　・-아 / 어서<br>・아 / 어型 | 呼びかけの表現、<br>応答の表現 |
| 제7과 | 一緒にすることを<br>提案する | ・否定形　・-(으) ㄹ까요?<br>・-(으) 니까　・-(으) 러 가다　・(으) 型 | いろいろなお店や<br>サービス、施設 |
| 제8과 | 食堂で注文する | ・-(으) 시 -　・-(으) ㄹ게요<br>・-(으) 로 하다　・ㅂ変則用言 | 副詞形をつくる「-게」<br>文を途中で切る「-요 / 요?」 |
| テーマ | | いろいろな食べもの | |
| 参考 | | 語幹と語尾の接続 | |

韓国語教本
ハングルマダン
한글마당
改訂版

松﨑　真日
丁　　仁京
熊木　　勉
金　　昴京
李　　秀炅

朝日出版社

音声サイトURL

http://text.asahipress.com/free/korean/
hangulmadangkaitei/index.html

# はじめに
## ―改訂にあたり―

　韓国語は私たちにとってとても身近な外国語です。みなさんは歌やテレビドラマ、ニュースなどを通じ韓国語に接したことがあるでしょう。また駅や空港の案内表示や韓国食材に書かれた独特な文字を目にしたこともあると思います。街を歩けば観光客の方々に出会うこともあるかもしれません。韓国語はとても身近な外国語だといえます。

　このようななかで、このたび本書『ハングルマダン』は改訂を行いました。これまでの、韓国語を楽しみながらも着実に学ぶことができるという目標は維持しながら、例文の単語や文法の配列、また提示の方法などについて再検討を行い、これまで以上に段階的な学習が実現できるようにしました。これにより、発音や語彙・文法といった核の学習を徹底した上で、それを話すこと、読むこと、書くこと、聞くことという実践的な言語能力へとつなげていけるものと期待しています。

　本書での学習が進むにつれ、徐々に、駅の案内板や韓国食材に書かれた韓国語が読めるようになり、また歌の歌詞やドラマのセリフが聞き取れるようになり、そして韓国の方々とお話ができるようになることでしょう。記号が「ことば」に変わる瞬間の喜びを味わっていただければと考えています。

　本書は、大学の韓国語の授業で使用することを念頭に作成されました。「文字と発音編」で、韓国語の基本知識として、文字と発音の基本を学びます。「本編」では、文法や表現を学ぶとともに、それらを組み合わせながら自分が感じたことや思ったことを伝えるトレーニングをします。

　各課は本文および語彙・表現で始まります。各課で提示した場面で使われる表現や、それに関連する汎用的な表現などを学ぶことができます。こうした場面や表現の学習のみならず、それに関する生活文化・言語文化について授業で説明を聞くことで、韓国への理解を深めることもできるでしょう。続いて、文法解説と練習問題があります。課ごとにいくつかの文法を取りあげ、少しずつ学習の成果を積み重ねられるよう意識しています。最後に「やってみよう」があります。作文、読解、活動の3つからなっており、各課の学習の成果を4技能に結びつけることを狙いとしています。

　本書は、週2回（各回90分）×30週の授業と仮定して、ゼロからスタートしておよそ2年の学習で学び終えることができるように想定しています。特長として、入門、初級、中級までを連続的に一冊の教科書で学び終えることがあげられます。本書が皆さんの韓国語学習の航海図となれるのなら、著者としてこれ以上の喜びはありません。

　最後になりましたが、執筆から刊行にいたる全過程においてご尽力くださった朝日出版社編集部の山田敏之様にこの場をお借りして心より感謝申し上げます。

2019年秋　著者一同

# 目次

## 主な登場人物

### 鈴木 エリカ (스즈키 에리카, すずき えりか)

日本の城南大学の3年生。
現在は韓国の韓国大学に交換留学中。
国際寮で韓国の大学生活を楽しんでいる。
帰国後に就職活動を控えていて、韓国留学の意味を考え始めている。

### 李 尙浩 (이 상호, い・さんほ)

エリカの留学先である韓国大学で日本語教育を専攻する大学3年生。
国際寮で暮らしている。
自分の気持ちが行動に現れるタイプで、エリカともよく遊びに行く。

### 朴 泰玄 (박 태현, ぱく・てひょん)

韓国大学の大学院生。
美術に関心があり、落ち着いた性格。
冷麺や伝統茶など韓国料理を好む。

### 金 智英 (김 지영, きむ・じよん)

韓国大学の2年生。
釜山出身でふるさとをこよなく愛している。

# 한글마당

文字と発音編

# 第**1**課　ハングル・母音

## 1. 韓国語の特徴

　韓国語は表音文字「ハングル」を使うので一見むずかしそうに見えますが、①日本語と語順がほぼ同様であるため、日本語を母語とする学習者には大変学びやすい言語といえます。②助詞や敬語があるのも日本語と共通しています。また、③漢字語が多いことも勉強しやすい要素の一つとも言えるでしょう。

| 私は | 学校で | 勉強して | います。 |
|---|---|---|---|
| チョヌン | ハッキョエソ | コンブハゴ | イッスmニダ. |
| 저는 | 학교에서 | 공부하고 | 있습니다. |

　語順はこの文章ではまったく同じです。助詞の「は / で」は下線で記しました。網掛けの部分は漢字語です。「学校」は「（ハッキョ）」となり、漢字語が使われています。また、「勉強」は「工夫（コンブ）」で、漢字語を用いつつも日本語との間で意味に相違が発生します。

## 2. ハングル

　ハングルは朝鮮王朝第 4 代世宗大王によって 1443 年に創製、1446 年に『訓民正音』の名で公布されました。『訓民正音』は、当時の集賢殿の学者たちの協力があったという説もありますが、世宗自らが制定したといえるでしょう。近代に入り、この文字はハングルと呼ばれるようになりましたが、この名称は先駆的な言語学者として知られる周時経（チュ・シギョン）によってつけられたとされます。「ハン」には「偉大なる」の意味、「グル」には「文字」の意味があります。

ハングルの子音字は発声器官の形を基本としてとっており、母音字は天（・）、地（一）、人（丨）をかたどり、組み合わせたものです。子音字母は 19 個、母音字母は 21 個あります。ハングルは子音＋母音（＋子音）の組み合わせで文字を構成します。

## 사람（人）

| ㅅ ＋ ㅏ | 사 | ㄹ ＋ ㅏ ＋ ㅁ | 람 |
|---|---|---|---|
| 子音 s ＋母音 a | sa | 子音 r ＋母音 a ＋子音 m | ram |

ハングルは子音と母音を組み合わせて文字を構成しますが、最初の子音を「初声」、次の母音を「中声」、最後につけたす子音を「終声」といいます。

## 한국（韓国）

| ㅎ ＋ ㅏ ＋ ㄴ | 한 | ㄱ ＋ ㅜ ＋ ㄱ | 국 |
|---|---|---|---|
| 子音 h ＋母音 a ＋子音 n | han | 子音 g ＋母音 u ＋子音 k | guk |

＊「ㄱ」は [k/g] で発音されます。2 文字めの初声で [k] が [g] と音が濁ることについては、P.6, P.15 であらためて説明します。

＊縦長の母音「ㅏ，ㅐ，ㅓ，ㅔ，ㅣ」類は初声の右どなりに、横長の母音「ㅗ，ㅜ，ㅡ」類は下に書きます。

[a, i, u, e, o] など、子音を伴わない母音単独の音の表記は初声の位置に子音がないことを表す字母「ㅇ」（イウン）を入れます。

## 우리（私たち）

| ㅇ ＋ ㅜ | 우 | ㄹ ＋ ㅣ | 리 |
|---|---|---|---|
| 子音なし＋母音 u | u | 子音 r ＋母音 i | ri |

### ✄ 3・1　読んでみよう。

CD1-3

1. 나라　　（国）

2. 한국 사람　　（韓国人）

3. 우리 나라　　（私たちの国）

まず、基本となる 10 個の基本母音を覚えましょう。日本語の「あいうえお」と同様に辞書を引くときに文字の配列は重要ですので、このままの順番で覚えましょう。なお、さきに説明したように、初声の位置の「○」は子音がないことを表します。

## 아 야 어 여 오 요 우 유 으 이

|  |  |  |  |  |
|---|---|---|---|---|
| ㅏ | 아 | [a] | | 日本語と同様の「ア」です。 |
| ㅑ | 야 | [ja] | | 日本語と同様の「ヤ」です。 |
| ㅓ | 어 | [ɔ] | | 唇を丸めずやや開きめにした「オ」です。 |
| ㅕ | 여 | [jɔ] | | 唇を丸めずやや開きめにした「ヨ」です。 |
| ㅗ | 오 | [o] | | 唇を丸めた「オ」です。 |
| ㅛ | 요 | [jo] | | 唇を丸めた「ヨ」です。 |
| ㅜ | 우 | [u] | | 唇を丸めた「ウ」です。 |
| ㅠ | 유 | [ju] | | 唇を丸めた「ユ」です。 |
| ㅡ | 으 | [ɯ] | | 口を「イ」の形に横に引いたまま「ウ」と発音します。 |
| ㅣ | 이 | [i] | | 日本語と同様の「イ」です。 |

　みんなで音声を聞いてみよう。

### 出会いのあいさつ

　時間帯に関係なく、人と会ったときに使います。家庭内では使いません。
「안녕하십니까?」は、「안녕하세요?」よりかしこまった表現です。

**안녕하세요?**（アンニョンハセヨ）　　**안녕하십니까?**（アンニョンハシムニカ）

「お元気でいらっしゃいますか、おはようございます、こんにちは、こんばんは」に相当します。

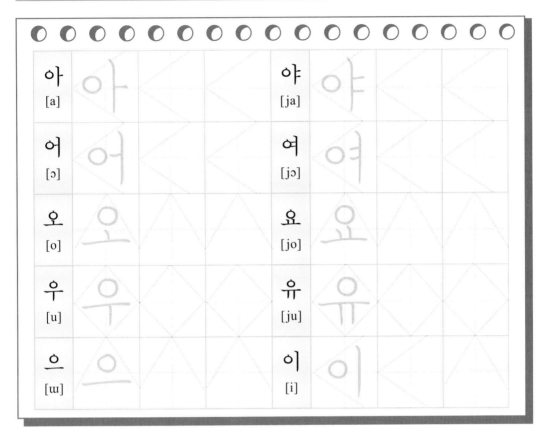

＊ハングルの書き順は、漢字と同様に上から下へ、左から右へと書きます。

＊「ㅇ」は時計の逆方向に「ㅇ」と書きます。

＊印刷体では「ㅇ」の上に小さく棒が出ていることがありますが、手書きではこれは書きません。

4 - 2　次の単語を発音しながら書いてみよう。

CD1-6

1. 오
（5）

2. 이
（2、歯）

3. 아이
（子ども）

4. 오이
（きゅうり）

5. 우아
（優雅）

6. 우유
（牛乳）

7. 여우
（きつね）

8. 여유
（余裕）

# 第2課　子音

## 1. 基本子音字

CD1-7

子音字は 19 個あります。そのうち基本となる子音字が 9 個、それに激音と濃音がそれぞれ 5 個ずつあります。ここではまず、9 個の基本子音を覚えましょう。便宜上それぞれの子音に母音「ㅏ」をつけます。

가　나　다　라　마　바　사　아　자

名字母には名称があります

| ① ㄱ | 가 | [k/g] | 기역<br>(キヨク) | 「カ」行音。語中では「ガ」行音。 |
|---|---|---|---|---|
| ① ㄴ | 나 | [n] | 니은<br>(ニウン) | 「ナ」行音。 |
| ①② ㄷ | 다 | [t/d] | 디귿<br>(ティグッ) | 「タ」行音。語中では「ダ」行音。 |
| ①②③ ㄹ | 라 | [r, l] | 리을<br>(リウル) | 「ラ」行音。 |
| ②① ㅁ③ | 마 | [m] | 미음<br>(ミウム) | 「マ」行音。 |
| ①ㅂ②④ | 바 | [p/b] | 비읍<br>(ピウプ) | 「パ」行音。語中では「バ」行音。 |
| ①ㅅ② | 사 | [s, ʃ] | 시옷<br>(シオッ) | 「サ」行音。 |
| ①ㅇ | 아 | [ 無音, ŋ] | 이응<br>(イウン) | 初声では無音。終声では [ŋ]。 |
| ①ㅈ | 자 | [tʃ/dʒ] | 지읒<br>(チウッ) | 「チャ」行音。語中では「ジャ」行音。 |

\* 「ㄱ,ㄷ,ㅂ,ㅈ(k, t, p, tʃ)」は語中では音が濁って [g, d, b, dʒ] で発音します。고기 [kogi], 구두 [kudu], 바다 [pada] など。なお、音が濁らない場合については後ほど解説します。

\* 「ㄹ」は終声では [l] 音になります。

書いてみよう。

| 子音 ＼ 母音 | ト | ㅓ | ㅗ | ㅜ | ㅡ | ㅣ |
|---|---|---|---|---|---|---|
| ㄱ | 가 | 거 | 고 | 구 | 그 | 기 |
| ㄴ | 나 | | | | | |
| ㄷ | 다 | | | | | |
| ㄹ | 라 | | | | | |
| ㅁ | 마 | | | | | |
| ㅂ | 바 | | | | | |
| ㅅ | 사 | | | | | |
| ㅇ | 아 | | | | | |
| ㅈ | 자 | | | | | |

**✖ 1・2** 次の単語を発音しながら書いてみよう。

1. 가수
（歌手）

2. 나무
（木）

3. 도로
（道路）

4. 머리
（頭）

5. 버스
（バス）

6. 소리
（音）

7. 아마
（たぶん）

8. 어머니
（母）

**✖ 1・3** 次の単語を発音しながら書いてみよう。（有声音化・濁る音）

1. 가구
（家具）

2. 구두
（靴）

3. 나비
（蝶）

4. 두부
（豆腐）

5. 라디오
（ラジオ）

6. 모자
（帽子）

7. 아버지
（父）

8. 저고리
（チョゴリ）

## 2. 激音と濃音

CD1-10

基本子音のうち、「激音」という息を強く出す音があります。激音は常に濁りません。

> ## 카 타 파 차 하

| | | | | |
|---|---|---|---|---|
| ㅋ | 카 | [ kʰ ] | 키읔<br>（キʰウク） | 息を強く出す「カ」行音。 |
| ㅌ | 타 | [ tʰ ] | 티읕<br>（ティʰウッ） | 息を強く出す「タ」行音。 |
| ㅍ | 파 | [ pʰ ] | 피읖<br>（ピʰウプ） | 息を強く出す「パ」行音。 |
| ㅊ | 차 | [ tʃʰ ] | 치읓<br>（チʰウッ） | 息を強く出す「チャ」行音。 |
| ㅎ | 하 | [ h ] | 히읗<br>（ヒウッ） | 「ハ」行音。語中では音が弱化、脱落する場合がある。 |

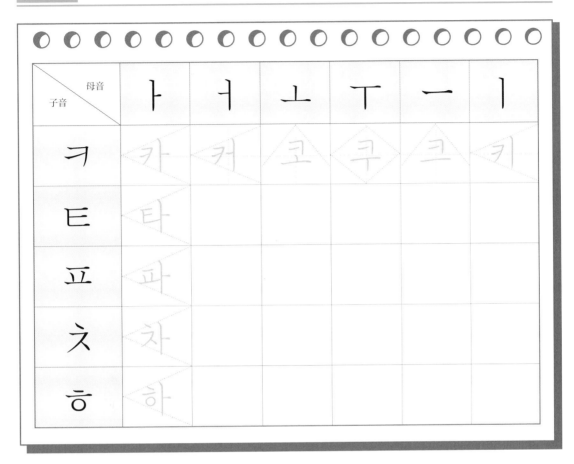

基本となる子音9個と激音5個のほかに、のどを緊張させて詰めるような感じで発音する「濃音」という子音があります。濃音は常に濁りません。

까 따 빠 싸 짜

CD1-11

各字母には名称があります

| | 까 | [ʔk] | 쌍기역 | 「ッカ」ぐらいのつもりで。 |
|---|---|---|---|---|
| 꾀 | 따 | [ʔt] | 쌍디귿 | 「ッタ」ぐらいのつもりで。 |
| 빠 | 빠 | [ʔp] | 쌍비읍 | 「ッパ」ぐらいのつもりで。 |
| 쌌 | 싸 | [ʔs] | 쌍시옷 | 「ッサ」ぐらいのつもりで。 |
| 쫐 | 짜 | [ʔtʃ] | 쌍지읏 | 「ッチャ」ぐらいのつもりで。 |

| 子音 ＼ 母音 | ㅏ | ㅓ | ㅗ | ㅜ | ㅡ | ㅣ |
|---|---|---|---|---|---|---|
| ㄲ | 까 | 꺼 | 꼬 | 꾸 | 끄 | 끼 |
| ㄸ | 따 | | | | | |
| ㅃ | 빠 | | | | | |
| ㅆ | 싸 | | | | | |
| ㅉ | 짜 | | | | | |

▚ 2 - 3　次の発音をしっかり練習しよう。

　　　＜平音＞　가 다 바 사 자

　　　＜激音＞　카 타 파　 차

　　　＜濃音＞　까 따 빠 싸 짜

**▨ 2 - 4**  次の単語を発音しながら書いてみよう。

1. 커피
（コーヒー）

2. 치마
（スカート）

3. 하나
（一つ）

4. 토끼
（うさぎ）

5. 파티
（パーティー）

6. 따다
（採る）

7. 싸다
（安い）

8. 비싸다
（[値段が]高い）

9. 오빠
（〈妹から見て〉兄）

10. 자다
（寝る）

11. 차다
（冷たい）

12. 짜다
（塩辛い）

**別れのあいさつ**

韓国語には2種類があります。

その場を離れる人に対して「さようなら」

안녕히 가세요.　　　（アンニョンヒ　ガセヨ）

안녕히 가십시오.　　（アンニョンヒ　ガシプシオ）

「お元気でお行きください」ぐらいの意味です。

その場に残る人に対して「さようなら」

안녕히 계세요.　　　（アンニョンヒ　ゲセヨ）

안녕히 계십시오.　　（アンニョンヒ　ゲシプシオ）

「お元気でいてください」ぐらいの意味です。

　なお、友だち同士では、「안녕（アンニョン）」を用います。「元気？」、「じゃね」、「バイバイ」
ぐらいの意味でも用いられます。

| 子音 ＼ 母音 | ㅏ | ㅑ | ㅓ | ㅕ | ㅗ | ㅛ | ㅜ | ㅠ | ㅡ | ㅣ |
|---|---|---|---|---|---|---|---|---|---|---|
| ㄱ | 가 | 갸 | 거 | 겨 | 고 | 교 | 구 | 규 | 그 | 기 |
| ㄴ | 나 | | | | | | | | | |
| ㄷ | 다 | | | | | | | | | |
| ㄹ | 라 | | | | | | | | | |
| ㅁ | 마 | | | | | | | | | |
| ㅂ | 바 | | | | | | | | | |
| ㅅ | 사 | | | | | | | | | |
| ㅇ | 아 | | | | | | | | | |
| ㅈ | 자 | | | | | | | | | |
| ㅊ | 차 | | | | | | | | | |
| ㅋ | 카 | | | | | | | | | |
| ㅌ | 타 | | | | | | | | | |
| ㅍ | 파 | | | | | | | | | |
| ㅎ | 하 | | | | | | | | | |
| ㄲ | 까 | | | | | | | | | |
| ㄸ | 따 | | | | | | | | | |
| ㅃ | 빠 | | | | | | | | | |
| ㅆ | 싸 | | | | | | | | | |
| ㅉ | 짜 | | | | | | | | | |

# 合成母音

사과

合成母音字は基本母音字を組み合わせたものです。

> 애 얘 에 예 와 왜 외 워 웨 위 의

| | | | |
|---|---|---|---|
| ㅐ | 애 | [ɛ] | 口をやや開け気味にした「エ」です。 |
| ㅒ | 애 | [jɛ] | 口をやや開け気味にした「イェ」です。 |
| ㅔ | 에 | [e] | 日本語と同様の「エ」です。 |
| ㅖ | 예 | [je] | 日本語と同様の「イェ」です。 |

＊「ㅖ」は子音を伴う場合、通常「ㅔ」に近い音で発音されます。계기（契機）、지혜（知恵）など。

＊「애」と「에」は現在どちらもほぼ同じ音で発音されるため、日本語の「エ」で通りますが、
　表記は区別します。

| | | | |
|---|---|---|---|
| ㅘ | 와 | [wa] | 日本語と同様の「ワ」です。 |
| ㅙ | 왜 | [wɛ] | 唇を一旦丸くしてから「ウェ」と発音します。 |
| ㅚ | 외 | [we] | 唇を一旦丸くしてから「ウェ」と発音します。 |
| ㅝ | 워 | [wɔ] | 唇を一旦丸くしてから「ウォ」と発音します。 |
| ㅞ | 웨 | [we] | 唇を一旦丸くしてから「ウェ」と発音します。 |
| ㅟ | 위 | [wi] | 唇を丸くしたまま「ウィ」と発音します。 |
| ㅢ | 의 | [ɰi] | 唇を横に引いたまま「ウィ」と発音します。 |

＊「의」は、基本として「唇を横に引いたままウィと発音します」が、

　1) 語中や子音を伴う場合は [i] で発音します。

　2) 助詞「…の」の意味で用いる場合は [e] で発音します。

## ▨ 1 · 1  書いてみよう。

| ㅐ | ㅒ | ㅔ | ㅖ | ㅘ | ㅙ | ㅚ | ㅝ | ㅞ | ㅟ | ㅢ |
|---|---|---|---|---|---|---|---|---|---|---|
| 애 | 얘 | 에 | 예 | 와 | 왜 | 외 | 워 | 웨 | 위 | 의 |
| | | | | | | | | | | |
| | | | | | | | | | | |

## ▨ 1 · 2  次の単語を発音しながら書いてみよう。

1. 시계
(時計)

2. 의자
(椅子)

3. 해외
(海外)

4. 예의
(礼儀)

5. 회화
(会話)

6. 과자
(菓子)

7. 돼지
(豚)

8. 귀
(耳)

9. 얘기
(話)

10. 교과서
(教科書)

11. 무늬
(模様)

12. 메모
(メモ)

13. 노래
(歌)

14. 웨이브
(ウェーブ)

15. 어려워요
(難しいです)

16. 왜요?
(なぜですか)

感謝のあいさつ

감사합니다.　（カムサハムニダ）　ありがとうございます。

아니에요.　（アニエヨ）　いいえ。

# 終声

## 1. パッチム

終声の位置にくる子音字を「받침（パッチム）」と言います。パッチムの種類は多いですが、終声の発音は七通りです。以下、便宜上「가」にパッチムを入れてみます。

| 「ん」の音 | | | | | |
|---|---|---|---|---|---|
| 감 | ㅁ | [-ᵐ] | 감 (柿) | 밤 (夜) |
| 간 | ㄴ | [-ⁿ] | 산 (山) | 눈 (目) |
| 강 | ㅇ | [-ᵑ] | 강 (川) | 방 (部屋) |

| 流音 (舌を歯茎と歯のあたりにつけたままで出す音) | | | | | |
|---|---|---|---|---|---|
| 갈 | ㄹ | [-ˡ] | 발 (足) | 물 (水) |

| つまる音 | | | | | |
|---|---|---|---|---|---|
| 갑 | ㅂ (ㅍ) | [-ᵖ] | 밥 (ご飯) | 집 (家) |
| 간 | ㄷ (ㅅ, ㅆ, ㅈ, ㅊ, ㅌ, ㅎ) | [-ᵗ] | 옷 (服) | 낮 (昼) |
| 각 | ㄱ (ㅋ, ㄲ) | [-ᵏ] | 책 (本) | 부엌 (台所) |

パッチム「ㄴ, ㅁ, ㅇ, ㄹ」のあとの「ㄱ, ㄷ, ㅂ, ㅈ (k, t, p, tʃ)」は有声音化して [g, d, b, dʒ] で発音します。

| 선배 (先輩) | 판단 (判断) | 감기 (風邪) | 남자 (男) |
|---|---|---|---|
| 경주 (慶州) | 공장 (工場) | 달다 (甘い) | 살다 (暮らす) |

**✕ 1 - 1**　書いてみよう。

| 암 | 안 | 앙 | 알 | 압 | 안 | 악 |
|---|---|---|---|---|---|---|
|   |   |   |   |   |   |   |
|   |   |   |   |   |   |   |
|   |   |   |   |   |   |   |

✖ 1 - 2　　次の単語を発音しながら書いてみよう。

1. 일본
(日本)

2. 중국
(中国)

3. 미국
(米国)

4. 영국
(英国)

5. 프랑스
(フランス)

6. 신문
(新聞)

7. 하늘
(空)

8. 달
(月)

9. 별
(星)

10. 바람
(風)

11. 사랑
(愛)

12. 사람
(人)

## 2. 二つのパッチム　CD1-20

パッチムが二つあることを「겹받침」または「둘받침」といいます。その場合、どちらか一方を発音します。

・左側を読むもの … ㄱㅅ / ㄴㅈ / ㄴㅎ / ㄹㅂ / ㄹㅅ / ㄹㅌ / ㄹㅎ / ㅂㅅ
・右側を読むもの … ㄹㄱ / ㄹㅁ / ㄹㅍ

값　　(値)　　[ 갑 ]　　　　닭　　(鶏)　　[ 닥 ]

흙　　(土)　　[ 흑 ]　　　　삶　　(生)　　[ 삼 ]

## 3. 連音化　CD1-21

パッチムの後に母音が続く場合、パッチムと母音が結びついて発音されます。表記はもとのままで書きます。

1) 終声「ㄱ, ㄷ, ㅂ, ㅈ」が連音化すると母音にはさまれますので音が濁ります。

한국어　　(韓国語)　　[ 한구거 ]　　　　받아요　　(受けます・貰います)　　[ 바다요 ]

2）パッチム「ㅇ」の後ろに母音が続く音は鼻濁音になります。

종이　　　　（紙）　　　[ tʃoŋi ]　　　영어　　　　（英語）　　　　[ ɔŋɔ ]

3）パッチムが二つある場合は、連音化すると、左側の子音字が終声になり、右の子音字が次の母音に
　結合します。

넓어요　　（広いです）　[ 널버요 ]　　삶아요　　（ゆでます）　　　[ 살마요 ]

**3 - 1**　発音通りにハングルで書いてみよう。　　　　　　　　　　　　CD1-22

일본어　（日本語）　[　　　　　]　　음악　　（音楽）　[　　　　　]

발음　　（発音）　　[　　　　　]　　생일　　（誕生日）　[　　　　　]

앉아요　（座ります）　[　　　　　]　　읽어요　（読みます）　[　　　　　]

**3 - 2**　次の文章を発音してみよう。　　　　　　　　　　　　　　CD1-23

1. 바람이 불어요.　　　　　　　　　風が吹きます。

2. 하늘이 맑아요.　　　　　　　　　空が晴れています。

3. 휴일에는 집에서 음악을 들어요.　　休日は家で音楽を聴きます。

4. 산에서 새가 울어요.　　　　　　　山で鳥が鳴きます。

5. 아이들이 바다에서 놀고 있어요.　　子どもたちが海で遊んでいます。

謝罪のあいさつ　　　　　　　　　　　　　　　　　　　　　　CD1-24

죄송합니다.　　（チェソンハムニダ）　申し訳ございません。
미안합니다.　　（ミアナムニダ）　　すみません。
괜찮아요.　　　（ケンチャナヨ）　　構いません。大丈夫です。

## 1. 日本語のハングル表記

　　大韓民国と朝鮮民主主義人民共和国では日本語表記の方法が若干異なりますが、ここでは大韓民国の場合を紹介します。

| あ | 아 | い | 이 | う | 우 | え | 에 | お | 오 |
|---|---|---|---|---|---|---|---|---|---|
| か | 가/카 | き | 기/키 | く | 구/쿠 | け | 게/케 | こ | 고/코 |
| さ | 사 | し | 시 | す | 스 | せ | 세 | そ | 소 |
| た | 다/타 | ち | 지/치 | つ | 쓰・츠 | て | 데/테 | と | 도/토 |
| な | 나 | に | 니 | ぬ | 누 | ね | 네 | の | 노 |
| は | 하 | ひ | 히 | ふ | 후 | へ | 헤 | ほ | 호 |
| ま | 마 | み | 미 | む | 무 | め | 메 | も | 모 |
| や | 야 | | | ゆ | 유 | | | よ | 요 |
| ら | 라 | り | 리 | る | 루 | れ | 레 | ろ | 로 |
| わ | 와 | | | | | | | を | 오 |
| ん パッチム（ㄴ） | | っ パッチム（ㅅ） | | | | | | | |

＊二つ並べてあるものは語頭では前者（平音）で、語中では後者（激音）で書きます。

＊「す」と「つ」の表記に気をつけてください。

＊拗音の場合は、「ㅑ，ㅠ，ㅛ」の部分を「ㅑ，ㅠ，ㅛ」としますが、「ちゃ、ちゅ、ちょ」は「자，주，조（語中では차，추，초）」、「じゃ、じゅ、じょ」は「자，주，조」になります。

＊長音は表記しません。

### 濁音・半濁音

| が | 가 | ぎ | 기 | ぐ | 구 | げ | 게 | ご | 고 |
|---|---|---|---|---|---|---|---|---|---|
| ざ | 자 | じ | 지 | ず | 즈 | ぜ | 제 | ぞ | 조 |
| だ | 다 | ぢ | 지 | づ | 즈 | で | 데 | ど | 도 |
| ば | 바 | び | 비 | ぶ | 부 | べ | 베 | ぼ | 보 |
| ぱ | 파 | ぴ | 피 | ぷ | 푸 | ぺ | 페 | ぽ | 포 |

＊「ず，づ」の表記に気をつけてください。

＊「だぢづでど」に注意。「디」は「ぢ」ではなく「ディ」に、「두」は「づ」ではなく「ドゥ」になります。

[ 例 ]

名前…姓と名の間はあけて書きます。

| | | | |
|---|---|---|---|
| 山田太郎 | 야마다 다로 | 鈴木伸一 | 스즈키 신이치 |
| 松本隆志 | 마쓰모토 다카시 | 香川由紀子 | 가가와 유키코 |
| 神田和美 | 간다 가즈미 | 佐藤美紀 | 사토 미키 |
| 土井祐樹 | 도이 유키 | 城島翔 | 조지마 쇼 |

地名

| | | | |
|---|---|---|---|
| 福岡 | 후쿠오카 | 仙台 | 센다이 |
| 岐阜 | 기후 | 札幌 | 삿포로 |
| 鳥取 | 돗토리 | 東京 | 도쿄 |
| 大阪 | 오사카 | 太宰府 | 다자이후 |

**1 - 1**　次の地名・人名をハングルで表記してみよう。

| | | | |
|---|---|---|---|
| 九州 | | 長崎 | |
| 銀座 | | 千葉 | |
| 静岡 | | 北海道 | |
| 村上春樹 | | 大江健三郎 | |
| 芥川龍之介 | | 川端康成 | |

**19**

自分の名前、学校の名前、好きな言葉をハングルで書いてみよう。

[例] ひらがなで → いちごいちえ

ハングルで → 이치고이치에

1) 自分の名前： ひらがなで → ⋯⋯⋯⋯⋯⋯⋯⋯⋯⋯⋯⋯⋯⋯⋯⋯⋯⋯⋯⋯⋯⋯⋯⋯

ハングルで → ⋯⋯⋯⋯⋯⋯⋯⋯⋯⋯⋯⋯⋯⋯⋯⋯⋯⋯⋯⋯⋯⋯⋯⋯

2) ○○大学： ひらがなで → ⋯⋯⋯⋯⋯⋯⋯⋯⋯⋯⋯⋯⋯⋯⋯⋯⋯⋯⋯⋯⋯⋯⋯⋯

ハングルで → ⋯⋯⋯⋯⋯⋯⋯⋯⋯⋯⋯⋯⋯⋯⋯⋯⋯⋯⋯⋯⋯⋯⋯⋯

3) 好きな言葉： ひらがなで → ⋯⋯⋯⋯⋯⋯⋯⋯⋯⋯⋯⋯⋯⋯⋯⋯⋯⋯⋯⋯⋯⋯⋯⋯

ハングルで → ⋯⋯⋯⋯⋯⋯⋯⋯⋯⋯⋯⋯⋯⋯⋯⋯⋯⋯⋯⋯⋯⋯⋯⋯

## 2. 分かち書き

韓国語は分かち書き（띄어쓰기）します。

①分かち書きは基本的には日本語の文節の単位にほぼ近い形で分けて書きます。助詞や用言の語尾は切り離さず続けて書きます。

저는　한국에　갑니다.
私は　　韓国に　　行きます。

서울에　가서　쇼핑하려고　합니다.
ソウルに　行って　買い物しようと　思います。

②単位を表す名詞は分けて書きます。

한 개 (一つ)　　　차 한 대 (車一台)　　　고양이 한 마리 (猫一匹)

ただし、順序を表したり、アラビア数字をそのまま書くときには、続けて書くことがあります。

제 1 과 (第 1 課)　　　10 개 (10 個)　　　100 원 (100 ウォン)

[例]　　방 안에는 손님이 두 분 계십니다.
部屋の　中には　　お客さんが　　二人　　いらっしゃいます。

● 辞書の引き方

韓国語の辞書の引き順は、「初声（子音字）」→「中声（母音字）」→「終声（子音字）」の順になっています。

辞書の配列では、濃音はそれぞれ関連する平音の後に入ります。

가 까 나 다 따 라 마 바 빠 사 싸 아 자 짜 차 카 타 파 하

아 애 야 얘 어 에 여 예 오 와 왜 외 요 우 워 웨 위 유 으 의 이

■ 2-1　次の単語の意味を、巻末の単語集から調べてみよう。

1. 책　　　　　　　2. 수업　　　　　　3. 친구
4. 우표　　　　　　5. 모임　　　　　　6. 가방
7. 지하철　　　　　8. 다니다　　　　　9. 만들다

● ハングルのキーボード入力

子音字は左手で入力し、母音字は右手で入力します。濃音などは、シフトキーと同時に打つと入力できます。

[例] 우리　DN FL　　　　커피　ZJ VL　　　　의자　　DML WK
　　시계　TL R（shift）P　　오빠　DH （shift）QK　　선생님　TJS TOD SLA

■ 2-2　先生に簡単なメールを韓国語で送ってみよう。

＿＿＿＿＿＿＿＿（先生の名前）＿＿＿＿　선생님께

안녕하세요？
저는＿＿＿＿＿（自分の名前）＿＿＿＿　입니다.　앞으로 잘 부탁드립니다.

# 発音の変化

「発音の変化」を一度に覚えるのは難しいと思いますので、さっと目を通してあとから確認するなど、工夫をして徐々に慣れてください。また必要に応じて 180 〜 181 ページも参照してください。

## 1. 濃音化  CD1-26

終声が [_k, _t, _p] 音の場合、次の「ㄱ, ㄷ, ㅂ, ㅅ, ㅈ」は濃音化します。また「ㅅ」の前に [_k, _t, _p] 音が来る場合、[_k, _t, _p] 音が明瞭に発音されます。

| 학교 | （学校） | [ 학꾜 ] | 복숭아 | （桃） | [ 복쑹아 ] |
|---|---|---|---|---|---|
| 잡지 | （雑誌） | [ 잡찌 ] | 꽃다발 | （花束） | [ 꼳따발 ] |

CD1-27  **1 · 1**　発音通りにハングルで書いてみよう。

| 식당 | （食堂） | [　　　] | 학생 | （学生） | [　　　] |
|---|---|---|---|---|---|
| 입시 | （入試） | [　　　] | 답장 | （返信） | [　　　] |
| 숟가락 | （スプーン） | [　　　] | 팥빙수 | （かき氷） | [　　　] |

## 2. ㅎの弱化・無音化  CD1-28

「ㅎ」音はパッチム「ㄴ, ㄹ, ㅁ, ㅇ」に続くと通常の会話では弱く発音されたり、無音になったりします。

| 전화 | （電話） | [ 저놔 ] | 영화 | （映画） | [ 영와 ] |
|---|---|---|---|---|---|
| 좋아요 | （いいです） | [ 조아요 ] | 괜찮아요 | （大丈夫です） | [ 괜차나요 ] |

CD1-29 **2 · 1**　発音通りにハングルで書いてみよう。

| 문학 | （文学） | [　　　] | 결혼 | （結婚） | [　　　] |
|---|---|---|---|---|---|
| 은행 | （銀行） | [　　　] | 평화 | （平和） | [　　　] |
| 싫어요 | （嫌いです） | [　　　] | 많이 | （たくさん） | [　　　] |

## 3. 激音化

CD1-30

1) パッチム「ㅎ」の後に「ㄱ, ㄷ, ㅈ」が続くと、それぞれ激音「ㅋ, ㅌ, ㅊ」となります。

**좋고** (よくて) [ 조코 ]　　**좋다** (よい) [ 조타 ]　　**좋지** (いいとも) [ 조치 ]

2) 終声が [⁻ᵏ, ⁻ᵗ, ⁻ᵖ] 音の場合、後に「ㅎ」が続くと、それぞれ激音「ㅋ, ㅌ, ㅍ」となります。

**직행** (直行) [ 지캥 ]　　**맏형** (長兄) [ 마텽 ]　　**넓히다** (広げる) [ 널피다 ]

---

**⋮⋮ 3 - 1**　発音通りにハングルで書いてみよう。

CD1-31

| 백화점 | (百貨店) | [　　　] | 따뜻하다 | (暖かい) | [　　　] |
| 입학 | (入学) | [　　　] | 그렇게 | (そのように) | [　　　] |
| 많다 | (多い) | [　　　] | 싫지 | (嫌だとも) | [　　　] |

---

## 4. 鼻音化

CD1-32

終声の [⁻ᵏ, ⁻ᵗ, ⁻ᵖ] 音の後に鼻音「ㄴ, ㅁ」が続くと、[⁻ᵏ, ⁻ᵗ, ⁻ᵖ] が「ㅇ, ㄴ, ㅁ」の音で発音されます。

**국내** (国内) [ 궁내 ]　　**학문** (学問) [ 항문 ]

**옛날** (昔) [ 옌날 ]　　**십만** (十万) [ 심만 ]

**⋮⋮ 4 - 1**　発音通りにハングルで書いてみよう。

CD1-33

| 학년 | (学年) | [　　　] | 박물관 | (博物館) | [　　　] |
| 콧물 | (鼻水) | [　　　] | 윷놀이 | (すごろく) | [　　　] |
| 입니다 | (〜です) | [　　　] | 입문 | (入門) | [　　　] |

# 교실 용어 （教室用語）

①

질문이 있어요.
（質問があります）

②

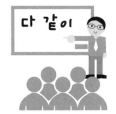

다 같이.
（全員一緒に）

③

다시 한 번.
（もう一回）

④

따라 하세요.
（あとについて
　言ってください）

⑤

읽어 보세요.
（読んでみてください）

⑥

써 보세요.
（書いてみてください）

⑦

들어 보세요.
（聞いてみてください）

⑧

숙제예요.
（宿題です）

# 한글마당

本編

# 제 1 과

## 저는 박태현입니다.

＜初対面のあいさつ＞

에리카 : 안녕하십니까? 처음 뵙겠습니다.

박태현 : 네, 안녕하세요?

　　　　저...... 혹시 일본 사람입니까?

에리카 : 네, 일본 사람입니다.

　　　　저는 스즈키 에리카라고 합니다.

박태현 : 저는 박태현입니다.

　　　　만나서 반갑습니다.

## 😊 語彙と表現

### 🔍 【語彙】

| | | | |
|---|---|---|---|
| 처음 뵙겠습니다. | はじめまして。 | 일본 | 日本 |
| 저… | あの… | 사람 | 人 |
| 혹시 | ひょっとして | 만나서 반갑습니다. | お目にかかれてうれしいです。 |

### 📖 【表現】

☐ **A B（A의B）A の B**

日本語の「…の」に相当する助詞として「‐의」がありますが、韓国語では省略することが多くあります。なお、助詞の「‐의」は通常［에］と発音されます。

| 한국 분 [ 한국뿐 ] | 韓国の方 | 학교 앞 [ 학꾜압 ] | 学校の前 |
|---|---|---|---|
| 어머니의 사랑 | 母の愛 | 아버지의 추억 | 父の思い出 |

☐ **いろいろな趣味（취미）**

영화감상（映画鑑賞）

야구（野球）

여행（旅行）

음악감상（音楽鑑賞）

축구（サッカー）

요리（料理）

독서（読書）

사진（写真）

수영（水泳）

인터넷（インターネット）

댄스（ダンス）

게임（ゲーム）

## 😄 文法

### 1 －입니다 / 입니까? 体言文（합니다体）

日本語の「〜です / ですか」にあたる表現です。（합니다体）

| 平叙形 | －입니다 | 학교입니다. | （学校です。） |
|---|---|---|---|
| 疑問形 | －입니까? | 학교입니까? | （学校ですか?） |

✏️ **練 習** 보기(例)のように文を作り、書いて読んでみよう。

| 보기 | 시계 → 시계입니까? －네, 시계입니다. |
|---|---|

1) 학생 _____

2) 펜 _____

3) 교과서 _____

4) 남자 친구 _____

### 2 －는 / 은 〜は

日本語の助詞「…は」にあたり、主題や話題を示します。

| 母音で終わる体言 | － 는 | 우리는 | （私たちは） |
|---|---|---|---|
| 子音で終わる体言 | － 은 | 고향은 | （故郷は） |

✏️ **練 習** 보기(例)のように「…は〜です」の文を作り、書いて読んでみよう。

| 보기 | 저 , 일본 사람 → 저는 일본 사람입니다 . |
|---|---|

1) 야마모토 씨, 유학생 _____

2) 선생님, 한국 사람 _____

3) 다카하시 씨, 배우 _____

4) 남동생, 고등학생 _____

## 3  -(이)라고 합니다  ～と申します，～と言います

| 母音で終わる体言 | - 라고 합니다 | 스즈키 가나라고 합니다.<br>(鈴木佳奈と申します。) |
|---|---|---|
| 子音で終わる体言 | - 이라고 합니다 | 이수진이라고 합니다.<br>(イ・スジンと申します。) |

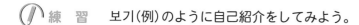 練 習  보기(例)のように自己紹介をしてみよう。

보기   김미연/ 대학생  →  저는 김미연이라고 합니다. 대학생입니다.

1) 야마다 유키코 / 일본 사람 _____

2) 박상준 / 야마다 씨 친구 _____

3) 정은영 / 회사원 _____

4) 自分の名前 / ○○학과 학생 _____

예・네 / 아니요・아뇨

はい・ええ / いいえ

一言練習

## ☺🤚 やってみよう

**A**　次の文を韓国語で書いて読んでみよう。

1）私は○○大学（自分の大学名）の学生です。

___

2）妹（여동생）の名前（이름）はひろこと言います。

___

3）松田先生は韓国語の先生です。

___

4）映画の本ですか？ －いいえ、音楽の本です。

___

5）もしかしてイ・スジン（이수진）さんですか？

___

CD1-36

**B**　次の文を読んで、日本語にしてみよう。

　안녕하세요, 저는 스즈키 에리카라고 합니다, 우쿠오카의 조난대학 학생입니다, 교환 학생입니다, 아버지는 회사원, 어머니는 주부입니다, 우쿠오카는 음식이 맛있어요, 그리고 사람들이 참 좋아요,

＊맛있어요　おいしいです　＊좋아요　いいです

**C**　クラスメイトとあいさつの練習をしてみよう。

A：안녕하십니까?

B：네, 안녕하세요?

A：저는 ○○（みなさんの名前）(이) 라고 합니다.

B：아, 네, 저는 ㅁㅁ（みなさんの名前）입니다. 반갑습니다.
　　○○씨는 학생입니까?

A：네, △△대학교 학생입니다.
　　만나서 반갑습니다.

# いろいろな職業（직업）

회사원（会社員）

공무원（公務員）

교사（教師）

의사（医者）

간호사（看護師）

요리사（コック）

엔지니어（エンジニア）

변호사（弁護士）

경찰관（警察官）

주부（主婦）

보육교사（保育士）

미용사（美容師）

약사（薬剤師）

운전기사（運転手）

아나운서（アナウンサー）

가수（歌手）

## ※ 業種に関わるもの

자영업（自営業）

농업（農業）

어업（漁業）

축산업（畜産業）

## ※ その他

경영자（経営者）

대표이사（代表取締役）

아르바이트（アルバイト）

팀장（チーム長）

# 그것이 무엇입니까?

&lt;物の名前をたずねる&gt;

이상호 : 그것이 무엇입니까?

에리카 : 이것은 사전입니다.

이상호 : 에리카 씨 것입니까?

에리카 : 아뇨, 친구 것입니다.

　　　　**\*\*\*\*\*\*\*\*\*\***

에리카 : 저거 한국말로 뭐라고 합니까?

이상호 : 저건 자판기라고 합니다.

## 語彙と表現

### 【語彙】

| | | | |
|---|---|---|---|
| 것 | もの | -(으)로 | 〜で（手段・方法） |
| 사전 (辭典) | 辞典、辞書 | 자판기 (自販機) | 自販機 |
| 친구 (親舊) | 友だち | 음료수 (飲料水) [음뇨수] | 飲み物 |
| 한국말 (韓國-) | 韓国のことば、韓国語 | 캔 | 缶 |

### 【表現】

☐ 指示詞 이 / 그 / 저

| 이 | 그 | 저 | 어느 |
|---|---|---|---|

☐ 身のまわりのもの

| | | | | |
|---|---|---|---|---|
| 칠판 (黒板) | 책상 (机) | 교탁 (教卓) | 의자 (椅子) | 시계 (時計) |
| 가방 (かばん) | 연필 (鉛筆) | 교과서 (教科書) | 공책 (ノート) | 지우개 (消しゴム) |
| 필통 (筆箱) | 사전 (辞典) | 우산 (傘) | 지갑 (財布) | 안경 (メガネ) |
| 볼펜 (ボールペン) | 자 (定規) | 샤프 (シャープペンシル) | 형광펜 (蛍光ペン) | 물통 (水筒) |

## 😊 文法

### 1 -가/이 ～が

日本語の「～が」に該当します。

| 母音で終わる体言 | -가 | 친구가 (友だちが), 학교가 (学校が) |
| 子音で終わる体言 | -이 | 선생님이 (先生が), 교실이 (教室が) |

카페라테가 좋아요. （カフェラッテがいいです。）

빵이 맛있어요. （パンがおいしいです。）

✏ 練習　보기(例)のように文を作り、書いて読んでみよう。

**보기**

한국말, 재미있어요　→　한국말이 재미있어요.

1) 동네, 예뻐요　（きれいです）　→

2) 김치찌개, 매워요　（辛いです）　→

3) 음악, 좋아요　（いいです）　→

4) 가방, 멋있어요　（すてきです）　→

＊日本語との違い

　疑問詞疑問文（いつ、どこ、だれ、なに、等）で相手に質問する場合、「～は何ですか（いつ・どこ・だれですか）」の「～<u>は</u>」は「～<u>が</u>」を主として用います。さらに同様の話題で質問を繰り返す時は「～は」を用います。

A: 한국어 교과서<u>가</u> 어느 것입니까?

B: 이것입니다.

A: 그래요? 그럼, 일본어 교과서<u>는</u> 어느 것입니까?

B: 저것입니다.

> **～の（もの）것**
> 　所有物を表すときには「것」を使います（発音は [껃] となります）。「先生のもの」は、「선생님 것」、「山田さんのもの」は、「야마다 씨 것」となります。
> 　また、日本語とは違い、通常「～の」にあたる「의」は入れません。
> 　なお、「私のもの」は「제 것」、「僕の・わたしの」は「내 것」と特別な形があります。
>
> 이것은 제 것입니다. (これは私のです。)
>
> A:그게 누구 것입니까? (それは誰のですか?)
> B:이건 제 것입니다. (これは私のです。)

## 2 指示表現

이것 / 그것 / 저것 / 어느 것은、会話では縮約形が多く用いられます。

| | 것 | | ~は －는 / 은 | | ~が －가 / 이 | |
|---|---|---|---|---|---|---|
| | 基本形 | 縮約形 | 基本形 | 縮約形 | 基本形 | 縮約形 |
| これ | 이것 | 이거 | 이것은 | 이건 | 이것이 | 이게 |
| それ | 그것 | 그거 | 그것은 | 그건 | 그것이 | 그게 |
| あれ | 저것 | 저거 | 저것은 | 저건 | 저것이 | 저게 |
| どれ | 어느 것 | 어느 거 | | | 어느 것이 | 어느 게 |

練習　보기(例)のように会話を作り、隣の人と読んでみよう。

| 보기 | 이거/ 그것, 창문 → | A : 이거 한국말로 뭐라고 합니까?<br>B : 그것은 창문이라고 합니다. |
|---|---|---|

1)　이거/ 이것, 책상　→
A :
B :

2)　그거/ 이것, 의자　→
A :
B :

3)　저거/ 저것, ......　→
A :
B :

練習　보기(例)の文を作り (縮約形)、書いて読んでみよう。

| 보기 | 이것은, 제 것　→　이건 제 것입니다. |
|---|---|

1) 이것은, 가족 사진　→
2) 그것은, 누구 것　→　　　　　　　　　　　　　　　　　　　　　　　　　　?
3) 저것이, 칠판　→
4) 어느 것이, 한국어 책　→　　　　　　　　　　　　　　　　　　　　　　　?

＊また、이 / 그 / 저 / 어느は「この / その / あの / どの」の意味です。
　이 우산(この傘)　그 사전(その辞書)　저 연필(あの鉛筆)　어느 지우개(どの消しゴム)

## 3 무엇 なに

日本語の「なに」に該当することばは「**무엇**」です。会話では縮約形「**뭐**」が多く用いられます。また、「なんの〜」と種類を尋ねる時には「**무슨**」を使います。

| なに | | なんの |
|---|---|---|
| 무엇 | 뭐 | 무슨 |

✎ 練 習　보기(例)のように会話を作り、隣の人と読んでみよう。

| 보기 | 직업 | → | A：직업이 무엇입니까?<br>B：요리사입니다. |
|---|---|---|---|

1) 취미 → A :
　　　　　　B :

2) 이름 → A :
　　　　　　B :

3) 전공 → A :
　　　　　　B :

---

**一人称代名詞の使い方**

| | | 〜は | 〜の | 〜が |
|---|---|---|---|---|
| **単数** | 非謙譲形<br>僕・あたし | 나 | 나는 | 내 | 내가 |
| | 謙譲形<br>わたし | 저 | 저는 | 제 | 제가 |
| **複数** | 非謙譲形<br>わたしたち | 우리 | 우리는 | 우리 | 우리가 |
| | 謙譲形<br>わたくしたち | 저희 | 저희는 | 저희 | 저희가 |

やってみよう

**A** 次の文を韓国語で書いて読んでみよう。

1) それは私のメガネです。

_____

2) あの先生は韓国の方（분）です。

_____

3) これは韓国語でなんと言いますか？　　—チョッカラク（젓가락）と言います。

_____

4) この携帯電話は誰のですか？　　—私のです。

_____

5) どれがサンホさんのですか？　　—あれです。

_____

6) それは何の本ですか？

_____

**B** 次の文を読んで、日本語にしてみよう。

CD1-38

　이 사람은 제 친구입니다. 한국어 도우미입니다. 이 친구 전공은 일본어교육학입니다. 한국어교육도 공부합니다. 지금 2학년입니다. 고향은 인천입니다. 집은 공항 근처입니다.

＊도우미　（大学で留学生などを助ける）チューター　　＊-도　～も
＊공부합니다　勉強します　　＊2（이）학년　２年生

**C** クラスメイトと教室や身のまわりのものを指しながら練習してみよう。
状況やものに応じて表現を自由に変えてもかまいません。

A : 그거 한국말로 뭐라고 합니까?
B : 이건 ○○ (이) 라고 합니다.
A : 그 ○○는/은 누구 것입니까?
B : 이건 □□ 것입니다.

# 国・地域の名前、言語の名称

연변
조선족자치주

삿포로

조선민주주의
인민공화국

베이징

평양

서울 대한민국

도쿄 일본

부산

오사카

중국

제주도 후쿠오카

상하이

오키나와

타이완

러시아

유럽

북미

중동

태평양

대서양

동남아시아

중미

아프리카

남미

오세아니아

☐　○○語

　　言語を表す表現には漢字語の「어（語）」を用いた表現と、固有語の「ことば」を意味する「말」を用いた表現があります。前者は漢字語のためやや硬い表現で、後者は柔らかい感じがあります。「英語」は漢字語である前者のみを用います。

| 日本語 | 일본어 | 일본말 |
| 韓国語 | 한국어 | 한국말 |
| 中国語 | 중국어 | 중국말 |
| 英　語 | 영어 | – |

[言語の名前] さまざまなことばの名称を学ぼう。

| नमस्कार | 힌디어 | Buenos días | 스페인어 |
| مرحبا هناك | 아랍어 | Bom dia | 포르투갈어 |
| হাই | 뱅골어 | здравствуйте | 러시아어 |
| Guten Tag | 독일어 | Bon jour | 프랑스어 |
| こんにちは | 일본어 | 안녕하세요？ | 한국어 |

[国・地域の名前] いろいろな国や地域の名前を日本語と韓国語で書いてみよう。

| 日本語 | 韓国語 | 日本語 | 韓国語 |
| 日本 | 일본 | | |

# 제 **3** 과 이건 우리 가족 사진이에요.

＜家族を紹介する＞

CD1-39

에리카 : 이게 무슨 사진이에요?

이상호 : 이거요? 이건 우리 가족 사진이에요.

에리카 : 그래요? 이 분이 어머니세요?

이상호 : 네, 맞아요. 어머니는 고등학교 선생님이세요.

에리카 : 그럼, 이 분은 상호 씨 형이에요?

이상호 : 아뇨, 형이 아니에요. 우리 아버지세요.

## 語彙と表現

### 【語彙】

| | | | |
|---|---|---|---|
| 사진 (寫眞) | 写真 | 분 | 方（かた） |
| 이거요? | これですか(聞き返し) | 맞아요. | その通りです。 |
| 가족 (家族) | 家族 | 고등학교 (高等學校) | 高校 |
| 그래요? | そうですか？ | 그럼 | では、じゃあ |

### 【表現】

☐ **親族名称**

韓国語は親族を表すことばが日本語に比べて豊富です。主なものを紹介しておきます。

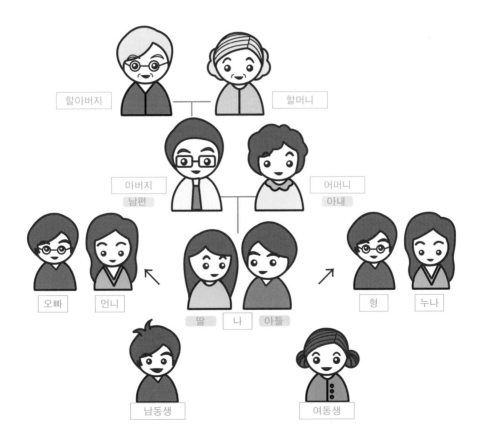

＊親しみを込めた言い方として父のことを「**아빠**」、母のことを「**엄마**」と言うことがあります。「パパ、ママ」に近いニュアンスです。

## 1 － 예요 / 이에요 体言文 (해요体)

日本語の「～です / ですか」にあたる表現です。해요体は、**합니다**体より親しみのこもった表現です。

| | 平叙形 | －예요 | 하나예요. | （1つです。） |
|---|---|---|---|---|
| 母音で終わる体言 | 疑問形 | －예요? | 하나예요? | （1つですか?） |
| 子音で終わる体言 | 平叙形 | －이에요 | 대학생이에요. | （大学生です。） |
| | 疑問形 | －이에요? | 대학생이에요? | （大学生ですか?） |

[ 発音 ] － 예요は通常 [ 에요 ] と読みます。

✎ 練 習　보기(例)のように해요体に直し、書いて読んでみよう。

| 보기 | 에리카 씨는 학생입니다.　→　에리카 씨는 학생이에요. |
|---|---|

1) 다나카 씨는 회사원입니다.

2) 저는 가수입니다.

3) 영어 책입니까?

4) 콜라입니까?

**いろいろな飲み物 (마실것)**

탄산음료 (炭酸飲料)　커피 (コーヒー)　녹차 (緑茶)　우유 (牛乳)

주스 (ジュース)　바나나 우유 (バナナ牛乳)　식혜 (シッケ)　수정과 (スジョンガ)

막걸리 (マッコリ)　생수 (ミネラルウォーター)　소주 (焼酎)　맥주 (ビール)

## 2 体言文の尊敬形

### ① –(이)십니다 / (이)십니까? (합니다体)

| 母音で終わる体言 | 平叙形 | –십니다 | 할머니십니다.<br>(おばあさんでいらっしゃいます。) |
| --- | --- | --- | --- |
| | 疑問形 | –십니까? | 할머니십니까?<br>(おばあさんでいらっしゃいますか?) |
| 子音で終わる体言 | 平叙形 | –이십니다 | 선생님이십니다.<br>(先生でいらっしゃいます。) |
| | 疑問形 | –이십니까? | 선생님이십니까?<br>(先生でいらっしゃいますか?) |

練 習　보기(例)のように文を作り、書いて読んでみよう。

보기　　　　　　　　　　　할머니　→　할머니십니다.

1) 할아버지

2) 회사원

3) 주부

4) 한국 분

### ② –(이)세요 (해요体)

| 母音で終わる体言 | 平叙形 | –세요 | 선수세요.<br>(選手でいらっしゃいます。) |
| --- | --- | --- | --- |
| | 疑問形 | –세요? | 선수세요?<br>(選手でいらっしゃいますか?) |
| 子音で終わる体言 | 平叙形 | –이세요 | 선생님이세요.<br>(先生でいらっしゃいます。) |
| | 疑問形 | –이세요? | 선생님이세요?<br>(先生でいらっしゃいますか?) |

練 習　보기(例)のように尊敬形に直し、書いて読んでみよう。

보기　　　　　　　　　　선생님이에요.　→　선생님이세요.

1) 아버지예요.　　→

2) 부모님이에요?　→

3) 어머니예요.　　→

4) 교수님이에요?　→

## 3 -가/이 아니에요 ～じゃありません, ～じゃないです

| 母音で終わる体言 | - 가 아닙니다<br>- 가 아니에요 | 친구가 아닙니다.<br>친구가 아니에요. | （友達じゃありません。）<br>（友達じゃありません。） |
|---|---|---|---|
| 子音で終わる体言 | - 이 아닙니다<br>- 이 아니에요 | 선생님이 아닙니다.<br>선생님이 아니에요. | （先生じゃありません。）<br>（先生じゃありません。） |

[ 参考 ] 韓国語では「友達だ、友達でない」は「친구이다, 친구가 아니다」となりますが、下線部に該当する
部分を指定詞と呼びます。否定をあらわす指定詞「아니다」は해요体では「아니에요」と書きます。

練 習　보기(例)のように「～じゃありません」の文を作り、書いて読んでみよう。

| 보기 | 우유 | | 녹차 | | 우유가 아니에요. 녹차예요. |
|---|---|---|---|---|---|

1) 동생　　　형　　　→

2) 소고기　　돼지고기　→

3) 지하철　　버스　　→

4) 치마　　　바지　　→

* 「～ではなく」は「- 가 / 이 아니라」で表します。

　제 고향은 부산이 아니라 서울이에요.　　　　（私の故郷は釜山ではなくソウルです。）
　이 쪽은 친구가 아니라 남동생이에요.　　　　（こちらは友だちではなく弟です。）

練 習　「- 가 / 이 아니라」を用いて文を完成し、書いて読んでみよう。

1) 시디(CD), 디브이디(DVD)　　→

2) 언니, 어머니　　→

3) 한국, 일본　　→

4) 강의실, 도서관　　→

## やってみよう

**A** 次の文を韓国語で書いて読んでみよう。(해요体で)

1) 松田先生は韓国語の先生でいらっしゃいます。(합니다体で)

2) あの、ひょっとして日本の方でいらっしゃいますか？

3) お父さんの趣味は釣りです。

4) 妹は高校生です。

5) イチゴじゃありません。みかんです。

6) これは教科書ではなく辞書です。

**B** 次の文を読んで、日本語にしてみよう。

CD1-40

　이건 우리 가족 사진이에요. 부모님하고 언니, 오빠, 남동생이에요. 제 아버지는 바둑, 어머니는 요리가 취미예요. 그리고 오빠하고 남동생은 축구가 취미예요. 저하고 언니는 여행을 좋아해요. 우리 가족은 아주 행복해요.

＊ - 을 좋아해요　〜が好きです　＊행복해요　幸せです

**C** 第1課本文 (26 ページ) と「いろいろな趣味」(27 ページ)、「いろいろな職業」(31 ページ) などを参照し、家族や友人の紹介文を書いてみよう。

> Memo

# 저 건물 뒤에 있습니다.

<場所や位置をたずねる>

에리카 : 저기요, 미래백화점이 어디에 있습니까?

아저씨 : 저 건물 뒤에 있습니다. 우체국 바로 옆이에요.

에리카 : 네, 감사합니다.

\*\*\*\*\*\*\*\*\*\*

에리카 : 저…… 화장실이 어디예요?

직　원 : 지하에 있습니다.
　　　　서점하고 커피숍 사이에 있습니다.

## 😊 語彙と表現

### 🔍 【語彙】

| | | | |
|---|---|---|---|
| 저기요 | あのう（呼びかけ） | 바로 | ちょうど、まさに、すぐ |
| 미래 (未來) | 未来 | 화장실 (化粧室) | トイレ |
| 백화점 (百貨店) | 百貨店 | 직원 (職員) | 職員 |
| 어디 | どこ | 지하 (地下) | 地下 |
| 아저씨 | おじさん | 서점 (書店) | 書店 |
| 건물 (建物) | 建物 | 커피숍 | コーヒーショップ、カフェ |
| 우체국 (郵遞局) | 郵便局 | 사이 | 間 |

### 📖 【表現】

☐ **位置表現**

| 위 | 上 | 밑 | 下、真下 | 아래 | 下、下方 |
|---|---|---|---|---|---|
| 왼쪽 | 左、左側 | 오른쪽 | 右、右側 | 옆 | 横、となり |
| 앞 | 前 | 뒤 | 後 | 사이 | 間 |
| 안 | 中、内側 | 속 | 中、内部 | 밖 | 外 |

　なお、この位置を表す名詞の前には通常、「の」を表す助詞「의」をつけません。

나무 밑에 자동차가 있습니다. 木の下に自動車があります。（×나무의 밑에 자동차가 있습니다.）

집

나무

강아지　　　자동차

**1** 여기 / 거기 / 저기 / 어디　ここ , そこ , あそこ , どこ

✍ 練 習　보기(例)のように文を作り、書いて読んでみよう。

보기 | 여기, 조난대학　→　여기가 조난대학입니다.

1) 여기, 버스터미널 _____

2) 거기, 지하철역 _____

3) 저기, 운동장 _____

4) 제주도, 어디 _____ ?

**2** 있습니다 / 없습니다　あります , ありません / います , いません

　日本語の「あります / ありません」「います / いません」に該当するのは、「있습니다 / 없습니다」です。日本語では物体と生命体を区別して使い分けますが、韓国語では区別しません。

　　남동생이 있습니다.（弟がいます。）　돈이 없습니다.（お金がありません。）

✍ 練 習　보기(例)のように質問し、指示にしたがって「네・아니요 ( 아뇨 )」で答えてみよう。

보기 | 빵／네 | A: 빵이 있습니까 ?<br>B: 네 , 있습니다 .

1) 학생증 / 네　A: _____<br>B: _____

2) 치약 / 네　A: _____<br>B: _____

3) 여권 / 아니요　A: _____<br>B: _____

4) 고양이 / 아니요　A: _____<br>B: _____

＊尊敬表現「いらっしゃいます / いらっしゃいません」は、「계십니다 / 안 계십니다」または「계세요 / 안 계세요」となります。

　　　　어머니가 계십니다.　　（お母さんがいらっしゃいます。）
　　　　선생님은 안 계십니다.（先生はいらっしゃいません。）

## 3   – 에　～に

到達点や所在、時点などを表します。「여기 / 거기 / 저기 / 어디」の後で、省略されることもあります。また日本語のように「～には」にあたる「－에는」、「～にも」にあたる「－에도」といった表現もあります。

　　　편의점에 있습니다.　　（コンビニにあります。）

　　　냉장고에 있습니다.　　（冷蔵庫にあります。）

練習　絵を見ながら、보기(例)のようにどこにあるのか質問し答えてみよう。

| 보기 | A：모자가 어디에 있습니까?　　B：침대 위에 있습니다. |
|---|---|

1) 가방　　A:　　　　　　　　　　　　　　　B:

2) 지우개　A:　　　　　　　　　　　　　　　B:

3) 꽃병　　A:　　　　　　　　　　　　　　　B:

4) 쓰레기통　A:　　　　　　　　　　　　　　B:

5) ____　A:　　　　　　　　　　　　　　　B:

6) ____　A:　　　　　　　　　　　　　　　B:

> **誰も～ / 何も～**
> 「誰もいません」「何もありません」は次のように表現します。
> 아무도 없습니다. (誰もいません。)
> 아무것도 없습니다. (何もありません。)

## 4 －하고　～と

日本語の「～と」に該当します。話し言葉でよく用います。やや硬い表現、文章でよく使う表現に、「－와 / 과」という表現もあります。この場合、母音体言に「－와」、子音体言に「－과」をつなげます。

| | |
|---|---|
| 친구하고 같이 있습니다. | （友達と一緒にいます。） |
| 비빔밥하고 냉면이에요. | （ビビンバと冷麺です。） |
| 아버지와 어머니가 계십니다. | （父と母がいらっしゃいます。） |
| 산과 바다예요. | （山と海です。） |

練習　보기(例)のように質問し、「－하고」を用いて自由に答えてみよう。

보기　　　A : 집 근처에 무엇이 있습니까?　B : 편의점하고 옷 가게가 있습니다.

1) 책상 위에 무엇이 있습니까?

2) 커피숍 메뉴에 무엇이 있습니까?

3) 교실에 누가 있습니까?

4) 우리 학교에 무엇이 있습니까?

練習　絵を見ながら、보기(例)のように話してみよう。

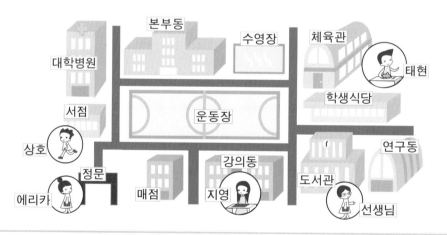

보기
① A: 수영장이 어디에 있습니까?　　　B: 본부동 옆에 있습니다.
② A: 운동장 뒤에 무엇이 있습니까?　　B: 본부동하고 수영장이 있습니다.

## やってみよう

**A** 次の文を韓国語で書いて読んでみよう。

1) あの… 銀行はどこにありますか？

2) 先生は図書館にいらっしゃいます。

3) 明日は韓国語の授業がありません。

4) 教室には誰もいません。

5) 机の上には何もありません。

**B** 次の文を読んで、日本語にしてみよう。

CD1-42

　제 방에는 침대하고 책상, 책장이 있습니다. 침대 옆에는 창문이 있습니다. 책상 위에는 노트북이 있습니다. 그리고 인형이 있습니다. 책장에는 만화책이 많이 있습니다.

＊많이([마니]と発音)　たくさん

**C** みなさんの部屋や家を描き、韓国語で紹介してみよう。
単語メモ欄に必要な単語を調べて書いてみよう。

그림（絵）

단어（単語）

| 日本語 | 韓国語 |
|---|---|
|  |  |
|  |  |
|  |  |
|  |  |
|  |  |
|  |  |
|  |  |

# 시내에서 쇼핑을 합니다.

<予定を述べる>

이상호 : 에리카 씨, 한국 생활 어떻습니까?

에리카 : 재미있습니다.

이상호 : 친구들도 많습니까?

에리카 : 네, 그런데 한국어가 조금 어렵습니다.

이상호 : 아...... 오늘 오후에는 뭐 합니까?

에리카 : 기숙사에서 숙제를 하고 저녁에는 시내에서
쇼핑을 합니다.

## 😀 語彙と表現

### 🔍 【語彙】

| | | | |
|---|---|---|---|
| 생활 (生活) | 生活 | 어렵다 | 難しい |
| 어떻다 | どうだ | 오늘 | 今日 |
| 재미있다 | 面白い | 오후 (午後) | 午後 |
| – 들 | ～たち | 하다 | する |
| – 도 | ～も | 기숙사 (寄宿舍) | 寮 |
| 많다 | 多い | 숙제 (宿題) | 宿題 |
| 그런데 | でも、しかし | 시내 (市内) | 市内、市街地 |
| 조금 | 少し | 쇼핑 | ショッピング |

### 📖 【表現】

☐ **時間帯の表現**

　一日の時間帯は、大きく**아침** (朝)、**낮** (昼間)、**저녁** (夕方)、**밤** (夜) に分けられます。また日本語と同じく**오전** (午前) と**오후** (午後) という区分もあります。

　なお、「～します」というように動作をともなって表現する場合は、時間を表す単語の後ろに「에」をつけて使います。

아침에 운동을 합니다.　朝、運動をします。

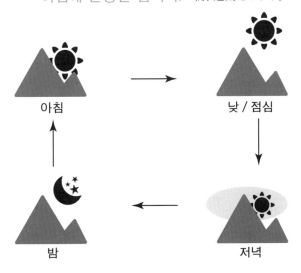

아침　　　　　　　　　낮 / 점심

밤　　　　　　　　　저녁

## 1 －ㅂ니다 / 습니다，－ㅂ니까 / 습니까？（합니다体）

　日本語の「〜です / ます」「〜ですか / ますか」に該当します。「－ㅂ니다 / 습니다」「－ㅂ니까 / 습니까？」は「합니다体」といって、丁寧でかしこまった表現です。

　なお、韓国語では動詞・形容詞・存在詞・指定詞が「用言」となります。また用言の原形（辞書を引くときの形）は必ず「－다」で終わります。この原形から「－다」をとった前の部分を「語幹」と言い、この「語幹」に「語尾」をつなげることでいろいろな意味を表していきます。

例）　　만나다　　　→　　　만나　　　＋　　　　다
　　　（原形）　　　　　　（語幹）　　　　　　　（語尾）

　語幹は母音で終わるもの（母音語幹）、子音で終わるもの（子音語幹）、ㄹで終わるもの（ㄹ語幹）に大別されます。母音語幹には「－ㅂ니다」、子音語幹には「－습니다」、ㄹ語幹はㄹを脱落させて「－ㅂ니다」をつなげます。

| 原形 | 語幹 ＋ 語尾 | | 합니다体 |
|---|---|---|---|
| 가다 （行く） | 가 | ＋ ㅂ니다 | 갑니다 （行きます） |
| 먹다 （食べる） | 먹 | ＋ 습니다 | 먹습니다（食べます） |
| 만들다（作る） | 만드（ㄹ脱落） | ＋ ㅂ니다 | 만듭니다（作ります） |

✏ 練習　보기(例)のように합니다体を作り、書いて読んでみよう。

보기　　　　　　　　　　　　　　보다　→　봅니다.

1) 만나다　→ _____　　2) 크다　→ _____

3) 타다　→ _____　　4) 좋다　→ _____

5) 듣다　→ _____　　6) 작다　→ _____

7) 놀다　→ _____　　8) 멀다　→ _____

　疑問文は、「－ㅂ니다 / 습니다」を「－ㅂ니까 ?/ 습니까 ?」と変えます。

　　　갑니까?（行きますか？）　　－네, 갑니다.

### 日本語と韓国語の品詞

　日本語には形容動詞がありますが、韓国語の用言には形容動詞がありません。「静かだ」「きれいだ」などの形容動詞は、韓国語では形容詞で考えます。また、韓国語には存在詞という品詞があります。「있다」「없다」「계시다（いらっしゃる）」が該当します。指定詞も日本語では使わない品詞ですが、体言のうしろに接続する「－이다」を指します。日本語で言うと「（体言）だ」が活用して語尾に接続するというイメージで考えると分かりやすいかもしれません。否定を表す「아니다（違う、でない）」も指定詞です。

## 2 - 를 / 을 ～を

日本語の「～を」に該当します。母音体言には「- 를」、子音体言には「- 을」を接続します。

> **한국어를 공부합니다.** （韓国語を勉強します。）
>
> **책을 읽습니다.** （本を読みます。）

なお、「～に乗る」「～に会う」は日本語と違って「- 를 / 을 타다」「- 를 / 을 만나다」と表現します。また、「～が好きだ（～を好む）」は動詞として「- 를 / 을 좋아하다」を用います。

**練習** 　보기(例)のように文章を作り、書いて読んでみよう。

| 보기 | 김치찌개, 먹다 → 김치찌개를 먹습니다. |
|---|---|

1) 옷, 입다

2) 전화, 걸다

3) 일본 노래, 좋아하다(疑問形で)　　　　　　　　　　　　　　　　　　　　？

4) 누구, 만나다(疑問形で)　　　　　　　　　　　　　　　　　　　　　　？

## 3 - 에서 ～で

場所の「～で」を表します。

> **집에서 음악을 듣습니다.** （家で音楽を聞きます。）
>
> **학교에서 친구를 만납니다.** （学校で友だちに会います。）

＊「여기（ここ）/ 거기（そこ）/ 저기（あそこ）/ 어디（どこ）」につく場合は「에」が省略されて「여기서 / 거기서 / 저기서 / 어디서」となることが多いです。

**練習** 　보기(例)のように文を作り、書いて読んでみよう。

| 보기 | 집, 자다 → 집에서 잡니다. |
|---|---|

1) 바다, 낚시를 하다 →

2) 편의점, 과자를 사다 →

3) 도서관, 책을 읽다 →

4) 공원, 놀다 →

## 4　-고　～て，～で（並列、完了、手段・方法）　　　語幹型

二つ以上の動作を対照して並列したり、動作の完了、動作の手段・方法などを表す語尾です。

| | | |
|---|---|---|
| ［並列］ | 이 집은 값도 싸고 맛있습니다. | （この店は安くておいしいです。） |
| ［並列］ | 이 분은 학생이고 저 분은 선생님입니다. | （この方は学生で、あの方は先生です。） |
| ［完了］ | 밥을 먹고 갑니다. | （ご飯を食べて行きます。） |
| ［手段・方法］ | 지하철을 타고 갑니다. | （地下鉄に乗って行きます。） |

**練習**　보기(例)のように文を作り、書いて読んでみよう。

> **보기**　　아침에 빵을 먹다. 저녁에 밥을 먹다.　→　아침에 빵을 먹고 저녁에 밥을 먹습니다.

1) 이 건물은 크다. 저 건물은 작다. →

2) 오전에 책을 읽다*. 오후에 놀다. →

3) 숙제를 끝내다. 나가다.　　　　→

4) 청바지를 입다. 가다.　　　　　→

＊ 「ㄹㄱ」のパッチムは後に「ㄱ」ではじまる語尾が来る場合、「ㄹ」で発音し、後に続く「ㄱ」は濃音化します。
읽고 [일꼬]

### ❖ 語幹型

　韓国語では、語幹と語尾をつなげる接続の仕方が三つあります。単純に語幹にそのまま語尾をつなげるものを、このテキストでは「語幹型」と表記することにします。すべての語尾は三つの接続の仕方に分類されます。「‐고」は語幹型です。

---

**状態をたずねる表現**

　感想や印象をたずねる表現として、「어떻습니까?」、「어때요?」があります。覚えて使ってみましょう。

그 영화 어떻습니까?　　（その映画はどうですか?）

우리 학교 어때요?　　　（私たちの学校はどうですか?）

## やってみよう

### A 次の文を韓国語で書いて読んでみよう。

1) トッポッキ ( 떡볶이 ) が好きです。

2) 夕方、アルバイトをします。

3) ソウル駅で降ります。

4) 家で韓国料理をつくります。

5) どこでお昼ごはんを食べますか？

### B 次の文を読んで、日本語にしてみよう。

CD1-44

　　저는 매일 아침 일찍 일어납니다. 아침을 먹기 전에 조깅을 합니다. 오전에는 학교에서 수업을 듣습니다. 그리고 학교 식당에서 점심을 먹습니다. 학교 식당은 아주 쌉니다. 오후에도 수업을 듣고 저녁에는 편의점에서 아르바이트를 합니다. 저녁은 집에서 먹고 밤에는 숙제를 하고 일찍 잡니다.

＊ - 기 전에　～する前に　　＊편의점([펴니점]と発音)　コンビニ

### C 会話の練習をしよう。

① まず、보기 (例) のように下線部に韓国語を書き入れ韓国語の文を作ってみよう。

| 보기 | 명동에 갑니다. 명동에서 쇼핑을 합니다. |
|---|---|

　　　　　　　　에 갑니다. 　　　　　　에서 　　　　　　　　　　．

② 次に、クラスメイトと道で会った設定で、上で作った文を利用して会話してみよう。

A：에리카 씨, 안녕하세요? 어디 갑니까?

B：명동에 갑니다. 명동에서 쇼핑을 합니다.

A：아, 그래요? 그럼 조심해서 가세요.

B：네. 안녕히 가세요.

# 정문 앞에서 만나서 같이 가요.

<スケジュールを伝える>

CD1-45 이상호 : 이번 주말에 시간이 있어요?

에리카 : 글쎄요. 아직 잘 모르겠어요.

이상호 : 전 명동에서 고등학교 때 친구를 만나요.
에리카 씨도 같이 가요.

에리카 : 그래요. 좋아요.

이상호 : 그럼, 학교 정문 앞에서 만나서 같이 가요.

**語彙と表現**

 【語彙】

| | | | |
|---|---|---|---|
| 이번 | 今度 | 때 | とき |
| 시간 (時間) | 時間 | 만나다 | 会う |
| 글쎄요 | そうですね (考えるときの表現) | 같이 [가치] | 一緒に |
| 아직 | まだ | 가다 | 行く |
| 잘 | よく | 좋다 | よい、いい |
| 모르다 | 知らない、分からない | 정문 (正門) | 正門 |

【表現】

CD1-46

□ 呼びかけの表現、応答の表現

| 呼びかけ |

**저…** (あの…)   **저기요…** (あの…すみません…)

**여기요…** (すみません、ここです)  ＊食堂などで注文などの用件がある時によく使われます。

**죄송한데요…** (申し訳ありませんが…)

| 答えを考える場合 |

**글쎄요…** (そうですね…)

| 分からない場合 |

**잘 모르겠어요.** (よく分かりません。)

**잘 모르겠는데요.** (よく分からないのですが。)

| あいづち |

**그래요. / 그래요?** (そうです。/そうですか。)

**맞아요.** (その通りです。そうです。)

**정말이요?** (本当ですか。)

# 1 – 아요 / 어요 ( 해요体 )

해요体は親近感のあるやや柔らかな表現です。語幹の最後の母音が陽母音（ㅏ, ㅗ, ㅑ）であれば「아요」を、それ以外 ( 陰母音 ) であれば「어요」をつなげて해요体を作ります。なお하다は別途「해요」の形をとります。

| 原形 | 語幹 + 語尾 | 해요体 |
|---|---|---|
| 받다 | 받 + 아요 | 받아요 (受けます) |
| 먹다 | 먹 + 어요 | 먹어요 (食べます) |
| 하다 | 하 + 여요 | 해요 （します） |

＊해요体には「平叙・疑問・勧誘・命令」の意味があります。イントネーション、会話の流れなどによって、意味が変わります。

공부해요. （勉強します。）　　　공부해요? （勉強しますか?）
공부해요. （勉強しましょう。）　　공부해요! （勉強しなさい!）

✎ 練習　보기(例)のように動詞には - 를 / 을を、形容詞には - 가 / 이を補い、文を作ってみよう。

| 보기 | 손, 잡다　→　손을 잡아요.　　사람, 적다　→　사람이 적어요. |
|---|---|

1) 열쇠, 찾다　→ _____　　2) 창문, 열다　→ _____

3) 사진, 찍다　→ _____　　4) 비빔밥, 먹다　→ _____

5) 성격, 좋다　→ _____　　6) 책, 얇다　→ _____

7) 시간, 없다　→ _____　　8) 집, 멀다　→ _____

母音語幹では해요体は縮約の形をとります。必ず縮約されるものと必ずしもそうでないものがあります。会話では基本的に縮約します。

| 語幹末の母音 | 語幹 + 語尾 | 해요体 |
|---|---|---|
| ㅏ* | 가 + 아요 | 가요 （行きます） |
| ㅓ* | 서 + 어요 | 서요 （止まります） |
| ㅐ | 보내 + 어요 | 보내요 （送ります） |
| ㅔ | 세 + 어요 | 세요 （数えます） |
| ㅕ* | 켜 + 어요 | 켜요 （点けます ［電気など］） |
| ㅗ** | 보 + 아요 | 봐요 （見ます） |
| ㅜ** | 주 + 어요 | 줘요 （くれます・あげます） |
| ㅚ | 되 + 어요 | 돼요 （なります） |
| ㅣ | 다니 + 어요 | 다녀요 （通います） |

＊上記の「ㅏ」「ㅓ」「ㅕ」は必ず縮約します。

＊＊「오」「우」で終わる語幹は必ず縮約します。例：「오다 ( 来る )」「배우다 ( 習う、学ぶ )」など。

練習　보기(例)のように文を作り、書いて読んでみよう。

| 보기 | 뉴스, 보다 → 뉴스를 봐요. |

1) 운동화, 사다　　→
2) 주스, 마시다　　→
3) 책, 펴다　　→
4) 단어, 외우다　　→

## 2　– 아 / 어서　～て , くて（原因・先行動作）　　　아 / 어型

原因・先行動作を表します。前半の部分と後半の部分を一連の事象・動作とみなすときに使われます。

감기에 걸려서 집에서 자요.　　（風邪をひいて家で寝ます。）

식당에 가서 식사를 해요.　　（食堂に行って食事をします。）

練習　보기(例)のように文を作り、書いて読んでみよう。

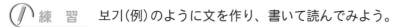
| 보기 | 약속이 있다. 먼저 가다. → 약속이 있어서 먼저 가요. |

1) 한국어에 관심이 있다. 공부하다.　　→
2) 학교가 멀다. 일찍 일어나다.　　→
3) 친구를 만나다. 밥을 같이 먹다.　　→
4) 도서관에 가다. 신문을 읽다.　　→

## ❖ 아 / 어型

　ここで勉強した「해요体」や「- 아 / 어서」は、「- 아 / 어」で語尾に接続するタイプです。これをこのテキストでは「아 / 어型」と呼ぶことにします。

　この「- 아 / 어」の形は連用形（次の用言に続く形）としても用いられます。「- 아 / 어 보다 (〜てみる )」「- 아 / 어 버리다 (〜てしまう )」などを覚えておくと便利です。

> 이 옷 한번 입어 보세요.*　　　（この服、一度着てみてください。）
>
> 금방 잊어 버려요.　　　　　　（すぐに忘れてしまいます。）

＊「 - 아 / 어 보세요」は「〜てみてください」の意味です。

## やってみよう

**A** 次の文を「해요体」で書いて読んでみよう。

1) 今日はミョンドン（明洞）に行って友だちとショッピングをします。

2) 遅れてすみません。

3) 家に帰って（집에 가다）宿題をします。

4) 私は歌が好きでカラオケによく行きます。

5) この本を一度読んでみてください。

**B** 次の文を読んで、日本語にしてみよう。

CD1-48

　서울의 백화점은 아주 큽니다, 백화점에는 늘 사람이 많고 활기가 넘쳐요, 특히 명동이나 강남 지역의 백화점은 상품의 질도 좋고 서비스도 좋아요, 하지만 재래 시장도 재미있어요, 가게 주인들이 아주 친절하고 정이 많아요, 시장에도 한번 가 보세요,

＊재래 시장　昔ながらの市場　　＊정이 많다　情が厚い

**C** 下の表に、今日と週末の主な予定を書き入れ、クラスメイトとやり取りしてみよう。

TO DO
★ 오늘
□ 수업
□
□

★ 주말
□ 쇼핑
□
□

보기 (例)

- 수업
- 숙제
- 쇼핑
- 여행
- 영화

- 시험 공부
- 동아리 모임
- 아르바이트
- 생일 파티
- 콘서트

A : 오늘 뭐해요?　　　　　B : 영어 수업이 있어요.

A : 주말에 뭐해요?　　　　B : 쇼핑을 해요.

# 여름이니까 냉면 어때요?

<一緒にすることを提案する>

CD1-49

에리카 : 뭐 먹을까요?

박태현 : 여름이니까 냉면 어때요?

에리카 : 좋아요. 어디로 먹으러 갈까요?

박태현 : 저기 냉면 집에 들어가요.

에리카 : 식당이 진짜 멋있네요. 비싸지 않을까요?

박태현 : 그렇게 안 비싸요.

【語彙】

| 여름 | 夏 | 식당（食堂） | 食堂 |
| 냉면（冷麵） | 冷麵 | 진짜 | 本当に、本物 |
| -(으)로 | 〜へ（方向） | 멋있다 | 素敵だ |
| 먹다 | 食べる | - 네요 | 〜（です）ね [語幹型] |
| - 집 | 〜屋 | 비싸다 | （値段が）高い |
| 들어가다 | 入る | 그렇게 | そんなに |

【表現】

□　いろいろなお店やサービス、施設

냉면집

고깃집

제과점

편의점

분식집

세탁소

슈퍼마켓

서점

교회

부동산

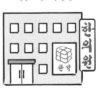
한의원

노래방

주점

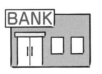
은행

미용실

약국

## 1 否定形

否定形の作り方には2種類あります。

### ① ‐지 않습니다 / ‐지 않아요 　　語幹型

否定形の「〜ません」を表す「‐지 않다 (〜ない)」に「‐습니다 / 아요」が接続したものです。「‐지 않습니까？ / ‐지 않아요？」となると「〜ませんか」という意味になります。

> 저는 가지 않습니다. （私は行きません。）
>
> 공부를 하지 않아요. （勉強をしません。）

練 習　보기(例)のように否定の文を作り、書いて読んでみよう。

보기　　　　　농구를 합니다.　→　농구를 하지 않습니다.

1) 오늘은 빨래를 합니다.　　　　→ _____

2) 방에서 음악을 듣습니다.　　　→ _____

3) 이번 역에서 내립니다.　　　　→ _____

4) 생선을 먹습니까?　　　　　　→ _____?

### ② 안 + 用言

用言の前に否定の副詞「안」を置いても否定表現になります。この形の方が、きっぱりと否定する感があり、会話でも多く用いられます。

> 안 갑니다/ 안 가요.　　　（行きません。）
>
> 안 먹습니다/ 안 먹어요.　（食べません。）
>
> 안 만듭니다/ 안 만들어요.　（作りません。）

ただし、「名詞＋하다」の動詞では名詞と하다の間に「안」が入ります。例えば공부하다 (勉強する) の否定は以下の通りになります。

> 공부 안 합니다. (○)　　　공부 안 해요. (○)
>
> 안 공부합니다. (×)　　　안 공부해요. (×)

練 習　보기(例)のように否定の文を作り、書いて読んでみよう。

보기　　　　　비가 오다.　→　비가 안 와요.

1) 머리가 길다.　　　　→ _____

2) 친구를 만나다.　　　→ _____

3) 운동하다.　　　　　→ _____

4) 창문을 닫다?　　　　→ _____?

## 2 –(으)ㄹ까요? ～ましょうか, でしょうか

(으)型 [ ㄹ脱落 ]

疑問形の形で提案・勧誘をしたり、聞き手の意思をたずねる時によく使われます。母音語幹には「– ㄹ까요」、子音語幹には「– 을까요」、ㄹ語幹には ㄹ が脱落して「– ㄹ까요」がつながります。

교실에 갈까요?　　　(教室に行きましょうか?)
무엇이 좋을까요?　　(何がよいでしょうか?)

 練 習　次の보기(例)の絵のように、クラスメイトを誘ってみよう。

1)

2)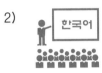

3)

4)

## 3 –(으)니까 ～から, ので

(으)型 [ ㄹ脱落 ]

理由や根拠を表します。後ろに話者の主張や、命令・勧誘（聞き手の行動に働きかける）などが続く場合には主にこの語尾が用いられます。母音語幹には「– 니까」、子音語幹には「– 으니까」、ㄹ語幹には ㄹ が脱落して「– 니까」がつながります。

재미있으니까 한번 볼까요?　　　（面白いから一度見ましょうか?）
날씨도 좋으니까 같이 가요.　　　（天気もいいから一緒に行きましょう。）

練 習　보기(例)のように、理由を述べつつ行動を勧めてみよう。

보기　　시간이 없다. 택시를 타다.　→　시간이 없으니까 택시를 탈까요?

1) 건강에 좋다. 운동하다.　→ ＿＿＿＿＿＿＿＿＿＿＿＿＿＿＿ ?
2) 배가 고프다. 김밥을 만들다.　→ ＿＿＿＿＿＿＿＿＿＿＿＿＿＿ ?

練 習　보기(例)のように「一緒に～しよう」と誘う文を作り、書いて読んでみよう。

보기　　한국에서 친구가 오다.　만나다.　→　한국에서 친구가 오니까 같이 만나요.

1) 비가 오다. 영화를 보다.　→ ＿＿＿＿＿＿＿＿＿＿＿＿＿＿＿
2) 티켓이 있다. 야구장에 가다.　→ ＿＿＿＿＿＿＿＿＿＿＿＿＿＿

## 4 　-(으)러 가다　〜(し)に行く

何かをする目的で移動するときに使う表現で「-(으)러（〜しに）」のあとには「가다（行く）/ 오다（来る）/ 다니다（通う）」などが続きます。

　　　선물을 사러 갑니다.　　（プレゼントを買いに行きます。）
　　　밥 먹으러 가요.　　　　（ごはんを食べに行きます。）

練 習　　보기(例)のように文を作り、書いて読んでみようう。

| 보기 | 교수님 연구실, 질문하다　→　교수님 연구실에 질문하러 가요. |
| --- | --- |

1) 은행, 돈을 찾다　　　　→
2) 학원, 영어를 배우다　　→
3) 서점, 책을 사다　　　　→
4) 한강, 놀다　　　　　　→

### ❖（으）型

　　すでに語幹と語尾のつなげ方のうち「語幹型」と「아 / 어型」の二つを紹介しましたが、ここでは「（으）型」を紹介します。韓国語の語幹と語尾の接続の仕方は、この三つですべてです。（으）型の語尾は前の語幹が子音で終わる場合、語尾をつなげるときに「으」が入ります。「-(으)러 가다（〜しに行く）」で接続してみます。

　　　보다　見る　　→　　보러 가다　　見に行く
　　　먹다　食べる　→　　먹으러 가다　食べに行く

　　ㄹ語幹では、この「으」が入らないのが特徴です。

　　　놀다　遊ぶ　　→　　놀러 가다　　遊びに行く

　　一方、ㄹ語幹は、後ろにくる語尾の初声が「ㅅ , ㅂ , ㄴ」で始まる場合と（으）型で「ㄹ」で始まる語尾に接続する場合は、語幹末のㄹパッチムが脱落します。

（으）型

　　　놀러 가다　遊びに行く　　　놀면서　遊びながら

（으）型 [ ㄹ脱落 ]

　　　노세요　お遊びください　　　놀까요？　遊びましょうか
　　　노니까　遊ぶから　　　　　　놀게요　遊びますね

## やってみよう

**A** 次の文を韓国語で書いて読んでみよう。

1) 今週は忙しいから来週会いましょうか？

2) 私はコーヒーは好きではありません。

3) 週末に映画を観に行きます。

4) あの店はおいしいので、一緒に食べに行きましょうか？

5) このキムチは高くありません。

**B** 次の文を読んで、日本語にしてみよう。

CD1-50

　해경 씨, 오늘은 날씨가 별로 좋지 않으니까 우리 집에 놀러 와요. 집에서 영화라도 같이 보면서 오랜만에 얘기도 좀 하고요. 참, 치킨도 시켜 먹을까요? 우리 집 근처에 맛있는 치킨집이 있어요.

＊ - (이) 라도　〜でも　　＊ - (으) 면서　〜ながら　　＊맛있는〜　おいしい〜

**C** 次の写真を見ながら、クラスメイトを誘ったり、すすめたりしてみよう。

보기

〈한국 여행〉
이상호 : 에리카 씨, 여행 가요?
에리카 : 네, 어디가 좋을까요?
이상호 : 경주는 어때요? 유적이 많으니까 한번 가 보세요.

1) 제주도, 귤이 맛있다.
2) 설악산, 단풍이 예쁘다.
3) 춘천, 닭갈비가 유명하다.

〈일본 여행〉
日本の旅行地について、どこがおすすめか韓国語でやりとりしてみよう。

# 물냉면으로 할게요.

<食堂で注文する>

박태현 : 자, 우리 뭐 먹을까요?

에리카 : 냉면도 여러 가지가 있네요. "물냉면"?
이거 안 매워요?

박태현 : 네, 안 매워요. 시원하게 물냉면 한번 드셔 보세요.

에리카 : 그럼, 물냉면으로 할게요. 태현 씨는요?

박태현 : 저는 비빔냉면이요.
여기요! 물냉면 하나하고 비빔냉면 하나만 주세요.

**語彙と表現**

## 【語彙】

| | | | |
|---|---|---|---|
| 자 | さぁ（相手の注意をひく表現） | 드시다 | 召しあがる |
| 여러 가지 | いろいろ | 비빔냉면(－冷麺) | ビビン冷麺 |
| 물냉면(－冷麺)[물램면] | 水冷麺 | 하나 | ひとつ |
| 맵다 | 辛い | －만 | ～だけ |
| 시원하다 | さっぱりしている、涼しい | 주다 | くれる、あげる |
| 한번 | 一度（試し） | 수육 | スユク(肉を湯通ししたもの) |

## 【表現】

□ －게

　「－게」は語幹に接続して副詞形になります。形容詞のときは「～く / ～に」という意味になります。

맛있게 드세요.　　　　　　　　（おいしく召し上がってください。）
주말 즐겁게 보내세요.　　　　　（週末楽しくお過ごしください。）

□ －요 / 요?　 ～です，～ですか

　文を途中で切る場合や、聞き返しの際に使います。体言や助詞、語尾などの後ろに「요」をつなげますが、会話ではパッチムで終わる体言にはしばしば「이요」が用いられます。次は会話で実際によく使われる形を示したものです。

| 母音体言や助詞・語尾などの後ろに | 후쿠오카요.　（福岡です。）<br>일본은요?　（日本は？） |
|---|---|
| 子音体言の後ろに | 지하철이요.　（地下鉄です。）<br>선생님이요?　（先生ですか？） |

＊ただし規範的な文法では「지하철요.」、「선생님요?」が正しい記述です。この教科書では会話で実際によく使われるかたちで表記しています。

## 文法

**1** **－( 으 ) 시 －** ( 으 )型 [ ㄹ脱落 ]

　語幹に尊敬の意味を加えます。母音語幹には「－시－」、子音語幹には「－으시－」、ㄹ語幹には「ㄹ」を脱落させて「－시－」をつなげます。

| | | | |
|---|---|---|---|
| 가다 | 가시다 | （行かれる） | 가십니다 （行かれます） |
| 읽다 | 읽으시다 | （お読みになる） | 읽으십니다 （お読みになります） |
| 만들다 | 만드시다 | （お作りになる） | 만드십니다 （お作りになります） |

　해요体では語幹に「－( 으 ) 세요」をつなげます。ㄹ語幹では「ㄹ」を脱落させて「－세요」をつなげます。場面・状況によって丁寧な命令形（〜てください）としても使います。

가다 →　가세요　　읽다 →　읽으세요　　만들다 →　만드세요

**練 習**　보기(例)のように尊敬形を作ってみよう。

> **보기**
>
> 가다　→　가십니다, 가세요.

1) 보다　　→＿＿＿＿＿＿＿　　　　2) 입다　　→＿＿＿＿＿＿＿

3) 살다　　→＿＿＿＿＿＿＿　　　　4) 예쁘다　→＿＿＿＿＿＿＿

　なお、「먹다」の尊敬形は「드시다」になり、해요体では「드세요」となります。

**練 習**　次の文を尊敬形を使った文に書き換えて読んでみよう。

1) 편지를 씁니다.　　　　→＿＿＿＿＿＿＿＿＿＿＿

2) 지갑을 찾아요.　　　　→＿＿＿＿＿＿＿＿＿＿＿

3) 중국 역사를 잘 알아요.　→＿＿＿＿＿＿＿＿＿＿＿

**練 習**　尊敬形を使った丁寧な命令形を作ってみよう

1) 편지, 보내다　→＿＿＿＿＿＿＿＿＿＿＿

2) 여기, 앉다　→＿＿＿＿＿＿＿＿＿＿＿

3) 조용히, 하다　→＿＿＿＿＿＿＿＿＿＿＿

4) 빨리, 오다　→＿＿＿＿＿＿＿＿＿＿＿

## 2 -(으)ㄹ게요 ～(し)ますね

自分や自分たちが行うことを約束したり告知する表現です。「게요」の発音は [께요] になります。

제가 할게요.　　　(私がやりますね。)

제가 먹을게요.　　(私が食べますね。)

練習　보기(例)のように文を作り、書いて読んでみよう。

보기　　　　　　　　제가 주문하다.　→　제가 주문할게요.

1) 제가 운전하다.　　→ _____

2) 우리가 만들다.　　→ _____

3) 열심히 뛰다.　　　→ _____

4) 먼저 집에 가다.　　→ _____

## 3 -(으)로 하다 ～にする

決定を表す表現で「～にする」の意味です。母音体言には「-로 하다」、子音体言には「-으로 하다」、ㄹパッチムで終わる体言にはそのまま「-로 하다」をつなげます。

물냉면으로 해요.　　　　　　(水冷麺にしましょう。)

된장찌개로 할게요.　　　　　(テンジャンチゲにしますね。)

나물로 하세요.　　　　　　　(ナムルにしてください。)

練習　보기(例)のように文を作り、書いて読んでみよう。

보기　　　　　　　　비빔밥　→　비빔밥으로 할게요.

1) 커피　　→ _____　　2) 자장면→ _____

3) 저 시계　→ _____　　4) 이것　→ _____

「이것으로」などには縮約形があります。

이것으로　　　그것으로　　　저것으로　　　어느 것으로　　　무엇으로

↓　　　　　　↓　　　　　　↓　　　　　　↓　　　　　　　↓

이걸로　　　　그걸로　　　　저걸로　　　　어느 걸로　　　　뭘로

## 4 ㅂ変則用言

語幹末のパッチムが「ㅂ」である多くの形容詞（ㅂ変則用言）では不規則な活用をします。(으) 型と아 / 어型の語尾に接続する場合、「ㅂ」が「우」に変わります。ただし、돕다 , 곱다は아 / 어型に接続する場合、「ㅂ」が「오」に変わります。

| | 語幹型 | ( 으 ) 型 | 아 / 어型 |
|---|---|---|---|
| 맵다 (辛い) | 맵고 | 매우니까 | 매워요 |
| 어렵다 (難しい) | 어렵고 | 어려우니까 | 어려워요 |
| 가깝다 (近い) | 가깝고 | 가까우니까 | 가까워요 |
| 돕다 (助ける) | 돕고 | 도우니까 | 도와요 |

✍ 練 習　보기(例)のように次の文を해요体に変え、書いて読んでみよう。

보기　　　　　　　　　　김치가 맵다.　→　김치가 매워요.

1) 날씨가 춥다.　　　→

2) 짐이 무겁다.　　　→

3) 연습 문제가 쉽다.　→

4) 경치가 아름답다.　→

　一部の用言は、規則的な活用をします。代表的な用言として입다 (着る) , 잡다 (つかむ) , 좁다 (狭い) があります。

입다 (着る)　　→　　입고, 입으니까, 입어요
좁다 (狭い)　　→　　좁고, 좁으니까, 좁아요

✍ 練 習　보기(例)のように次の語をつなげて文にして、書いて読んでみよう。

보기　　발음이 어렵다. 매일 연습하다.　→　발음이 어려우니까 매일 연습하세요.

1) 날씨가 덥다. 에어컨을 켜다.　→

2) 날씨가 춥다. 코트를 입다.　→

3) 짐이 무겁다. 좀 들어 주다.　→

4) 집이 가깝다. 놀러 오다.　→

# やってみよう

**A** 次の文を韓国語で書いて読んでみよう。

1) 夕方、どこに行かれますか？
_____

2) ゆっくりお読みください。
_____

3) 私は石焼ビビンバにしますね。
_____

4) 友だちと一緒に楽しく遊んでください。
_____

5) 韓国語は難しいので、日本語で話しますね。
_____

**B** 次の文を読んで、日本語にしてみよう。

CD1-52

　태현 씨, 전 요즘 숙제가 너무 많아서 힘들어요. 태현 씨는 공부 안 힘드세요?
전 지금 커피를 마셔요. 오늘은 날씨가 추워서 커피가 맛있네요. 어! 벌써 10시!
태현 씨는 지금 뭐 하세요? 혹시 자요? 다음에 또 문자 보낼게요. 잘 자요.

＊ -시　～時

**C** 76 ページの「いろいろな食べもの」と本文 (70 ページ) を参照しながら、
食堂でのやり取りをしてみよう。

Memo

| | | | |
|---|---|---|---|
| 갈비 | 불고기 | 삼겹살 | 치킨 |
| 삼계탕 | 된장찌개 | 김치찌개 | 순두부찌개 |
| 자장면 | 떡볶이 | 잡채 | 칼국수 |
| 비빔밥 | 설렁탕 | 김밥 | 한정식 |
| 족발 | 파전 | 팥빙수 | 호떡 |

＊한국 사람들은 이럴 때 이런 음식을 먹어요.

새해 첫날에는…떡국 　떡국을 먹으면 나이를 한 살 더 먹는다고 해요.

생일에는…미역국 　하지만 시험 전에는 먹지 않아요!

복날에는…삼계탕 　더위 먹지 않도록 조심하세요.

결혼식에서는…국수 　신랑 신부 두 사람의 사랑이 오래 오래 가도록.

비 오는 날에는…부침개 　비 오는 소리가 부침개 부치는 소리랑 비슷해요.

시험 전에는…떡이나 엿 　딱 붙어서 떨어지지 말라는 뜻을 담아 시험 보는 사람에게 선물해요.

## 語幹と語尾の接続

語幹に語尾をつなげる場合、その接続の仕方には 3 つの形があります。
1. 語幹型　　…　語尾を語幹にそのまま接続します。
2. (으) 型　　…　子音語幹の場合、語幹と語尾の間に으を伴います。
3. 아 / 어型　…　陽語幹に ㅏ、陰語幹に ㅓ が接続されます。(하다は「하여 / 해」)

### 1. 語幹型

| 原形 ＼ 語尾 | – 고 | – 지만 | – 지 않아요 |
|---|---|---|---|
| 가다 | 가고 | 가지만 | 가지 않아요 |
| 먹다 | 먹고 | 먹지만 | 먹지 않아요 |
| 만들다 | 만들고 | 만들지만 | 만들지 않아요 |

### 2. (으) 型

| 原形 ＼ 語尾 | -(으)면 | -(으)니까 | -(으)ㄹ게요 |
|---|---|---|---|
| 가다 | 가면 | 가니까 | 갈게요 |
| 먹다 | 먹으면 | 먹으니까 | 먹을게요 |
| 만들다 | 만들면 | 만드니까 | 만들게요 |

　ㄹ語幹は語尾をつなげる「으」を入れません。母音語幹と同じ扱いになります。また、後ろに「ㅅ , ㅂ , ㄴ」が続いた場合、パッチム「ㄹ」が脱落します。「ㄹ」の形で始まる語尾の前でもㄹが脱落します。

### 3. 아 / 어型

| 原形 ＼ 語尾 | – 아 / 어 | – 아 / 어서 | – 아 / 어요 |
|---|---|---|---|
| 가다 | 가 | 가서 | 가요 |
| 먹다 | 먹어 | 먹어서 | 먹어요 |
| 만들다 | 만들어 | 만들어서 | 만들어요 |

　해요体の作り方は第 6 課を参照。「– 아 / 어」は連用形で、「～て」と用言に連なるときの形もあります。「먹어 보다 (食べてみる)」「만들어 주다 (作ってあげる / 作ってくれる)」など。

参考

# 제9과 오늘 바빠요?

<電話をかける、電話を受ける>

CD1-53

♪♪♪ 따르릉 따르릉 ♪♪♪

에리카 : 네, 여보세요?

이상호 : 안녕하세요? 저 상호예요. 지금 통화 가능해요?

에리카 : 네, 괜찮아요.

이상호 : 에리카 씨, 오늘 바빠요?

에리카 : 아니요. 시간 있어요.

이상호 : 우리 같이 홍대에 가요.

에리카 : 재미있겠다! 저도 가고 싶어요.

이상호 : 그럼 홍대 가서 쇼핑도 하고 저녁도 같이 먹읍시다.

**語彙と表現**

## 【語彙】

| | | | |
|---|---|---|---|
| 여보세요 | もしもし | 오늘 | 今日 |
| 지금 | 今 | 바쁘다 | 忙しい |
| 통화 (通話) | 通話 | 홍대 (弘大) | 弘益大学 (弘大) 前の繁華街 |
| 가능하다 (可能 –) | 可能だ | 재미있다 | おもしろい |
| 괜찮다 | 大丈夫だ、構わない | 저녁 | 夕食 |

## 【表現】

CD1-54

□ 〈1〉 사무실에 전화하기

① 네, 어학원입니다.

② 저는 한국어 초급 반의 스즈키 에리카입니다. 김철수 선생님 계세요?

③ 잠시만요. 지금 자리에 안 계시네요.

④ 그럼 다시 전화하겠습니다. 안녕히 계세요.

□ 〈2〉 배달

① 서울피자

네, 서울피자입니다.

♪따르릉 따르릉♪

② 저기……, 불고기 피자 라지 사이즈 하나요.

③ 주소가 어떻게 되세요?

한국대학교 국제기숙사 3층 휴게실입니다.

④ 서울피자

네, 알겠습니다. 감사합니다.

## 1 으変則用言

語幹が「ㅡ」で終わっている用言は아/어型では不規則な形になります。아/어型では語幹末「ㅡ」が脱落し、その前の母音の陰陽で「ㅏ」または「ㅓ」を接続します。

바쁘다 (忙しい) → 바빠요 (忙しいです)

기쁘다 (うれしい) → 기뻐요 (うれしいです)

| | 語幹型 [-고] | (으)型 [-(으)니까] | 아/어型 [- 아/어요] |
|---|---|---|---|
| 아프다 (痛い) | 아프고 | 아프니까 | 아파요 |
| 예쁘다 (きれいだ) | 예쁘고 | 예쁘니까 | 예뻐요 |

＊語幹末「ㅡ」が脱落すると、その前に母音がない場合は、「ㅓ」を接続します。

끄다 (〔電気を〕消す) → 꺼요 (消します)

✏️ **練 習** 보기(例)のように합니다体の文을해요体の文に変えてみよう。

| 보기 | 날씨가 나쁩니다. → 날씨가 나빠요. |
|---|---|

1) 배가 고픕니다. → _____

2) 영화가 슬픕니다. → _____

3) 상호 씨에게 메일을 씁니다. → _____

4) 옷이 큽니다. → _____

✏️ **練 習** 보기(例)のように下の単語の中から適当なものを選び、会話文を完成させよう。

아프다, 고프다, 크다, 예쁘다, 쓰다, 바쁘다, 기쁘다, 슬프다

| 보기 | 가: 생일 축하해요.<br>나: 감사합니다. 정말 기뻐요. |
|---|---|

1) 가: 이 머리 스타일 어때요?

　나: 좋아요. 아주 _____

2) 가: 요즘 어떻게 지내요?

　나: 일이 많아서 _____

3) 가: 어느 은행 쓰세요?

　나: 저는 강남 은행을 _____

4) 가: 도쿄는 _____ ?

　나: 물론입니다. 일본의 수도니까요.

## 2  –고 싶다  ～たい

希望・願望を表します。

> 한국 친구하고 이야기하고 싶습니다.　　（韓国の友だちと話がしたいです。）
> 한국어로 메일을 쓰고 싶어요.　　（韓国語でメールを書きたいです。）

✎ 練 習　보기(例)のように指定された単語を使い、会話文を完成させよう。

| 보기 | 가: 무엇을 하고 싶어요?<br>나: (옷/사다) 옷을 사고 싶어요. |
|---|---|

1) 가: 무엇을 먹고 싶어요?

　나: (떡볶이/먹다) _____

2) 가: 무엇을 하고 싶어요?

　나: (잠/자다) _____

3) 가: 무슨 음악을 듣고 싶어요?

　나: (클래식/듣다) _____

4) 가: 누구를 만나고 싶어요?

　나: (선배/만나다) _____

## 3  –(으)ㅂ시다  ～ましょう

　勧誘表現で「～ましょう」の意味になります。司会者や先生など場を仕切る立場にある人がよく使います。標語等でも使われますが、目上の人には使いません。

> 대중교통을 이용합시다.　　（公共交通機関を利用しましょう。）
> 사용 방법을 알아 봅시다.　　（使用方法を調べてみましょう。）

✎ 練 習　보기(例)のように文を作り、書いて読んでみよう。

| 보기 | 물을 아껴 쓰다.　→　물을 아껴 씁시다. |
|---|---|

1) 노약자에게 자리를 양보하다.　→ _____

2) 다음 역에서 내리다.　　　　→ _____

3) 단체 사진을 찍다.　　　　　→ _____

4) 본문을 읽어 보다.　　　　　→ _____

**4** **- 겠 -** 語幹型

様々な意味を持っていますが、ここでは３つを紹介します。

① 推量　재미있겠다!　（おもしろそう！）
② 意思　내일 다시 전화하겠습니다.　（明日また電話します。）
③ 控えめな気持ち　알겠습니다.（承知しました）　모르겠습니다.（わかりません）

練習　보기(例)のように - 겠 - を使い、推量を含んだ意味を表す文に書き換えなさい。

보기　　　내일은 비가 옵니다.　→　내일은 비가 오겠습니다.

1) 정말 맛있습니다.　→
2) 시험이 어렵습니다.　→
3) 바쁘십니다.　→

練習　보기(例)のように - 겠 - を使い、意思を示す文に書き換えなさい。

보기　　　열심히 공부합니다.　→　열심히 공부하겠습니다.

1) 앞으로 매일 운동합니다.　→
2) 내일까지 다 읽습니다.　→
3) 제가 저녁을 만듭니다.　→

【電話に関する表現】

휴대폰, 스마트폰　　집 전화　　전화번호, 연락처

【電話で使う表現】
　○○さんのお電話でしょうか。　　○○씨 전화죠?
　はい、私ですが。　　네, 전데요.
　間違っておかけになられましたよ。　　전화 잘못 거셨어요.
　○○さんに代わっていただけますか。　　○○씨 좀 바꿔 주시겠습니까?

**A** 次の文を韓国語で書いて読んでみよう。

1) プレゼントをもらってうれしいです。（해요体で）

2) ヘヨン（혜영）さんは髪が長くて、目が大きいです。（해요体で）

3) 夏休みに韓国でカキ氷が食べたいです。

4) 図書館では静かにしましょう。

5) とても大変でしょう。（-겠- を使って）

6) 私が発表します。（-겠- を使って）

**B** 次の文を読んで、日本語にしてみよう。

CD1-55

　저는 한국어를 공부합니다. 한국어는 쉽고 재미있습니다. 여름 방학에 친구하고 서울에 여행을 갑니다. 한옥 마을도 구경하고 한강 공원에서 야경도 보고 싶습니다. 그리고 한국에서 한국어를 써 보고 싶습니다. 다음 학기에도 한국어를 열심히 공부하겠습니다.

**C** クラスメイトに食べたいもの、行きたいところ、買いたいものを聞いてみよう。

무엇을 먹고 싶어요?　　　　- 저는 칼국수를 먹고 싶어요.
어디에 가고 싶어요?　　　　- 남대문 시장에 가고 싶어요.
지금 무엇을 사고 싶어요?　- 모자를 사고 싶어요.

| 名前 | 食べたいもの | 行きたいところ | 買いたいもの |
|---|---|---|---|
| 에리카 | 칼국수 | 남대문 시장 | 모자 |
|  |  |  |  |
|  |  |  |  |
|  |  |  |  |

# 잘 먹었습니다.

CD2-1 이상호 : 여기 얼마예요?

점　　원 : 네, 35,000원입니다.

이상호 : 여기요.

에리카 : 상호 씨, 잘 먹었습니다.

　　　　　\*\*\*\*\*\*\*\*\*\*

이상호 : 에리카 씨, 닭갈비 맛이 어땠어요?

에리카 : 좀 매웠지만 맛있었어요. 배 불러요.

語彙と表現

## 【語彙】

| | | | |
|---|---|---|---|
| 얼마 | いくら | 잘 먹었습니다 | ごちそうさまでした |
| 점원 (店員) | 店員 | 맛 | 味 |
| – 원 | ～ウォン (韓国の通貨単位) | 닭갈비 [닥깔비] | タッカルビ |
| 여기요 | こちらです<br>(物を渡すときに添えることば) | 배가 부르다 | おなかがいっぱいだ |

## 【表現】

### □ 物を渡す時の表現

買い物をしてお金を渡す時など、物を渡す時には「여기요 / 여기 있습니다」と一言添えて渡すことが多いです。また、韓国では相手に何かを渡す時には、片手で渡さずに、両手かもしくは右手のひじのあたりに左手を添えるのが礼儀正しい渡し方になります。

なお、お断りするときの「結構です」に該当する表現として「됐습니다 / 됐어요」があります。

### □ 味に関する表現

| | |
|---|---|
| 달다 (甘い) | 맛있다 (おいしい) |
| 맵다 (辛い) | 맛없다 (まずい) / 맛이 별로다 (味がイマイチ) |
| 쓰다 (苦い) | 시원하다 (さっぱりしている、すっきりしている) |
| 시다 (酸っぱい) | 입맛이 없다 (食欲がない) |
| 짜다 (塩辛い) | 담백하다 (あっさりしている、淡泊だ) |
| 싱겁다 (味が薄い) | 느끼하다 (脂っこい) |

**文法**

## 1 過去形

아 / 어型に準じて「ㅆ」

過去形は「아 / 어」型に過去を示す「ㅆ」をつけます。

[ 基本の作り方 ]

| 받다 | （もらう・受ける） | 받+았 – | | 받았습니다 / 받았어요 （もらいました） |
| 먹다 | （食べる） | 먹+었 – | | 먹었습니다 / 먹었어요 （食べました） |
| 하다 | （する） | 하+였 – | → 했 | 했습니다 / 했어요 　　（しました） |

[ 母音語幹用言 ]

| 가다 | （行く） | 가+았 – | → 갔 | 갔습니다 / 갔어요 　　（行きました） |
| 보다 | （見る） | 보+았 – | → 봤 | 봤습니다 / 봤어요 　　（見ました） |
| 되다 | （なる） | 되+었 – | → 됐 | 됐습니다 / 됐어요 　　（なりました） |
| 배우다 | （習う） | 배우+었 – | → 배웠 | 배웠습니다 / 배웠어요 （習いました） |

[ 指定詞の過去形 ]

| 최고 | | 최고–였 | 최고였습니다 / 최고였어요 　　　　（最高でした） |
| 사실 | | 사실–이었 | 사실이었습니다 / 사실이었어요 　（事実でした） |

＊「아니다」は縮約形をとらずに「아니었습니다 / 아니었어요」となります。

---

**練 習**　보기(例)のように文を作り、書いて読んでみよう。

> **보기**　　　　　　　　　　전화를 걸어요.　→　전화를 걸었어요.

1) 저녁을 먹어요.　　　→ _____

2) 소설을 읽어요.　　　→ _____

3) 시험이 어렵습니다.　→ _____

4) 축구를 합니다.　　　→ _____

**練 習**　보기(例)のように文を作り、書いて読んでみよう。

> **보기**　　　　　　　　　친구 집에 와요.　→　친구 집에 왔어요.

1) 녹차를 마셔요.　　　→ _____

2) 집에서 자요.　　　　→ _____

3) 그 분은 가수입니다.　→ _____

4) 사장님입니다.　　　→ _____

## 2　−지만　〜だが，〜けど

逆接の語尾です。

> 한국어는 어렵지만 재미있습니다.　（韓国語は難しいけどおもしろいです。）
> 어제는 추웠지만 오늘은 따뜻해요.　（昨日は寒かったけど今日はあたたかいです。）

**練習**　보기(例)のように文を作り、書いて読んでみよう。

| 보기 | 비행기는 빠르다. 비싸다.　→　비행기는 빠르지만 비싸요. |
|---|---|

1) 한국 음식은 맵다. 맛있다.　　→ _____

2) 커피를 마셨다. 졸리다.　　→ _____

3) 매일 운동하다. 살이 안 빠지다.　→ _____

4) 전화를 걸었다. 안 받았다.　　→ _____

## 3　漢数詞

| 1 | 2 | 3 | 4 | 5 | 6 | 7 | 8 | 9 | 10 |
|---|---|---|---|---|---|---|---|---|---|
| 일 | 이 | 삼 | 사 | 오 | 육 | 칠 | 팔 | 구 | 십 |
| 11 | 12 | 13 | 14 | 15 | 16 | 17 | 18 | 19 | 20 |
| 십일 | 십이 | 십삼 | 십사 | 십오 | 십육 | 십칠 | 십팔 | 십구 | 이십 |

| 百 | 千 | 万 | 億 | ゼロ・零 |
|---|---|---|---|---|
| 백 | 천 | 만 | 억 | 영 / 공 |

＊6は語中では「n」音が挿入されて［뉵］で発音されます。とくに16の発音に注意してください。16「십육」は［심뉵］となります。

＊6（육）は母音と ㄹ パッチムのあとでは［륙］と発音されます。

＊日本語と同じく「100/1,000」は「1（일）」をつけずにそのまま「백 / 천」と読みます。ただし、日本語とは違い「10,000」は韓国語では「1（일）」をつけません。

15,000 ウォン → 만 오천 원

＊電話番号に入っている「−（ハイフン）」は「에」または「의」とされます。

031-2579-8640 → 공삼일에 이오칠구에 팔육사공

漢数字は、**년 월 일**（年月日）、**분**（分）、**초**（秒）、**학년**（学年）、**교시**（時限）、**번**（番）、**원**（ウォン）などに用いられます。

## 4 曜日と日付

[ 曜日 ] 요일

| 月曜日 | 火曜日 | 水曜日 | 木曜日 | 金曜日 | 土曜日 | 日曜日 |
|--------|--------|--------|--------|--------|--------|--------|
| 월요일 | 화요일 | 수요일 | 목요일 | 금요일 | 토요일 | 일요일 |

└─────────── 평일 (平日) ───────────┘ └─── 주말 (週末) ───┘

※何曜日ですか？
　　무슨 요일이에요?

[ 年 ] 년

2017년: 이천십칠년 [이천십칠련]　　　2018년: 이천십팔년 [이천십팔련]

2019년: 이천십구년 [이천십꾸년]　　　2020년: 이천이십년 [이천니십년]

※何年ですか？
　　몇 년이에요? -2020년이에요.

※何年生まれですか？
　　몇 년생이세요? -03 [공삼] 년생이에요

[ 月 ] 월

| 1月 | 2月 | 3月 | 4月 | 5月 | 6月 |
|-----|-----|-----|-----|-----|-----|
| 일월 | 이월 | 삼월 | 사월 | 오월 | 유월 |

| 7月 | 8月 | 9月 | 10月 | 11月 | 12月 |
|-----|-----|-----|------|------|------|
| 칠월 | 팔월 | 구월 | 시월 | 십일월 | 십이월 |

[ 日 ] 일

| 1日 | 2日 | 10日 | 15日 | 20日 |
|-----|-----|------|------|------|
| 일일 | 이일 | 십일 | 십오일 | 이십일 |

※何月何日ですか？
　　몇 월 며칠이에요?
　　[며칠]

### 練 習　ハングルで書いて読んでみよう。

1) 2025年　　　→ _____　　2) 3時限　　　→ _____

3) 19,000ウォン → _____　　4) 1年生　　　→ _____

5) 092-871-6631 → _____　　6) 10月31日　→ _____

練習　次はエリカさんのカレンダーです。これを見ながら質問 (질문) に答えてみよう。

# 10월

| 월요일 | 화요일 | 수요일 | 목요일 | 금요일 | 토요일 | 일요일 |
|---|---|---|---|---|---|---|
| 1 | 2 상호 생일 | 3 | 4 | 5 | 6 영화 (명동) | 7 |
| 8 | 9 한글날 | 10 | 11 그저께 | 12 어제 영어 공부 | 13 오늘 쇼핑 (동대문시장) | 14 내일 |
| 15 모레 | 16 | 17 한국어 시험 | 18 영문학 시험 | 19 경제학 시험 | 20 경주여행 | 21 경주여행 |
| 22 | 23 내 생일 ♡ | 24 | 25 | 26 | 27 등산 (관악산) | 28 콘서트 |
| 29 | 30 | 31 파티 | 1 | 2 | 3 | 4 |

先週 : 지난주,　今週 : 이번 주,　来週 : 다음 주

〈질문〉

1) 오늘 뭐 해요?

2) 어제 뭐 했어요?

3) 지난주 토요일에 뭐 했어요?

4) 다음 주말에 뭐 해요?

5) 상호 씨 생일이 언제예요?

6) 한국어 시험은 언제 있어요?

7) 10월 9일은 무슨 날이에요?

8) 에리카 씨 생일이 몇 월 며칠이에요?

## 5 르変則用言

語幹が「르」で終わっている用言は、**아 / 어**型の語尾に接続する際、「ㅡ」が落ちるとともにその前の母音の陰陽により「ㄹ라 / ㄹ러」の形をとります。ただし、若干の例外もありますので 183 ページの一覧表であらためて学びましょう。

모르다 (知らない)　　→　　몰라요 (知りません)　몰라서 (知らなくて)

누르다 (押す)　　　　→　　눌러요 (押します)　　눌러서 (押して)

練習　보기(例)のように합니다体の文を해요体の文に変えてみよう。

| 보기 | 선물을 고릅니다.　→　선물을 골라요. |

1) 약을 바릅니다.　　　→　...........................................................

2) 문화가 다릅니다.　　→　...........................................................

3) 한국어가 서투릅니다.　→　...........................................................

4) 물이 흐릅니다.　　　→　...........................................................

練習　보기(例)のように過去形に変えてみよう。

| 보기 | 이름을 모르다.　→　이름을 몰랐어요. |

1) 빨래가 마르다.　　　→　...........................................................

2) 가격이 오르다.　　　→　...........................................................

3) 버튼을 누르다.　　　→　...........................................................

4) 머리를 자르다.　　　→　...........................................................

| Coffee | HOT / ICE | |
|---|---|---|
| 에스프레소 Espresso | 3,800 원 | 4,000 원 |
| 아메리카노 Americano | 4,000 원 | 4,500 원 |
| 카페라떼 Caffe Latte | 4,800 원 | 5.300 원 |
| 카프치노 Cappucino | 4,500 원 | 5,000 원 |
| 카라멜 마끼아또 Caramel Macciato | 5.000 원 | 5.500 원 |

## 😊 やってみよう

### A  次の文を韓国語で書いて読んでみよう。

1) 昨日、コンビニでカップラーメンを買いました。

2) ホットク ( 호떡 ) がおいしかったです。

3) 顔は知っていますが名前は知りません。(해요体で)

4) 海苔巻きは 2,800 ウォンです。

5) 韓国語の授業は何曜日にありますか。

### B  次の文を読んで、日本語にしてみよう。

CD2-7

　올해 4월1일에 대학에 입학했어요. 그런데 벌써 12월이네요. 시간이 정말 빨라요. 다음 주에는 기말 고사가 있어요. 한국어 시험은 화요일에 봐요. 한국어는 재미있지만 어려워요. 저는 봄 방학에 친구하고 같이 한국에 여행 가요. 그래서 요즘 한국어를 열심히 공부해요. 한국에서 구경도 하고 한국어도 써 보고 싶어요.

### C  クラスメイトにスケジュールを聞いてみよう。

1) 昨日したこと、今日すること、明日すること、冬休みにすることなどをメモしてみましょう。
2) メモをもとに友だちとやりとりしてみよう。

# 오늘의 커피 두 잔 주세요,

<数える>

점    원: 어서 오세요. 주문하시겠습니까?

에리카: 오늘의 커피 두 잔 주세요. 치즈케이크도 하나 주시고요.
　　　　모두 얼마예요?

점    원: 13,500원입니다.
　　　　음료하고 케이크는 왼쪽에서 받으세요.

　　　　**********

이상호: 커피에 설탕 안 넣으세요?

에리카: 전 커피에 아무것도 넣지 않아요.
　　　　블랙 커피를 좋아해요.

## 語彙と表現

### 【語彙】

| | | | |
|---|---|---|---|
| 어서 오세요 | いらっしゃいませ | 아무것도 | 何も（〜ない） |
| 주문하다 | 注文する | 넣다 | 入れる |
| – 잔 (盞) | 〜杯 | 블랙 | ブラック |
| 설탕 (雪糖) | 砂糖 | 쿠키 | クッキー |

### 【表現】

□　食堂などで使う表現

CD2-9

CD2-10

# 1 固有数詞

ものを数えるときには主に固有数詞を使います。99 の数字まで固有数詞で言えます。

| 1つ | 2つ | 3つ | 4つ | 5つ |
|---|---|---|---|---|
| 하나 | 둘 | 셋 | 넷 | 다섯 |

| 6つ | 7つ | 8つ | 9つ | 10（とお） |
|---|---|---|---|---|
| 여섯 | 일곱 | 여덟 | 아홉 | 열 |

| 20 | 30 | 40 | 50 | 60 | 70 | 80 | 90 |
|---|---|---|---|---|---|---|---|
| 스물 | 서른 | 마흔 | 쉰 | 예순 | 일흔 | 여든 | 아흔 |

ものを数えるときに最もよく使われる助数詞は「개 (個)」です。

| 1個 | 2個 | 3個 | 4個 | 5個 |
|---|---|---|---|---|
| 한 개 | 두 개 | 세 개 | 네 개 | 다섯 개 |

| 6個 | 7個 | 8個 | 9個 | 20個 |
|---|---|---|---|---|
| 여섯 개 | 일곱 개 | 여덟 개 | 아홉 개 | 스무 개 |

\* 「1ついくらですか」、「3個でいくらですか」のように数と関連させて値段を尋ねるときは、
「하나에 얼마예요?」「세 개에 얼마예요?」のように「○○에 얼마예요?」と尋ねます。

**練 習** 보기(例)のように文を作り、書いて読んでみよう。

| 보기 | 비누 ⬭⬭ → 비누가 두 개 있어요. |
|---|---|

1) 칫솔 _____

2) 삼각김밥 _____

3) 열쇠 _____

# 2 様々な助数詞

두 명　　두 잔　　오백 장　　네 권　　세 병

한 대　　세 마리　　다섯 살　　여러 가지

\* 가지는 종류를 나타냅니다. 여러는 「多数の」という意味です. 여러 가지でいろいろな種類という意味に
なります.

練 習　　보기(例)のように値段を口頭で説明してみよう。

| 보기 | 모자 14,000원  | → | 모자 한 개에 14,000원이에요. |

1) 노트 1,500원　　　　→ _____

2) 커피 3,000원　　　　→ _____

3) 콜라 2,700원　　　　→ _____

4) 자동차 6,000만원　　→ _____

## 3　尊敬の特殊な形

動詞の中には、最初から尊敬の意味が含まれた特殊な単語があります。

| 基本形 | | 尊敬の基本形 | | 基本の해요体 |
|---|---|---|---|---|
| 먹다 | （食べる） | 드시다 / 잡수시다 | （召し上がる） | 드세요 / 잡수세요 |
| 마시다 | （飲む） | 드시다 / 잡수시다 | （召し上がる） | 드세요 / 잡수세요 |
| 자다 | （寝る） | 주무시다 | （お休みになる） | 주무세요 |
| 있다 | （いる） | 계시다 | （いらっしゃる） | 계세요 |
| 죽다 | （死ぬ） | 돌아가시다 | （亡くなる） | 돌아가셨어요（お亡くなりになりました） |
| 주다 | （やる、あげる） | 드리다* | | 드려요 |

＊드리다（差し上げる）は주다（あげる）の謙譲表現です。

また助詞や名詞にも尊敬の意味が含まれた単語があります。

[ 助詞 ]

　－에게（人に）　　→　－께　　　　　　－가 / 이（～が）　→　－께서

　－는 / 은（～は）　→　－께서는　　　　－도（～も）　　　→　－께서도

[ 名詞 ]

　이름（名前）　→　성함　　　　　　나이（年齢）　→　연세

　밥（ご飯）　　→　진지　　　　　　술（酒）　　　→　약주

 練 習　　보기(例)のように、下線部を「先生」に変えた文を作り、書いて読んでみよう。

| 보기 | 에리카 씨가 물을 마셔요. | → | 선생님께서 물을 드세요. |

1) 상호 씨가 방에서 자요.　　　　→ _____

2) 태현 씨는 교실에 있어요.　　　→ _____

3) 지영 씨에게 선물을 줬어요.　　→ _____

4) 에리카 씨, 나이가 어떻게 되세요?　→ _____

## 4 授受表現

「주다」は「くれる / あげる」という意味で使われます。

| | |
|---|---|
| 에리카 씨가 저에게 빵을 줍니다. | （エリカさんが私にパンをくれます。） |
| 제가 에리카 씨에게 빵을 줍니다. | （私がエリカさんにパンをあげます。） |
| 에리카 씨가 선생님께 음료수를 드립니다. | （エリカさんが先生に飲み物を差し上げます。） |

**練 習**　보기(例)のように、韓国語で書いて読んでみよう。

> **보기**　에리카, 태현, 카메라　→　에리카 씨가 태현 씨에게 카메라를 줬어요.

1) 언니, 동생, 아이스크림　→ _____

2) 상호, 에리카, 장미꽃　→ _____

3) 점원, 손님, 메뉴판　→ _____

4) 어머니 , 아이 , 용돈　→ _____

また「주다」「드리다」は動詞の連用形「- 아 / 어」に続くと「～てくれる」「～てあげる」の意味になります。

| | |
|---|---|
| 친구가 저에게 한국어를 가르쳐 줘요. | （友だちが私に韓国語を教えてくれます。） |
| 제가 친구에게 일본어를 가르쳐 줘요. | （私が友だちに日本語を教えてあげます。） |
| 선생님께 맛집을 가르쳐 드려요. | （先生においしいお店をお教えします。） |

自分や自分たちのために行動してくれるよう「～てください」とお願いする（依頼）時は「- 아 / 어 주세요」「- 아 / 어 주시겠습니까 ?」を使います。

| | |
|---|---|
| 사진 좀* 찍어 주세요. | （写真ちょっと撮ってください。） |
| 공항까지 가 주세요. | （空港まで行ってください。） |
| 다시 한번 말씀해 주시겠습니까? | （もう一度おっしゃってくださいませんか?） |

＊お願いするとき、「- 아 / 어 주세요」「- 아 / 어 주시겠습니까?」の前に「좀」をよく置きます。お願いの負担を軽減したいという話者の気持ちがあらわれた表現になります。

**練 習**　보기(例)のように、お願いする文を作り、書いて読んでみよう。

> **보기**　너무 더워요. (창문, 열다)　→　너무 더워요. 창문 좀 열어 주세요.

1) 너무 추워요. (문, 닫다)　→ _____

2) 짐이 많아요. (짐, 들다)　→ _____

3) 테이블이 더러워요. (테이블, 닦다)　→ _____

4) 교실이 어두워요. (불, 켜다)　→ _____

## やってみよう

### A 次の文を韓国語で書いて読んでみよう。

1) 私の歳は 20 歳です。

_____

2) テーブルの上には本 2 冊とリンゴ 7 個があります。

_____

3) ご飯召し上がりましたか？

_____

4) 友だちの誕生日にどんなプレゼントを買ってあげましたか？

_____

5) スマートフォンの写真をちょっと見せてくださいませんか？

_____

11 오늘의 커피 두 잔 주세요

CD2-11

### B 次の文を読んで、日本語にしてみよう。

　내 생일에 친구 성민이가 시계를 줬어요. 그 시계는 정말 예뻤어요. 성민이는 시험 공부도 많이 도와 주고, 도서관에 가서도 음료수를 늘 사 줘요. 나도 성민이에게 뭔가 선물하고 싶어요. 멋있는 친구니까 그 친구에게 옷을 사 주고 싶어요!

＊도와 주다　手伝ってくれる　　＊멋있는　すてきな

### C 下の状況でクラスメイトと場面を設定した会話をつくり、発表してみよう。

1)　韓国語を教えてほしい

A: 상호 씨 다음 주에 한국어 시험이 있어요.

B: 그래요?

A: 그런데 한국어가 너무 어려워요.



B: 좋아요. 제가 가르쳐 드릴게요.

2)　　　　　　　　　　　　　　　～てほしい

A: _____

B: _____

A: _____



B: _____

# 미술 학원에 다니고 있어요.

&lt;近況を話す&gt;

<sup>CD2-12</sup>

박태현: 에리카 씨 취미가 뭐예요?

에리카 : 갑자기 왜요? 음악감상인데요.
　　　　클래식이나 팝송을 자주 들어요.

박태현: 그래요? 저는 예술에 관심이 많아서
　　　　요즘 미술 학원에 다니고 있어요.

에리카 : 학원에서 뭘 배워요?

박태현: 주로 영상을 배우는데, 그림도 배워요.
　　　　나중에 영화감독이 되고 싶어요.

【語彙】

| | | | |
|---|---|---|---|
| 갑자기 | 突然 | 학원 (學院) | 塾、教室、スクール |
| -(이)나 | 〜や | 다니다 | 通う |
| 팝송 | 洋楽(欧米の現代歌謡のこと) | 배우다 | 学ぶ、習う |
| 자주 | (頻度的に)よく、しばしば | 주로 (主-) | 主に、主として |
| 듣다 | 聞く | 영상 (映像) | 映像 |
| 예술 (藝術) | 芸術 | 그림 | 絵 |
| 관심 (關心) | 関心、興味 | 나중에 | 後で |
| 미술 (美術) | 美術 | 영화감독 (映畵監督) | 映画監督 |

CD2-13

【表現】

## 1 -가/이 되다　～になる

「～になる」の意味です。母音体言には「가」、子音体言には「이」を用います。なお会話では「가」や「이」は省略されることもあります。

> 친구가 됐어요.　　　　　　　（友だちになりました。）
> 봄이 지나고 여름이 됐어요.　（春が過ぎ夏になりました。）

 練習　보기(例)のように文を作り、書いて読んでみよう。

 보기　　야구장, 만원　→　야구장이 만원이 됐어요.

1) 　남동생, 가수　→　_____

2) 　올챙이, 개구리　→　_____

3) 　상호 씨, 사장님　→　_____

4) 　에리카 씨, 승무원　→　_____

## 2 -고 있다　～(し)ている

語幹型

動作の進行や反復、習慣をあらわす表現です。動詞の語幹に「-고 있다」をつなげます。

> 아이들이 밖에서 놀고 있어요.　（子どもたちが外で遊んでいます）
> 매일 운동하고 있어요.　　　　（毎日運動しています）

＊ " -고 있다 " の尊敬形は " -고 계시다 " です。

> 할아버지는 지금 뭐하고 계세요?　집에서 쉬고 계세요.

 練習　次の絵を、「-고 있다」を使って説明してみよう。

보기　　음악을 듣고 있어요.

1) 　　2) 　　3) 　　4)

✒ **練習** 次の質問に韓国語で答えてみよう。

1) 지금 뭐 하고 있어요?　　　　　→ _____

2) 아침 7시에 뭐 하고 있었어요?　→ _____

3) 어제 저녁 8시에 뭐 하고 있었어요?　→ _____

## 3 – 는데 / ( 으 ) ㄴ데　～だが , ～だし , ～のに

動詞・存在詞：語幹型 [ ㄹ脱落 ]　形容詞・指定詞：( 으 ) 型 [ ㄹ脱落 ]

　話の前置きや前提条件を表す際に使います。後ろの動作が起きる前提を述べる場合もありますし、前と後ろで対照的なことを述べる際にも使われます。

　また文末でこの表現に「요」をつけて「- 는데요 /( 으 ) ㄴ데요」とすれば、「～ですが…」というあいまいな言い方になります。過去の補助語幹「- 았 -/- 었 -」には「는데」が接続します。

| | | |
|---|---|---|
| 動詞・存在詞 | 가다 | 가는데 |
| | 먹다 | 먹는데 |
| | 살다 | 사는데 |
| | 있다 | 있는데 |
| 形容詞・指定詞 | 크다 | 큰데 |
| | 작다 | 작은데 |
| | 멀다 | 먼데 |
| | 친구이다 | 친구인데 |
| | 친구가 아니다 | 친구가 아닌데 |

　서울역에 가고 싶은데* 어떻게 가요 ?（ソウル駅に行きたいんですが、どのように行きますか？）

＊「 - 고 싶다」は形容詞の活用をします。

✒ **練習** 보기(例)のように「- 는데 /( 으 ) ㄴ데」を使ってつなげてみよう。

> **보기** 　내일 면접을 봐요. 목소리가 안 나와요.　→　내일 면접을 보는데 목소리가 안 나와요.

1) 다음 주에 한국에 가요. 뭐 사 올까요?　　　　→ _____

2) 오늘은 토요일이에요. 수업이 있어요.　　　　→ _____

3) 연극을 보고 싶어요. 시간이 없어요.　　　　→ _____

4) 저는 그 영화가 재미있었어요. 상호 씨는 어땠어요?　→ _____

## 4 ㄷ変則用言

語幹末のパッチムが「ㄷ」である用言は「(으)型」や「아/어型」に接続するとき、「ㄷ」が「ㄹ」に変わるものがあります。

| | 語幹型 [-고] | (으)型<br>[-(으)니까] | 아/어型<br>[-아/어요] |
|---|---|---|---|
| 걷다 (歩く) | 걷고 | 걸으니까 | 걸어요 |
| 듣다 (聞く) | 듣고 | 들으니까 | 들어요 |
| 받다 (もらう) (正則用言) | 받고 | 받으니까 | 받아요 |

【変則用言】

　　걷다 (歩く)　　　듣다 (聞く)　　　싣다 (載せる)　　　묻다 (尋ねる) など

【正則用言】

　　받다 (受ける)　　닫다 (閉める)　　믿다 (信じる)　　묻다 (埋める) など

練習　보기(例)のように합니다体の文を해요体の文に変えてみよう。
正則用言もあるので注意しよう。

보기　　　　　　　　　길을 걷습니다.　−　길을 걸어요.

1) 음악을 듣습니다.　　　→ _____

2) 길을 묻습니다.　　　　→ _____

3) 트럭에 짐을 싣습니다.　→ _____

4) 창문을 닫습니다.　　　→ _____

-(이)나はいろいろなものを並べたり、選ぶ場合にも使われます。
またその他、数値が予想を超えたものである場合にも使われます。

쉬는 날에는 영화나 드라마를 봅니다. (休みの日には映画やドラマを観ます。)
커피나 마실까요? (コーヒーでも飲みましょうか？)
십만원이나 해요? (10万ウォンもするんですか？)

## やってみよう

### A　次の文を韓国語で書いて読んでみよう。

1）私は将来韓国語の先生になりたいです。

2）なんでも（뭐든지）尋ねてみてください。

3）忙しいのに来てくださってありがとうございます。

4）ミョンドンやインサドン（인사동）には外国人観光客が多いです。

5）サンホさんは歌を聞いています。

### B　次の文を読んで、日本語にしてみよう。

CD2-14

　저는 대학교에서 제이외국어로 한국어를 공부하고 있습니다. 처음에는 어려워서 불안했는데 요즘은 재미있습니다. 한국어는 일본어와 비슷합니다. 공항이나 역에서도 한국어가 많이 보입니다. 한국어는 우리 생활 속에 있습니다. 요즘 학교 친구하고 한국 여행에 대해서 이야기하고 있습니다. 한국 유학에도 조금 관심이 있습니다.

＊ - 에 대해서　～について

### C　みなさんが最近していることを話してみよう。

보기　　요즘 뭐하고 있어요? -운동하고 있어요. 다이어트 중이에요.

1）あなたが最近していることを書いてみよう。

요즘 뭐하고 있어요?　　　→

2）クラスメイトが最近していることを聞いてみよう。

| 이름 | 하고 있어요 |
|------|-------------|
| 태현 | 미술 학원에 다니고 있어요. |
| | |
| | |
| | |

# 아직 예약 못 했는데요.

<確認する>

CD2-15

에리카 : 저, 아직 KTX를 예약 못 했는데요, 서울에서 부산까지
자리 있어요?

직　원 : 고객님, 10시부터 12시까지는 다 매진됐고요,
12시 45분 열차는 자리가 있어요.

에리카 : 그럼, 그걸로 주세요.

직　원 : 잠깐만 기다리세요. 네, 예약됐습니다.

에리카 : 계산은 카드로 하면 돼요?

직　원 : 현금도 되고 카드로 하셔도 됩니다.

## 【語彙】

| | | | |
|---|---|---|---|
| KTX | 韓国の高速鉄道<br>(Korea train express) | 자리 | 座席、席 |
| 예약하다 (豫約 –) | 予約する | 잠깐 | しばらく、ちょっとの間 |
| 고객 (顧客) | 顧客、客 | 계산 (計算) | 計算、支払い |
| 매진되다 (賣盡 –) | 売り切れる | 카드 | カード、クレジットカード |
| 열차 (列車) | 列車 | 현금 (現金) | 現金 |

## 【表現】

CD2-16

☐ 時間表現（時計表現）

7시에 일어납니다. 　　12시 반에 점심을 먹습니다. 　　9시 5분 전에 교실에 들어갑니다.

< 에리카의 하루 >

☐ 鉄道などに関する表現

| 표 사는 곳 | 切符売り場 | 갈아타는 곳 | 乗り換え |
|---|---|---|---|
| 나가는 곳 | 出口 | 첫차 | 始発 [ 電車やバス ] |
| 타는 곳 | ホーム | 막차 | 最終 [ 電車やバス ] |

## 1 못 (不可能の副詞)

　不可能を表す表現は動詞の前に「못」を置きます。否定表現と同じく前に置く形と後ろに置く形があり、後ろに置く場合は「-지 못하다（発音は［모타다］）」がつきます。「(名詞) 하다」では、「안」と同様に「名詞 못 하다」となります。

　　　시간이 없어서 못 가요.　　　　　　　（時間がなくて行けません。）

　　　시간이 없어서 가지 못해요.　　　　　（時間がなくて行けません。）

　　　다음 주까지 바빠서 공부 못 해요.　（来週まで忙しくて勉強できません。）

✏️ **練　習**　　보기(例)のように答える文を作り、書いて読んでみよう。

| 보기 | 숙제 다 했어요?　-　아뇨, 못 했어요. |
|---|---|

1) 친구에게 전화했어요?　　→ _____

2) 선생님을 만났어요?　　　→ _____

3) 술 마셔요?　　　　　　　→ _____

4) 잘 잤어요?　　　　　　　→ _____

✏️ **練　習**　　보기(例)のように答える文を作り、書いて読んでみよう。

| 보기 | 숙제 다 했어요?　-　아뇨, 하지 못했어요. |
|---|---|

1) 부모님께 인사를 드렸어요?　→ _____

2) 푹 쉬었어요?　　　　　　　　→ _____

3) 그 드라마 봤어요?　　　　　　→ _____

4) 리포트 썼어요?　　　　　　　→ _____

＊「状態の否定表現」として過去形を用いることもあります。
　この用法については 129 ページ参照。

## 2 -에서, -부터 〜から

日本語の「〜から」に該当する表現には次のようなものがあります。

|  | |
|---|---|
| – 에서 | 主として場所の始発点として用い、一部時間表現にも用いる。 |
| – 부터 | 主として時間の始発点として用い、一部順序表現にも用いる。 |

＊「人から」の場合、「 – 에게서（文語）/ – 한테서（口語）」を用います。

日本語の「〜まで」に該当するのは、「 – 까지」です。

집에서 학교까지 걸어서 가요. （家から学校まで歩いて行きます。）

아침부터 저녁까지 일했어요. （朝から夕方まで働きました。）

練 習　보기(例)のように「에서」または「부터」を使い、書いて読んでみよう。

| 보기 | 후쿠오카, 서울, 비행기로 가다　→　후쿠오카에서 서울까지 비행기로 가요. |
|---|---|

1) 여기, 야구장, 지하철로 가다　　→ _____

2) 대구, 경주, 고속버스로 오다　　→ _____

3) 6월, 7월, 장마철이다　　→ _____

4) 오전 9시, 오후 7시, 영업하다　　→ _____

## 3 -(으)면　〜(し)たら, 〜(れ)ば, 〜なら          (으)型

仮定や条件を表します。

아프면 집에서 쉬세요. （具合が悪ければ家で休んでください。）

날씨가 좋으면 밖에서 놀아요. （天気がよければ外で遊びます。）

많이 힘들면 제가 도와 드릴게요. （すごく大変なら私がお手伝いしますね。）

練 習　보기(例)のように文を作り、書いて読んでみよう。

| 보기 | 시간이 있다. 우리 집에 오세요.　→　시간이 있으면 우리 집에 오세요. |
|---|---|

1) 쭉 가다. 초등학교가 있어요.　　→ _____

2) 많이 먹다. 살이 쪄요.　　→ _____

3) 두 개 사다. 하나 더 드릴게요.　　→ _____

4) 집이 멀다. 택시를 타세요.　　→ _____

**4** **– 아 / 어도 되다 ～てもよい** 아 / 어型

許可・許容を表します。

이거 먹어도 돼요?　　　　(これ食べてもいいですか?)

오늘은 가지 않아도 됩니다.　(今日は行かなくてもいいです。)

 **練　習**　보기(例)のように文を作り、書いて読んでみよう。

| 보기 | | 写真を見たい人 | → | 사진 좀 봐도 돼요? |

1)　　写真を撮りたい人　→　＿＿＿＿＿＿＿＿＿＿＿＿＿

2)　　鉛筆を借りたい人
　　　（쓰다を用いて）　→　＿＿＿＿＿＿＿＿＿＿＿＿＿

3)　　味見をしたい人
　　　（맛을 보다）　→　＿＿＿＿＿＿＿＿＿＿＿＿＿

4)　　部屋に入りたい人　→　＿＿＿＿＿＿＿＿＿＿＿＿＿

＊「－(으)면 되다」で「～たらいい」、「－(으)면 안 되다」で「～てはいけない」の意味になります。
　8시 45분까지 학교에 오면 됩니다.　　(8時45分まで学校に来ればいいです。)
　수업 시간에 자면 안 돼요.　(授業中に寝てはいけません。)

 **練　習**　보기(例)のように禁止表現を口頭で練習してみよう。

| 보기 | | 담배 | → | 담배를 피우면 안 됩니다. |

1)　　　　　　2)　　　　　　3)　　　　　　4)

## やってみよう

**A** 次の文を韓国語で書いて読んでみよう。

1）明日は朝9時から夕方6時まで授業があります。

2）うちから学校まで地下鉄とバスで1時間半かかります。

3）今日行けないんですが、明日行ってもいいですか？

4）頭が痛ければこの薬を飲んでください。

5）ここにゴミを捨ててはいけません。

**B** 次の文を読んで、日本語にしてみよう。

CD2-17

후쿠오카에서 서울까지는 비행기로 약 한 시간 반 걸립니다. 부산은 더 가깝습니다. 배로 가면 후쿠오카에서 부산까지 세 시간 정도, 후쿠오카는 한국이 가까워서 편리합니다. 주말이 되면 부산에 쇼핑을 가고 싶습니다. 부산은 오사카나 도쿄보다 훨씬 가깝습니다.

**C** あなたの一日 일과（日課）を書き入れ、それをもとに話してみよう。

1）7：00（ 일어나다 ）　　　2）　：　（　　　　　）

3）　：　（　　　　　）　　　4）　：　（　　　　　）

5）　：　（　　　　　）　　　6）　：　（　자다　）

저는 아침 일곱 시에 일어나요.

# 제14과

# 젊은 사람들에게 인기가 많아요.

<状況を説明して薦める>

CD2-18

에리카 : 지영 씨, 부산에는 좋은 곳이 많죠?

김지영 : 자갈치 시장 들어 보셨어요?

거긴 해산물이 서울보다 훨씬 싱싱해요.

에리카 : 또 어디가 유명해요?

김지영 : 경치 좋은 곳 하면 역시 해운대죠.

젊은 사람들에게도 인기가 많아요.

에리카 : 저녁에는 어디가 좋아요?

김지영 : 광안리가 괜찮아요.

야경을 보면서 먹는 저녁은 최고예요.

## 語彙と表現

### 【語彙】

| | | | |
|---|---|---|---|
| 부산 (釜山) | プサン | 경치 (景致) | 景色 |
| 자갈치 시장 | チャガルチ市場<br>(有名な海産物市場) | 역시 | やはり |
| 시장 (市場) | 市場 | 해운대 (海雲臺) | ヘウンデ (地名) |
| 해산물 (海産物) | 海産物、海鮮 | 젊다 | 若い |
| – 보다 | ～より | 인기 (人氣) | 人気 |
| 훨씬 | はるかに、ずっと | 광안리 (廣安里) [광알리] | クァンアンリ (地名) |
| 싱싱하다 | みずみずしい、新鮮だ | 야경 (夜景) | 夜景 |
| 또 | また、ほかに | 최고 (最高) | 最高 |

### 【表現】

☐ 状態の表現

가장 높다　　　　　　화려하다　　　　아주 조용하다　　　너무 슬프다

☐ 人物の表現

CD2-19

에리카 씨는
착하고 똑똑해요.

박태현 씨는
잘 생겼어요.

우리 선생님은
아주 친절해요.

이상호 씨는
성실해요.

김지영 씨는
귀여워요.

## 1 現在連体形

動詞・存在詞：語幹型 [ ㄹ脱落 ]　形容詞・指定詞：（ 으 ）型 [ ㄹ脱落 ]

　用言が体言を修飾する形を連体形といいます。「〜する〜（例：勉強する人）」「〜な〜 / 〜い〜（例：親切な人、白い本）」などです。

| 動詞・存在詞 | 語幹＋는<br>（ㄹ語幹ではㄹが脱落） | 가다　→ 가는<br>먹다　→ 먹는<br>살다　→ 사는<br>있다　→ 있는 ( 맛있다　→ 맛있는 )<br>없다　→ 없는<br>＊좋아하다　→ 좋아하는 |
|---|---|---|
| 形容詞・指定詞 | 母音語幹＋ㄴ<br>子音語幹＋은<br>（ㄹ語幹ではㄹが脱落） | 크다　→ 큰<br>작다　→ 작은<br>멀다　→ 먼<br>- 이다　→ 인 ( 친구이다　→ 친구인 )<br>- 가 / 이 아니다　→ - 가 / 이 아닌<br>＊유명하다　→ 유명한 |

일본어를 공부하는 사람이 많습니까?　（日本語を勉強する人が多いですか?）

거기 있는 사람이 누구예요?　（そこにいる人は誰ですか?）

조용한 교실입니다.　（静かな教室です。）

　否定形も語幹の品詞に応じた形になります。動詞では語幹に「- 지 않는」をつなげ、形容詞では「- 지 않은」をつなげます。用言の前に「안」を置いてもかまいません。指定詞では「- 가 / 이 아닌」の形になります。

입지 않는 옷 = 안 입는 옷　（着ない服）

어렵지 않은 문제 = 안 어려운 문제　（難しくない問題）

학생이 아닌 친구　（学生じゃない友だち）

練 習　보기(例)のように文を作り、書いて読んでみよう。

보기　아버지, 다니다, 회사이다　→　아버지가 다니는 회사입니다.

1) 영어, 가르치다, 선생님이다　→ _____

2) 재미있다, 영화, 보다　→ _____

3) 예쁘다, 가방, 사다　→ _____

4) 회사원이다, 언니, 있다　→ _____

練 習　下線部に入る単語を보기(例)から選び、連体形にして文を完成させよう。

보기　　　　　　앉다,　　읽다,　　맵다,　　좋다,　　살다

1) 지금 _____ 책이 뭐예요?　　　→ _____

2) 친구가 _____ 집이에요.　　　→ _____

3) 한국에는 _____ 요리가 많아요.　→ _____

4) 성격이 _____ 사람이에요.　　→ _____

## 2　– 죠?/– 죠　～でしょう?, ～ます / です(よ)

語幹型

「– 지요」の縮約形で、疑問文では聞き手がすでに知っていることや、聞き手が知っていると思われるときに使われます。また相手に行動を促したり自分の意思をあらわすときにも使われます。

요즘 바쁘시죠?　　（最近、お忙しいでしょう?）

이거 얼마죠?　　（これおいくらですか?）

맛 좀 보시죠.　　（お味見なさってください。）

練 習　보기(例)のように相手に同意や確認をする文を作り、書いて読んでみよう。

보기　　　에리카 씨는 일본 사람이죠?　–　네, 일본 사람이에요.

1) 음악을 _____? – 네, 음악을 좋아해요.

2) 한국 음식이 _____? – 네, 매워요.

3) 여보세요? _____? – 네, 에리카인데요.

練 習　보기(例)のように行動をうながす文を作り、書いて読んでみよう。

보기　　　비빔밥을 드세요.　→　비빔밥을 드시죠.

1) 한번 신청해 보세요.　→ _____

2) 차 한 잔 더 드세요.　→ _____

3) 여기 앉으세요.　→ _____

4) 먼저 타세요.　→ _____

## 3  -(으)면서　〜ながら

(으)型

二つのことが同時に行われる「〜ながら」の意味になります。

아르바이트를 하면서 학교에 다닙니다.　（アルバイトをしながら学校に通います。）

밥 먹으면서 이야기해요.　　　　　　（ご飯を食べながら話をします。）

 練習　보기(例)의 처럼 文을 作り、書いて読んでみよう。

| 보기 |  | →　티브이를 보면서 숙제해요. |
|---|---|---|

1) 　　　　　　→ _____

2) 　　　　　　→ _____

3) 　　　　　　→ _____

## 4  ㅎ変則用言

語幹末のパッチムが「ㅎ」である形容詞の多くは不規則な活用をします。(으)型と아 / 어型に接続する場合に「ㅎ」が脱落します。また、아 / 어型に接続する場合に母音が「ㅐ」に変わります。

| | 語幹型 [-고] | (으)型 [-(으)면] | 아/어型 [-아/어요] |
|---|---|---|---|
| 좋다 (よい)（正則用言） | 좋고 | 좋으면 | 좋아요 |
| 그렇다 (そうだ) | 그렇고 | 그러면 | 그래요 |
| 빨갛다 (赤い) | 빨갛고 | 빨가면 | 빨개요 |

ただし、「하얗다 (白い)」は아 / 어型 [- 아 / 어요 ] で「하얘요」となります。

【正則用言】 좋다 (よい)　　　　놓다 (置く)　など

【変則用言】 그렇다 (そうだ)　　빨갛다 (赤い)　　　　파랗다 (青い)　など

빨강 / 빨갛다　노랑 / 노랗다　파랑 / 파랗다　하양 / 하얗다　까망 / 까맣다
빨간 딸기　　노란 바나나　파란 바다　　하얀 눈사람　까만 까마귀

## やってみよう

### A 次の文を韓国語で書いて読んでみよう。

1) 雨が降る日にはプッチムゲ（부침개）を食べます。

2) 青い空を見ると気分がいいです。

3) エリカさんのお兄さんは仕事をしながら学校に通っています。

4) 韓国旅行は楽しかったでしょう？

5) これより安いものはありませんか？

### B 次の文を読んで、日本語にしてみよう。

CD2-20

　사람들은 이상형에 대해서 자주 물어 봅니다. 나는 마음만 통하면 괜찮은데 친구들은 많은 조건을 이야기합니다. 여자들은 자기한테 잘 해 주면서 멋있는 사람, 남자들은 얌전하면서 예쁜 사람, 등등…. 나도 욕심을 내서 생각해 봤지만 역시 마음이 통하는 사람이 최고라고 생각해요.

＊이상형　理想のタイプ　＊욕심을 내다　欲張る　＊마음이 통하다　心が通じる　＊-(이)라고 생각하다　〜だと考える

### C クラスメイトに理想のタイプ（이상형）を聞いてみよう。

あなたの이상형（理想のタイプ）：＿＿＿＿＿＿＿＿＿

| 보기 | A: 에리카 씨 이상형은 어떤 타입이에요?<br>B: 성실한 사람이에요. 상호 씨는요?<br>A: 저는 요리를 잘하는 사람을 좋아해요. |
| --- | --- |

| 이름 | 이상형 |
| --- | --- |
|  |  |
|  |  |
|  |  |
|  |  |

14 젊은 사람들에게 인기가 많아요

백십오 **115**

# 제 15 과

# 여태까지 결석을 한 적이 없었는데......

<経験したことを述べる>

CD2-21

선생님 : 에리카 씨, 지난주 수업은 왜 결석했어요?
　　　　에리카 씨는 여태까지 결석한 적이 없었는데......

에리카 : 죄송합니다. 독감에 걸려서 학교에 오지 못했습니다.

선생님 : 병원에는 가 봤어요?

에리카 : 네, 가서 주사를 맞고 많이 좋아졌어요.

선생님 : 약은 먹고 있어요?

에리카 : 예, 병원에서 준 처방전으로 약국에서 약을 받았습니다.

선생님 : 다행이에요. 그래도 아직은 무리하지 마세요.

## 【語彙】

| | | | |
|---|---|---|---|
| 지난주 (- 週) | 先週 | 맞다 | 合う、(注射を)打たれる |
| 왜 | なぜ、どうして | 약 (藥) | 薬 |
| 결석하다 (缺席) | 欠席する | 처방전 (處方箋) | 処方箋 |
| 여태까지 | これまで、今まで | 약국 (藥局) | 薬局 |
| 독감 (毒感) | インフルエンザ | 다행 (多幸) | 幸い |
| 병원 (病院) | 病院 | 아직 | まだ |
| 주사 (注射) | 注射 | 무리하다 (無理 -) | 無理する |

## 【表現】

☐ 病院や薬局で使う表現

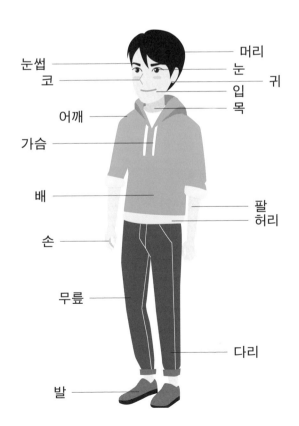

눈썹
코
머리
눈
입
귀
목
어깨
가슴
배
팔
허리
손
무릎
다리
발

피
열
배탈　　가 / 이 나다
몸살
콧물

아프다

다치다

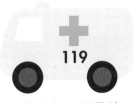

앰뷸런스, 구급차

## 1　– 아 / 어지다　〜くなる , 〜になる

아 / 어型

形容詞の아 / 어型について状態の変化を表します。「〜くなる」「〜になる」ぐらいの意味です。

　　　요즘 많이 추워졌어요 .　　　　（最近、とても寒くなりました。）

**練 習**　보기(例)のように文を作り、書いて読んでみよう。

**보기**　　　　　날씨가 갑자기 덥다.　→　날씨가 갑자기 더워졌어요.

1) 누나가 요즘 날씬하다.　　　　　　→ _____
2) 그 사람이 성격이 좋다.　　　　　　→ _____
3) 이번 주부터 일이 좀 한가하다.　　→ _____
4) 한국어 공부가 어렵다.　　　　　　→ _____

## 2　過去連体形

動詞 : ( 으 )型 [ ㄹ脱落 ]

　過去連体形は「〜した〜（例：勉強した人）」「〜だった〜（例：親切だった人）」などの表現です。動詞の過去連体形は次の通りです。

| | | | | | |
|---|---|---|---|---|---|
| 母音語幹 | + | ㄴ | 가다 | → | 간 |
| 子音語幹 | + | 은 | 먹다 | → | 먹은 |
| ㄹ語幹 | + | ㄴ ( ㄹ脱落 ) | 만들다 | → | 만든 |

　　어제 만난 사람이 누구예요?　　（昨日会った人は誰ですか?）
　　어제 읽은 책은 이것입니까?　　（昨日読んだ本はこれですか?）

　一方、存在詞・形容詞・指定詞には語幹に「았던 / 었던」をつけることが多いです。

| 存在詞 | 있다 | 있었던 | 없다 | 없었던 |
|---|---|---|---|---|
| 形容詞 | 크다 | 컸던 | 작다 | 작았던 |
| 指定詞 | 유치원생이다 | 유치원생이었던 | 주차장이 아니다 | 주차장이 아니었던 |

　　그렇게 친했던 친구인데……　　　　（あんなに親しかった友だちなのに……）
　　커피숍이었던 곳이 편의점이 됐어요.　（喫茶店だったところがコンビニになりました。）

・時間の幅を持った「〜ていた」というニュアンスでは、動詞の語幹に「던」をつけます。

여기는 제가 옛날에 다니던 학교예요.　（ここは私が昔通っていた学校です。）

제가 옛날에 쓰던 방입니다.　　　　　　（私が昔使っていた部屋です。）

・否定の形は現在連体形と同じく語幹の品詞に従います。

| 動詞 | 形容詞 |
|---|---|
| 가지 않은 사람（行かなかった人） | 크지 않았던 집（大きくなかった家） |

練 習　보기(例)のように文を作り、書いて読んでみよう。

보기　　　　　　　　　　　　어제, 내다, 숙제　→　어제 낸 숙제입니다.

1) 3월에, 졸업하다, 학교　→　＿＿＿＿＿＿＿＿＿＿＿＿＿＿＿＿＿

2) 지난번에, 찍다, 사진　→　＿＿＿＿＿＿＿＿＿＿＿＿＿＿＿＿＿

3) 작년에, 만들다, 작품　→　＿＿＿＿＿＿＿＿＿＿＿＿＿＿＿＿＿

4) 친구에게, 듣다, 이야기　→　＿＿＿＿＿＿＿＿＿＿＿＿＿＿＿＿＿

練 習　보기(例)のように文を作り、書いて読んでみよう。

보기　　　　　조용하다, 아이, 갑자기 울다　→　조용했던 아이가 갑자기 울었어요.

1) 취미이다, 운전, 직업이 되다　→　＿＿＿＿＿＿＿＿＿＿＿＿＿＿＿

2) 덥다, 날씨, 선선해지다　　　　→　＿＿＿＿＿＿＿＿＿＿＿＿＿＿＿

3) 크다, 신발, 작아지다　　　　　→　＿＿＿＿＿＿＿＿＿＿＿＿＿＿＿

4) 무겁다, 가방, 가벼워지다　　　→　＿＿＿＿＿＿＿＿＿＿＿＿＿＿＿

練 習　보기(例)のように文を作り、書いて読んでみよう。

보기　　　　　　　　남동생, 입다, 옷　→　남동생이 입던 옷이에요.

1) 어릴 때, 살다, 집　　　　　　→　＿＿＿＿＿＿＿＿＿＿＿＿＿＿＿

2) 어머니, 좋아하시다, 영화　　→　＿＿＿＿＿＿＿＿＿＿＿＿＿＿＿

3) 예전에, 자주 가다, 카페　　　→　＿＿＿＿＿＿＿＿＿＿＿＿＿＿＿

4) 옛날에, 듣다, 노래　　　　　　→　＿＿＿＿＿＿＿＿＿＿＿＿＿＿＿

## 3 　-(으)ㄴ 적이 있다 / 없다　〜たことがあるす / ない <small>(으)型 [ ㄹ脱落 ]</small>

　経験を表して、「〜たことがある / ない」の意味になります。動詞の過去連体形に「적이 있다 / 없다」を接続します。試みを表す「- 아 / 어 보다（〜してみる）」をしばしば補います。

　　　그 사람을 만난 적이 없습니다 . （その人に会ったことがありません。）

　　　외국에 가 본 적이 있어요 ?　　（外国に行ったことがありますか？）

練習　　보기(例)のように経験を問う文を作り、書いて読んでみよう。

| 보기 | 냉면을 먹다.　→　냉면을 먹어 본 적이 있어요? |
|---|---|

1) 한국 신문을 읽다.　→　_____

2) KTX를 타다.　　　→　_____

3) 다이빙을 하다.　　→　_____

4) 동영상을 편집하다.　→　_____

## 4 　- 지 마세요　〜ないでください <small>語幹型</small>

　禁止表現の「〜ないでください」は「- 지 마십시오」「- 지 마세요」となります。

　　　가지 마십시오.　　　（行かないでください。）

　　　먹지 마세요.　　　　（食べないでください。）

練習　　보기 (例)のように文をつくり、書いて読んでみよう。

| 보기 | 　→　사진을 찍지 마세요. |
|---|---|

1) 　_____

2) 　_____

3) 　_____

4) 　_____

## やってみよう

**A** 次の文を韓国語で書いて読んでみよう。

1) これは図書館で借りた昔のソウルの写真集（사진집）です。

_____

2) 私はまだ車を運転したことがありません。

_____

3) 昨日観た映画、本当に怖かったです。

_____

4) 白菜の値段が安くなりました。

_____

5) 遅刻しないでください。

_____

**B** 次の文を読んで、日本語にしてみよう。

CD2-22

　저는 고등학교 때 한국에 수학 여행을 간 적이 있습니다. 그 때는 한국말을 전혀 하지 못했습니다. 저에게 잘 해 줬던 분들한테 한국말로 인사도 못 하고 그냥 돌아왔습니다. 그래서 대학에서 한국어를 선택했습니다. 처음에는 시디를 알아듣지 못해서 몇 번씩 반복해서 들었습니다. 이제는 익숙해져서 자신이 좀 생겼습니다. 방학이 되면 한국에 다시 가고 싶습니다.

＊전혀　まったく（〜ない）　＊알아듣다　聞き取る　＊몇 번씩　何度も　＊익숙해지다　慣れる

**C** 自分の経験を簡単に一度書いてみて、それについてクラスメイトと話してみよう。

보기 　　유치원 때　→　유치원 때 부모님하고 한국에 간 적이 있어요.

| | |
|---|---|
| 초등학교 때 | |
| 중학교 때 | |
| 고등학교 때 | |

# 제16과 깨지는 것도 부칠 수 있어요?

<未来のことを話す>

<br>

CD2-23

에리카 : 일본으로 소포를 부치고 싶은데요, 깨지는 것도 부칠 수
있어요?

직　원 : 포장을 잘 하시면 될 거예요. 포장하실 박스는 있으세요?

에리카 : 없는데요. 어떡하죠?

직　원 : 저쪽에 포장 서비스 카운터가 보이시죠? 거기서 물어 보세요.

에리카 : 일본까지 며칠 정도 걸려요? 좀 급하거든요.

직　원 : EMS로 4일 정도 걸릴 거예요. 배송 상황은 조회도 가능하고요.

에리카 : 조회할 때 뭐가 필요해요?

직　원 : 그냥 여기 있는 송장 번호를 입력하시면 돼요.

**語彙と表現**

## 【語彙】

| 소포（小包） | 小包 | 급하다（急-） | 急いでいる |
|---|---|---|---|
| 부치다 | (郵便や宅配便で) 送る | EMS | 国際スピード郵便 |
| 깨지다 | 割れる | 정도（程度） | 程度、ぐらい |
| 포장（包裝） | 包装 | 배송（配送） | 配送 |
| 박스 | ボックス | 상황（狀況） | 状況 |
| 어떡하다 | どうする | 조회（照會） | 照会 |
| 서비스 | サービス | 송장（送狀）[송짱] | 送り状 (配送物の伝票) |
| 카운터 | カウンター | 입력（入力）[임녁] | 入力 |

## 【表現】

□ 韓国のEMSの伝票

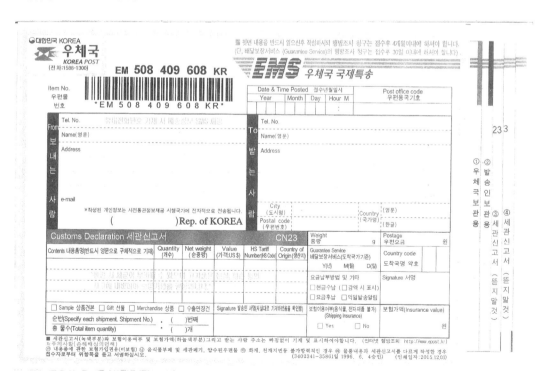

## 1 未来連体形

（으）型 [ ㄹ脱落 ]

まだ実現していない動作・状態を表す連体形を未来連体形といいます。

| 母音語幹 + ㄹ | 가다 → 갈 | 내일 갈 곳 |
| 子音語幹 + 을 | 먹다 → 먹을 | 점심에 먹을 빵 |
| ㄹ語幹 + ㄹ （ㄹ脱落） | 살다 → 살 | 다음 주부터 살 집 |

練習　보기(例)のように文を作り、書いて読んでみよう。

보기　　　　　집, 있다, 예정이다 → 집에 있을 예정이에요.

1) 버스, 오다, 시간이다　　→ _____

2) 부모님, 앉다, 자리이다　　→ _____

3) 케이크, 만들다, 생각이다　　→ _____

＊未来連体形ㄹのあとに続く「ㄱ, ㄷ, ㅂ, ㅅ, ㅈ」は濃音で発音します。

## 2 –(으)ㄹ 수 있다 / 없다　～することができる / できない

（으）型 [ ㄹ脱落 ]

可能・不可能の表現で「～することができる / できない」の意味です。未来連体形に「수 있다 / 없다」をつなげます。不可能の場合は「못 / –지 못하다」とほぼ共通する意味になります。

4호선으로 갈아탈 수 있어요.　　　　　（4号線に乗り換えることができます。）

엘리베이터는 이용할 수 없어요?　　　（エレベーターは利用することができませんか？）

練習　보기(例)のように文を作り、できることとできないことを書いてみよう。

| 보기 | 한국어 | → 한국어를 공부할 수 있어요. |
|  |  | → 프랑스어를 공부할 수 없어요. (自由に考えてみましょう) |

1)　　　　　→ _____
　　　　　→ _____

2)　　　　　→ _____
　　　　　→ _____

3)　　　　　→ _____
　　　　　→ _____

**3** **-(으)ㄹ 것이다　～(する)つもりだ, ～だろう, ～と思う** (으)型 [ ㄹ脱落 ]

　意思・推量を表す「～つもりだ、～だろう、～と思う」の意味です。未来連体形に「것이다」をつなげます。通常、합니다体では「-(으)ㄹ 겁니다 / 것입니다」、해요体では「-(으)ㄹ 거예요」となります。

　　　내일 일본에 갈 거예요.　　　　（明日、日本に行きます[行くつもりです]。）

　　　그 소설은 재미있을 겁니다.　　（その小説は面白いでしょう[面白いと思います]。）

　　　주말에 뭐 하실 거예요?　　　　（週末に何をなさるつもりですか？）

(✎) **練 習**　보기(例)のように文を作り、書いて読んでみよう。

[보기]　　　　　내일은 아침 7시에 일어나다.　→　내일은 아침 7시에 일어날 거예요.

1) 오후에는 비가 그치다.　　　　→ _____

2) 은행에서 돈을 찾다.　　　　　→ _____

3) 내일은 수업이 많아서 바쁘다.　→ _____

4) 무슨 음악을 듣다.　　　　　　→ _____?

**4** **-(으)ㄹ 때　～とき** (으)型 [ ㄹ脱落 ]

　時を表す表現で「～する時」の意味です。未来連体形に「때」をつなげます。過去の表現として「～した時」とする場合もこの形は崩れず「-았을 때 / 었을 때 / 했을 때」となります。

　　　검색할 때 어느 사이트를 이용해요?　（検索する時、どのサイトを利用しますか？）

　　　그 분을 만났을 때 정말 기뻤어요.　（その方に会った時、本当に嬉しかったです。）

(✎) **練 習**　보기(例)のように文を作り、書いて読んでみよう。

[보기]　　　　저는 기분이 우울할 때 음악을 들어요. (우울하다)

1) 저는 _____ 보리차를 마셔요. (목이 마르다)

2) 시간이 _____ 아침을 안 먹습니다. (없다)

3) 공기가 _____ 산책을 해요. (맑다)

(✎) **練 習**　보기(例)のように文を作り、書いて読んでみよう。

[보기]　　　　군대에 있었을 때 친구하고 자주 축구를 했어요 . ( 있다 )

1) 아침에 _____ 머리가 아팠습니다. (일어나다)

2) 문을 _____ 강아지가 뛰어 나왔어요. (열다)

3) 대학에 _____ 받은 선물입니다. (합격하다)

## 5   - 거든요   ～なんですよ

　聞き手が知らないと思われる理由や根拠を述べる際に使い、「～なんですよ / ～なものですから」という程度の意味になります。

**지금은 안 돼요. 시간이 없거든요.**　（今はだめです。時間がないんですよ。）

**문의드릴 게 있어서 전화했거든요.**　（お尋ねいたしたいことがあって電話したんですよ。）

練　習　　보기(例)のように文を作り、書いて読んでみよう。

> **보기**
> 오늘은 하루 종일 한국어 공부를 할 거예요. (내일 시험이 있어요)
> →　내일 시험이 있거든요.

1) 미안하지만 야구 대회에는 못 나가요. (손을 다쳤어요)

→ _____

2) 컴퓨터를 못 써요. (고장 났어요)

→ _____

3) 저는 아무거나 잘 먹어요. (음식을 가리지 않아요)

→ _____

4) 내일은 시간이 안 돼요. (약속이 있어요)

→ _____

練　習　　보기(例)のように文を作り、書いて読んでみよう。

> **보기**
> A : 안색이 안 좋으세요. (어제 술을 많이 마셨다)
> B : 어제 술을 많이 마셨거든요.

1) A : 기분이 아주 좋아 보여요. (오늘 데이트하다)

B : _____

2) A : 무슨 걱정이라도 있어요? (동생이 아프다)

B : _____

3) A : 왜 그러세요? (속이 좀 안 좋다)

B : _____

4) A : 왜 내일 학교에 못 와요? (볼일이 있다)

B : _____

## やってみよう

**A** 次の文を韓国語で書いて読んでみよう。

1）連休に故郷に帰るつもりです。

_____

2）交通カードはどこでチャージ（충전）できますか。

_____

3）よくわからないときは質問してください。

_____

4）済州島に行ったとき、遊覧船に乗りました。

_____

5）毎日韓国語で話をしています。彼氏が韓国人なものですから。

_____

**B** 次の文を読んで、日本語にしてみよう。

한국에서 친구가 놀러 올 때 전 친구에게 하고 싶은 것이나 먹고 싶은 것을 먼저 물어 봐요. 그렇지 않으면 시간을 효율적으로 쓰지 못하거든요. 반대로 제가 한국에 갈 때는 미리 친구에게 메일을 해요. 친구가 보내 준 정보를 참고해서 계획을 세우면 시간을 잘 활용할 수 있어요. 다음 달에 친구가 올 때는 공항에 마중 나갈 거예요. 아마 좋아할 거예요. 2박 3일이라서 많은 것은 할 수 없지만 즐거운 시간을 보낼 거예요.

**C** お勧めの場所と理由を、クラスメイトに聞いてみよう。

> **보기**
> 나가사키에 가 보세요. 음식도 맛있고 야경도 아름답거든요.
> 그리고 짬뽕 드시는 거 잊지 마세요.

추천하는 곳 : _____   추천하는 이유 : _____

| 名前 | 場所 | 理由 |
|------|------|------|
|      |      |      |
|      |      |      |
|      |      |      |
|      |      |      |

# 제**17**과 저랑 같이 보러 가야 돼요,

<意向を伝える>

CD2-25

에리카 : 주말에 오랜만에 영화 보기로 했어요.

이상호 : 그래요? 표는 예매했어요?

에리카 : 아직 안 했어요. 그냥 극장 가서 사려고 하는데요.

이상호 : 예약 없이 가면 자리가 없을 거예요.

예약할 줄 아세요?

에리카 : 아뇨, 몰라요.

이상호 : 그럼 제가 바로 예약해 드리죠.

그 대신 저랑 같이 보러 가야 돼요.

## 語彙と表現

### 【語彙】

| | | | |
|---|---|---|---|
| 오랜만 | 久しぶり | 그냥 | ただ、なんとなく |
| 표 (票) | チケット、切符 | 자리 | 席 |
| 예매하다 (豫買−) | あらかじめ購入すること、前売り | 대신 (代身) | かわりに |

### 【表現】

□ **아직 안 했어요．　まだしていません（状態の否定表現）**

何らかの行為が成就していない状態を表す時は、韓国語では主として過去形を用います。

그 영화 보셨어요?　　　　 -아뇨, 아직 못 봤어요.
(その映画、ごらんになられましたか？　 - いいえ、まだ見ていません。)

그 책 읽으셨어요?　　　　 -아뇨, 읽고 싶은데 시간이 없어서 못 읽었어요.
(その本をお読みになられましたか？　 - いいえ、読みたいのですが時間がなくて読めていません。)

□ **- 없이 (〜なしで)**

「〜なく」「〜なしで」という表現で、名詞に「**없이**」をつなげる形で使われます。

연락 없이 왔어요.　　　　連絡なしで来ました。

국번 없이 119　　　　市外局番なしで119

설탕 없이 커피 마셔요.　　砂糖なしでコーヒーを飲みます。

17

저랑 같이 보러 가야 돼요

백이십구 **129**

## 1 -기로 하다 ～することにする

語幹型

意思の決定を表して「～することにする」の意味です。

> 내일 다시 회의하기로 합시다.　　（明日また会議することにしましょう。）
> 친구를 만나기로 했어요.　　（友達に会うことにしました。）

✏️ **練 習**　보기(例)のように文を作り、書いて読んでみよう。

| 보기 | 매일 운동하다.　→　매일 운동하기로 했어요. |
|---|---|

1) 우리 결혼하다.　　　　　→　_____

2) 친구 결혼식에서 노래를 부르다.　→　_____

3) 숙제를 봐 주다.　　　　→　_____

4) 약속 시간에 늦지 않다.　→　_____

## 2 -(으)려고 하다 ～(し)ようと思う

(으)型

意図を表す「－려고（～ようと）」に「하다（思う）」が接続したものです。

> 열심히 공부하려고 합니다.　　（一生懸命勉強しようと思います。）
> 김치찌개를 먹으려고 합니다.　　（キムチチゲを食べようと思います。）

＊会話の中では多く「－(으)려고 하다」は短縮した形の「－(으)려고요」で使われます。

> 도서관에서 시험 공부를 하려고요.　　（図書館で試験勉強をしようと思いまして。）
> 저녁에 김치찌개를 먹으려고요.　　（夕食にキムチチゲを食べようと思いまして。）

✏️ **練 習**　보기(例)のように文を作り、書いて読んでみよう。

| 보기 | 한국어로 이야기하다.　→　한국어로 이야기하려고 해요. |
|---|---|

1) 데이트 신청하다.　→　_____

2) 승무원이 되다.　→　_____

3) 담배를 끊다.　→　_____

4) 해물탕을 만들다.　→　_____

## 3 − (으) ㄹ 줄 알다 / 모르다 ～することができる / できない (으)型 [ㄹ脱落]

動詞の未来連体形に「줄 알다」がつくと「～することができる」という意味になり、「줄 모르다」がつくと「～することができない」という意味になります。

ただし、これは技能の有無の表現で、「運転ができます」「スキーができます」と言った類の場合に用い、「明日行けます」「今日会えます」というような可能表現の場合には使うことができません。

**자전거를 탈 줄 알아요?** （自転車に乗ることができますか？）

**아이가 화를 잘 내고 참을 줄 몰라요.** （子どもがよく怒ってこらえることができません。）

練習　보기(例)のように質問と答えの両方を書いて読んでみよう。

> 보기　**수영하다 →** 수영할 줄 아세요? − 아뇨, 수영할 줄 몰라요.

1) 스키를 타다. 　　　　→

2) 한글로 키보드를 치다. →

3) 한국 노래를 하다. 　　→

4) 떡볶이를 만들다. 　　→

## 4 − 아 / 어야 되다 ～なければならない
아 / 어型

義務を表し「～ねばならない」の意味です。「− 아 / 어야 하다」も同じ意味ですが、ややかたい表現です。

**일찍 일어나야 돼요.** （早く起きなければなりません。）

**소리 내어 읽어야 합니다.** （声に出して読まなければなりません。）

練習　보기(例)のように、質問に答えてみよう。

> 보기
> **도서관에서 어떻게 해야 돼요? (조용히 하다)** → **조용히** 해야 돼요.
> **방에 들어갈 때 어떻게 해야 해요? (노크하다)** → 노크해야 해요.

1) 단어를 모를 때 어떻게 해야 돼요? (사전을 찾다)

　　　　　→

2) 수업에서 모르는 내용이 있을 때 어떻게 해야 해요? (질문하다)

　　　　　→

3) 아르바이트하고 싶을 때 어떻게 해야 돼요? (自由に)

　　　　　→

4) 외국에 갈 때는 제일 먼저 뭘 해야 해요? (自由に)

　　　　　→

## やってみよう

### A　次の文を韓国語で書いて読んでみよう。

1）毎日日記を書くことにしました。

_____

2）明日は朝6時に起きようと思います。

_____

3）韓国語でジョーク（농담）を言えます。

_____

4）動画を編集することができますか？

_____

5）地下鉄に乗る時は、6歳以上の子どもは切符を買わなければなりません。

_____

### B　次の文を読んで、日本語にしてみよう。

CD2-26

　올 여름 방학 때는 한국 친구들이랑 유럽에 여행을 가기로 했어요. 계획 없이 가서 사진도 찍고 현지 사람들한테 물어 보면서 여행하려고 해요. 장소만 정하고 다른 계획 없이 가는 거예요. 좀 겁이 나지만 용기를 내서 재미있는 여행을 하고 싶어요.

### C　보기（例）を参考に、あなたの夏休みの予定について書いてみよう。

| 보기 |
|---|
| 여름 방학에 친구하고 한국에 가기로 했어요. |
| 서울하고 부산에 갈거예요. |
| 서울에서 팥빙수를 먹을 거예요. |
| 부산에서… |

# 여름 방학 예정 · 계획

# 제18과 조선시대에 온 것 같아요,

에리카 : 우와…… . 전통 찻집은 처음 와 봐요.

조선시대에 온 것 같아요.

박태현 : 우리 주문 먼저 할래요?

에리카 씨에게 오미자차를 추천하고 싶어요.

에리카 : 왜요?

박태현 : 에리카 씨 지난주에 여행 다녀왔잖아요.

오미자차는 피로회복에 효과가 좋거든요.

에리카 : 그렇군요. 그럼 전 그걸로 할게요. 태현 씨는요?

박태현 : 저는 목이 좀 아프기 때문에 모과차로 하겠습니다.

## 語彙と表現

### 【語彙】

| | | | |
|---|---|---|---|
| 전통 (傳統) | 伝統 | 추천하다 (推薦-) | 推薦する |
| 찻집 | 喫茶店、お茶屋さん | 여행 (旅行) | 旅行 |
| 조선시대 (朝鮮時代) | 朝鮮時代 | 피로회복 (疲勞回復) | 疲労回復 |
| 먼저 | まず | 효과 (效果) | 効果 |

### 【表現】

□ - 잖아요 (〜じゃないですか)

「〜じゃないですか」という意味になります。聞き手の記憶や知識にあることを思い起こさせ確認する際に使用される表現です。

| | |
|---|---|
| 그 드라마 재미있잖아요. | (あのドラマ面白いじゃないですか。) |
| 벌써 9시잖아요. | (もう9時じゃないですか。) |
| 있잖아요. 작년 여름에 만난 그 사람. | (ほら、去年の夏に会ったあの人。) |

□ 전통찻집 (韓国の伝統茶屋)

| | | | |
|---|---|---|---|
| 유자차 (ゆず茶) | 6,500원 | 식혜 (シッケ) | 8,500원 |
| 오미자차 (五味子茶) | 9,000원 | 팥빙수 (かき氷) | 10,000원 |
| 대추차 (ナツメ茶) | 8,000원 | 인절미 (きな粉餅) | 4,000원 |
| 매실차 (梅実茶) | 8,000원 | 약과 (薬菓) | 5,000원 |
| 모과차 (かりん茶) | 8,000원 | 약밥 (薬飯) | 15,000원 |
| 수정과 (水正菓) | 9,000원 | | |
| 생강차 (生姜茶) | 8,000원 | | |

## 1 連体形 것 같다 〜ようだ, 〜そうだ, 〜と思う

連体形に「것 같다」を接続すると、状況からの判断や推測として「〜ようだ」、「〜そうだ」や、話し手の意見や考えを控えめに伝える「〜と思う」といった意味を表します。

비가 올 것 같아요. （雨が降りそうです。）

비가 오는 것 같아요. （雨が降っているようです。）

비가 온 것 같아요. （雨が降ったようです。）

바지가 좀 짧은 것 같아요. （ズボンがちょっと短いと思います。）

그 선수가 우승할 것 같아요. （その選手が優勝すると思います。）

練 習　보기(例)のように推測する文を作り、書いて読んでみよう。

| 보기 | 집에 아무도 없다.　→　집에 아무도 없을 것 같아요. |
| --- | --- |

1) 커피잔이 떨어지다.　　　→ _____

2) 이 자리가 잘 보이다.　　→ _____

3) 엘리베이터 문이 닫히다.　→ _____

4) 이 김치가 맵다.　　　　　→ _____

練 習　보기(例)のように控えめに自分の意見を述べる文にし、書いて読んでみよう。

| 보기 | 유자차는 이 집이 서울에서 제일 맛있어요.<br>→　유자차는 이 집이 서울에서 제일 맛있는 것 같아요. |
| --- | --- |

1) 에리카 씨는 센스가 있어요.　　　　　　→ _____

2) 진우는 일본 음식을 좋아해요.　　　　　→ _____

3) 태현 씨는 세상에서 제일 좋은 사람이에요.　→ _____

4) 영어보다 한국어가 더 쉬워요.　　　　　→ _____

## 2 -(으)ㄹ래요/(으)ㄹ래요? ～します, しますか (으)型 [ㄹ脱落]

今ここでの自分の意思を表したり、相手の意思を問う表現ですが、話者の感情や意向が直接に示されており、場面によってはやや身勝手なニュアンスもあるので親しい間柄でよく使われます。

| | |
|---|---|
| 전 이거 먹을래요. | （私はこれ食べます。） |
| 거긴 이제 안 갈래요. | （そこはもう行きません。） |
| 같이 가실래요? | （一緒に行かれますか?） |

練 習　보기(例)のように（　　　）の中の単語を用い、質問に答えてみよう。

> 보기　　어느 게 좋아요? (이걸로 하다) → 난 이걸로 할래요.

1) 이거 어떻게 할래요? (버리다)　　　　→
2) 뭘로 할래요? (햄버거 먹다)　　　　　→
3) 생일 선물 어떻게 할래요? (케이크 만들다) →
4) 같이 갑시다. (안 가다)　　　　　　　→

## 3 -기 때문에 ～ので, から

語幹型

原因・理由を表す語尾で「～ので、から」の意味です。通常、後ろに命令形・勧誘形は来ません。名詞にそのまま「때문에」をつけて「(名詞) のせいで」という意味で用いることもできます。

| | |
|---|---|
| 물가가 비싸기 때문에 생활이 힘들어요. | （物価が高いので生活が大変です。） |
| 시간이 없기 때문에 오늘은 못 가요. | （時間がないので今日は行けません。） |
| 발표 준비 때문에 머리가 아파요. | （発表の準備で頭が痛いです。） |

練 習　보기(例)のように「때문에」を用いた文を作り、書いて読んでみよう。

> 보기　　한국 문화에 관심이 많다. 그래서 한국어를 공부해요.
> → 한국 문화에 관심이 많기 때문에 한국어를 공부해요.

1) 숙제가 많다. 그래서 항상 바빠요.　　　　　→
2) 단풍이 아름답다. 그래서 이 산이 인기가 있어요. →
3) 어제 잠을 못 잤다. 그래서 오늘 머리가 아파요. →
4) 시험. 그래서 전 놀러 못 가요.　　　　　　→

## 4 – 군요 ～ですね

ややかたい感嘆表現です。主に [– **군뇨** ] と発音します。動詞の現在形には – **는군요**をつなげます。

| | | | |
|---|---|---|---|
| **바쁘군요.** | （忙しいんですね。） | **가는군요.** | （行くんですね。） |
| **바쁘셨군요.** | （お忙しかったんですね。） | **갔군요.** | （行ったんですね。） |
| **바쁘지 않으시군요.** | （お忙しくないんですね。） | **가지 않는군요.** | （行かないんですね。） |

練 習　보기(例)のように文を作り、書いて読んでみよう。

보기　　　　　　　　열심히 공부했다. → 열심히 공부했군요.

1) 이번 달도 돈이 없다.　　→

2) 선생님은 일이 많다.　　→

3) 기말 시험이다.　　→

4) 버스를 안 탔다.　　→

5) 매운 것도 잘 먹다.　　→

「– 군요」と類似する表現として「– 네요」(語幹型)があります。会話でよく使われます。

　　**똑똑하네요.**(賢いですね。)

練 習　보기(例)のように文を作り、書いて読んでみよう。

보기　　　　　　　　비빔밥이 맛있다. → 비빔밥이 맛있네요.

1) 차 향기가 좋다.　　→

2) 남자 친구가 멋있다.　　→

3) 첫눈이 내리다.　　→

4) 생각보다 크지 않다.　　→

## やってみよう

**A** 次の文を韓国語で書いて読んでみよう。

1) このお店は高そうです。

2) テヒョンさんはエリカさんが好きみたいです。

3) 韓国は秋が特に美しいようです。

4) サンホさん、ちょっと手伝ってくれますか？

5) 明日は台風が来るので家にいようと思います。

6) 工事のせいで道が渋滞しています。

**B** 次の文を読んで、日本語にしてみよう。

CD2-28

　한국은 차 종류가 많은 것 같아요. 대추차, 오미자차, 인삼차……. 대추차는 몸을 따뜻하게 해 주는 효과가 있기 때문에 추운 겨울에 인기가 많습니다. 오미자차는 비타민이 풍부하기 때문에 피곤할 때, 그리고 무더운 여름에 많이 마십니다. 인삼에는 다양한 성분이 들어 있습니다. 한국에서는 옛날부터 몸을 건강하게 해 주는 효과가 있는 것으로 유명합니다. 전통 찻집의 메뉴판에는 전통차의 효능도 설명되어 있는 것이 많습니다. 한국에 가시면 꼭 한번 전통차를 마셔 보세요.

**C** どのような理由が考えられますか。「連体形 것 같다」を用いて絵を説明してみよう。

1) 엄마가 기분이 좋습니다.

2) 에리카 씨가 병원에 가요.

3) 상호 씨가 울어요.

# 난 아침 일찍 올라갔다가 지금 내려왔어.

<相手に応じた話し方で話す>

CD2-29

에리카 : 저 분, 우리 선생님인 것 같은데... 저기 벤치요.

이상호 : 글쎄요. 어딘지 모르겠는데……

에리카 : 까만 반바지 입고 파란 모자 쓰고 계신 분 보이죠?

이상호 : 아, 그러네요. 그럼 인사 드리러 가요.

\*\*\*\*\*\*\*\*\*\*

선생님 : 에리카 학생, 감기는 괜찮은 거야?

에리카 : 네, 다 나았어요.

이상호 : 선생님도 이제 올라가시는 거예요?

선생님 : 아니, 난 아침 일찍 올라갔다가 지금 내려왔어.

　　　　그럼 조심해서 올라가고, 좋은 시간들 보내.

**語彙と表現**

## 【語彙】

| | | | |
|---|---|---|---|
| 까맣다 | 黒い | 낫다 | 治る |
| 반바지 (半-) | 半ズボン | 올라가다 | 上がる、登る |
| 파랗다 | 青い | 일찍 | 早く |
| 모자 (帽子) | 帽子 | 내려오다 | 下りる、降りる |
| 쓰다 | （帽子を）かぶる | 조심하다 (操心-) | 気をつける |

## 【表現】

☐　身につけるもの

신발/양말을 신다.
くつ/靴下をはく。

신발을 벗다.
くつを脱ぐ。

옷을 입다.
바지를 입다.
服を着る。
ズボンをはく。

안경을 쓰다.
모자를 쓰다.
眼鏡をかける。
帽子をかぶる。

장갑을 끼다.
手袋をはめる。

배낭을 메다
リュックをせおう。

☐　人数

一人、二人、……　　人の数を表す「〜人」という表現は、以下のように使います。

| 〜人 （名） | 〜人で |
|---|---|
| 한 사람 ( 명 ) | 혼자서 |
| 두 사람 ( 명 ) | 둘이서 |
| 세 사람 ( 명 ) | 셋이서 |
| 네 사람 ( 명 ) | 넷이서 |
| 다섯 사람 ( 명 ) | 다섯이서 |

## 1 해体

ここで紹介する「해体」は会話において親しい友人や目下の者に使う表現です。目上の人に使うことはできません。基本的に「해요体」の「요」をとった形になります。ただし、体言は「(이)야」(子音体言には이を入れる)を接続します。「해요体」と同じく平叙・疑問・勧誘・命令の意味があります。この形を、通常、「パンマル(반말)」と言います。

【動詞・存在詞・形容詞】

| 陽語幹 +아 | 가다 → 가 | 받다 → 받아 |
|---|---|---|
| 陰語幹 +어 | 서다 → 서 | 먹다 → 먹어 |
| 하다用言 | 하다 → 해 | 공부하다 → 공부해 |

【指定詞】

| – 이다 | → -( 이 ) 야 | 아니다 → 아니야 ( 아냐 ) |
|---|---|---|
| 친구이다 | → 친구야 | 친구가 아니다 → 친구가 아니야 |
| 선생님이다 | → 선생님이야 | 선생님이 아니다 → 선생님이 아니야 |

에리카는 집에 갔어. (エリカは家に帰った。) 　어디 가? (どこに行くの?)

같이 먹어. (一緒に食べよう。) 　빨리 와. (はやく来て。)

＊ 禁止表現の「– 지 마세요 / 지 마십시오」の해体は「– 지 마」になります。
　　지각하지 마 (遅刻しないで) 　　걱정하지 마 (心配しないで)

**練習** 보기(例)のように、親しい人との会話に書き換えて読んでみよう。

| 보기 | 지금 뭐 해요? → 지금 뭐 해? |
|---|---|

1) 만둣국으로 할래요? 　　→

2) 사진 찍으면 안 됩니다. 　→

3) 축구 선수가 될 거예요. 　→

4) 사전 좀 빌려 주세요. 　→

**練習** 次の質問に반말で答えてみよう。

1) 학교 공부 어때? 　　—

2) 지난 주말에 뭐 했어? 　—

3) 방학 때 뭐 할 거야? 　—

4) 뭐 먹을래? 　　—

## 2  - 는지 / ( 으 ) ㄴ지  ～のか

動詞・存在詞：語幹型 [ ㄹ脱落 ]  形容詞・指定詞：( 으 ) 型 [ ㄹ脱落 ]

文中で「～のか」という疑問を表します。動詞・存在詞では語幹に는지を、形容詞・指定詞では ( 으 ) ㄴ지を
つなげます。後には「알다 ( 分かる )」「모르다 ( 分からない )」が続くことが多いです。

누가 오는지 아세요?　　　　　　　　　（誰が来るかご存知ですか?）

맛의 비밀이 무엇인지 저는 알고 있어요.　（味の秘密が何なのか私は分かっています。）

왜 그렇게 비싼지 모르겠어요.　　　　　（なぜそんなに高いのか分かりません。）

練 習　보기(例)のように、書き換えて読んでみよう。

보기　　　　　　　　A: 대추차는 어떤 맛이에요?　B: 어떤 맛인지 모르겠어요.

1) A: 태현 씨가 어디 가요?　　　　　　B: _____

2) A: 사전은 뭐가 좋아요?　　　　　　B: _____

3) A: 광화문이 어디예요?　　　　　　　B: _____

4) A: 영화 어느 게 재미있어요?　　　　B: _____

## 3  ㅅ変則用言

語幹末のパッチムが「ㅅ」である用言には「으型」や「아 / 어型」に接続するとき、「ㅅ」が脱落するもの
があります。

|  | 語幹型 [ - 고 ] | ( 으 ) 型 [ - ( 으 ) 니까 ] | 아 / 어型 [ - 아 / 어요 ] |
|---|---|---|---|
| 낫다 ( 治る・ましだ ) | 낫고 | 나으니까 | 나아요 |
| 짓다 ( 建てる・炊く ) | 짓고 | 지으니까 | 지어요 |

＊「ㅅ」が脱落しても「으」はそのまま付け、「아 / 어」も縮約されません。なお、웃다 ( 笑う )、씻다 ( 洗う )、
벗다 ( 脱ぐ ) などは変則用言ではなく、웃고 ( 笑って )、웃으니까 ( 笑うから )、웃어요 ( 笑います ) のよ
うに規則的に活用します ( 正則用言 )。

練 習　보기(例)のように、書き換えて読んでみよう。

보기　　　　　　　　　　감기는 다 나았어요. ( 낫다 )

1) 이 집은 작년에 _____ ( 짓다 )

2) 스푼으로 잘 _____ ( 젓다 )

3) 울어서 눈이 _____ ( 붓다 )

4) 식사하기 전에 손을 _____ ( 씻다 )

19

난 아침 일찍 올라갔다가 지금 내려왔어

## 4 　 － 다가 　～していて，している途中で

　何かをしている途中で別の行動に移ったり、ある状態が他の状態に変わるときに用いられる表現です。「～していて」「～している途中で」といった程度の意味になります。過去の形に接続された場合には動作や状態がいったん完了して別の動作や状態に移ったことを示します。なお、文の前半と後半で主語が変わることはありません。

| | |
|---|---|
| 학교에 가다가 집으로 돌아왔습니다. | （学校に行く途中で家に戻ってきました。） |
| 공부하다가 잠이 들었어요. | （勉強していて眠ってしまいました。） |
| 리포트를 썼다가 지워 버렸어. | （レポートを書いたけど消しちゃったよ。） |

練　習　　보기(例)のように文をつなげてみよう。

보기　　　　　학교에 가다. 친구를 만났다.　→　학교에 가다가 친구를 만났어요.

1) 초반에는 우리 팀이 이기다. 역전을 당했다.

　　　→ _____

2) 앨범을 보다. 문득 첫사랑이 생각났다.

　　　→ _____

3) 처음에는 일본어로 이야기했다. 지금은 한국어로 이야기하다.

　　　→ _____

4) 동아리에 들었다. 시간이 없어서 그만뒀다.

　　　→ _____

> ― 들 （～たち）
> 日本語と違って、「～たち」という接尾辞は、いろいろな品詞に接続します。
>
> | | |
> |---|---|
> | 자, 식사들 해. | （さぁ、みんな食事をしなさい。） |
> | 먼저들 가! | （みんな、さきに行って！） |
> | 어서들 와! | （みんな、いらっしゃい！[早くおいで]） |

## やってみよう

**A** 次の文を韓国語で書いて読んでみよう。

1) どうして遅刻したの？

2) 散歩していて財布をなくしました。

3) これいくらか分かる？

4) 動物園に行って偶然高校の時の友だちに会いました。（-았/었다가を用いて）

5) 私は将来何がしたいのかまだ分かりません。

6) 重要な部分には下線を引いてください。（下線を引く：밑줄을 긋다）

**B** 次の文を読んで、日本語にしてみよう。

CD2-30

에리카, 메일 고마워. 고등학교 때 너하고 처음 만났을 때가 기억나. 옛날에 명동에서 반지를 골라 줬지? 나 지금 그 반지 소중하게 간직하고 우리 우정 반지로 끼고 다녀. 넌 어때? 너도 내 생각 가끔 하는지 궁금할 때도 있어. 난 지금 일본에 있지만 방학하면 한번 만나. 또 연락할게. 에리카도 잘 지내. 안녕!

**C** 自分が知っている役立つ情報について、-는지/(으)ㄴ지を使ってクイズを出してみよう。

여러분, 오늘은 제가 학생 식당에 대해서 여러분에게 유용한 정보를 알려 드리겠습니다.
여러분 우리 학교 학생 식당에서 가장 인기 있는 메뉴가 무엇인지 아세요?
다음 세 가지 중에 정답이 있습니다.

1. 카레라이스　　　　　2. 햄버그 정식　　　　　3. 우동

이 교실에는 의자가 몇 개 있는지 아세요?

정답은

난 아침 일찍 올라갔다가 지금 내려왔지

# 첫 번째 생일을 축하하기 위한 파티예요.

<勘違いに対応する>

여러 가지 물건이 놓여 있어요.

CD2-31

선생님 : 에리카 씨, 돌잔치에 가 보셨어요?

에리카 : 돌잔치요? 어디에 있지요?

선생님 : 하하하 돌잔치는 우리나라의 전통 행사예요.

에리카 : 네? 행사요?

선생님 : 아이가 태어나서 첫 번째 생일을 축하하기 위한 생일파티예요.
친척들이나 친구들을 초대해서 같이 식사를 해요.

에리카 : 그래요? 저는 어디 관광지인 줄 알았어요.

선생님 : 이번 일요일에 우리 손자 돌잔치가 있는데 와 보지 않겠어요?

에리카 : 감사합니다. 꼭 가도록 하겠습니다.

【語彙】

| | | | |
|---|---|---|---|
| 행사 (行事) | 行事 | 친척 (親戚) | 親戚 |
| 태어나다 | 生まれる | 초대 (招待) | 招待 |
| 생일 (生日) | 誕生日 | 관광지 (觀光地) | 観光地 |
| 축하하다 (祝賀 –) | 祝う、お祝いをする | 손자 (孫子) | 孫の男の子 |
| 파티 | パーティー | 놓이다 | 置かれる |

【表現】

☐ お祝いのことば

생일 축하해요.
입학 축하해.
결혼 축하드립니다.

합격을 축하합니다.
졸업 축하합니다.
득남(득녀) 축하드립니다.

☐ 돌잔치 (1歳の誕生日)

　「돌」は子どもの1歳の誕生日を、「잔치」は「宴」を表します。韓国では、3歳までの子どもは、**삼신 할매** (三神、할매はおばあさんの方言) という神様が守ってくれると言われています。この日は、1年間守ってくれたことへの感謝の気持ちと、これからも守ってくれるよう祈願する意味を込めて、「**삼신상 (三神床)**」といわれるお膳を準備します。

　また、子どもの健やかな成長と幸せを願う餅や果物をテーブルに並べた「**돌상**」を用意します。子どもには正装させ、これを「**돌복**：生まれて初めて着る正装」と言います。

　**돌잔치**のメインイベントは、お膳に筆、米、糸などを置き、子どもがどれを手にしたかで才能を占う「**돌잡이**」です。例えば、筆を手にすれば学問に優れ、米を手にすれば富に恵まれると言われています。皆さんで、韓国の伝統文化について調べてみましょう。

## 1 ─기 위해 ～(する)ために (目的)

語幹型

目的を表す表現です。「─기 위해 (위하여)/ 위해서」などの形で用いられます。名詞にそのまま**위해 (위해서)** をつけて「(名詞)のために」とすることもできます。連体形では「─기 위한 (～ための)」の形になります。

> 합격하기 위해서 열심히 노력했습니다. 　(合格するために一生懸命努力しました。)
>
> 가족을 위해 일합니다. 　(家族のために働きます。)
>
> 살기 위한 노력도 필요해. 　(生きるための努力も必要よ。)

**練 習** 　보기(例)のように文を作り、書いて読んでみよう。

> **보기** 　전국대회에 진출하다. 연습하다. → 전국대회에 진출하기 위해 연습합니다.

1) 자격증을 따다. 학원에 다니다. 　→ _____

2) 생일을 축하하다. 모이다. 　→ _____

3) 여행할 돈을 모으다. 아르바이트하다. 　→ _____

4) 가수가 되다. 연습하다. 　→ _____

**練 習** 　보기(例)のように行動の目的を述べた文を作り、書いて読んでみよう。

> **보기** 　일본어를 가르칠 거예요. 책을 샀어요.
> → 일본어를 가르치기 위한 책을 샀어요.

1) 업무를 개선할 거예요. 아이디어를 모집합니다.
→ _____

2) 첫사랑을 찾을 거예요. 프로그램에 나가요.
→ _____

3) 시험을 볼 거예요. 준비가 필요해요.
→ _____

4) 상호 씨 생일을 축하할 거예요. 모임입니다.
→ _____

♪생일 축하합니다♬

생일 축하합니다.
생일 축하합니다.
사랑하는 우리 에리카,
생일 축하합니다.

## 2 連体形 줄 알았다/몰랐다 ～ものと思った/思わなかった, とは思いもしなかった

連体形に「줄 알았다／몰랐다」が続いて主観的な推量を表します。「～ものと思った／思わなかった、～とは思いもしなかった」という程度の意味ですが、主として思い違いをした場合などに用いることが多いです。

| | |
|---|---|
| 여기 있는 줄 몰랐네요. | （ここにあるとは思いもしませんでした。） |
| 일본에 오신 줄 알았습니다. | （日本にいらっしゃったものと思っていました。） |
| 비가 안 올 줄 알았는데. | （雨が降らないものと思っていたのに。） |

練習　보기(例)のように思い違いをしたことを表す文を作り、書いて読んでみよう

보기　　　　　　　　　우리가 이기다. 알다.　→　우리가 이길 줄 알았어요.

1) 시험이 그렇게 어렵다. 모르다.　　→ _____

2) 설마 주인공이 죽다. 모르다.　　→ _____

3) 평생 그 사람을 못보다. 알다.　　→ _____

4) 에리카 씨는 알다. 알다.　　→ _____

## 3　－ 도록　～ように

語幹型

望ましい状態や行動を目標として示します。

| | |
|---|---|
| 일찍 일어나도록 하겠습니다. | （早く起きるようにします。） |
| 다음엔 늦지 않도록 할게요. | （次は遅れないようにします。） |
| 열심히 공부하도록 해. | （一生懸命勉強するようにしなさい。） |

練習　보기(例)のように強く求める文を作り、書いて読んでみよう。

보기　　　　　　　　　일주일에 한 권씩 책을 읽다.　→　일주일에 한 권씩 책을 읽도록 하세요.

1) 재학 중에 자격증을 취득하다.　→ _____

2) 단어를 많이 외우다.　　→ _____

3) 매일 한 시간씩 걷다.　　→ _____

4) 감기에 걸리지 않다.　　→ _____

## 4　- 아 / 어 있다　～ている（状態の継続）

　ある動作の結果が継続している状態を表します。動作の進行や習慣などを表す「- 고 있다（～（し）ている）」（12 課参照）とは区別しましょう。

공항에 가고 있어요.　　공항에 가 있어요.　　낙엽이 떨어지고 있어요.　　낙엽이 떨어져 있어요.

 練習　　보기(例)のように状態が継続している文を作り、書いて読んでみよう。

| 보기 |  | ドアが開く　（문, 열리다）　→　문이 열려 있어요. |
| --- | --- | --- |

1) (접시, 깨지다)

2) (이름, 지워지다)

3) (음식, 준비되다)

4) (글씨, 쓰이다)

한국어
연습

## やってみよう

**A** 次の文を韓国語で書いて読んでみよう。

1) 単位をとる（학점을 따다）ために一生懸命勉強しました。

2) ここは学生たちが休むための空間です。

3) 先生が30代だとは思いませんでした。

4) 試験は明日かと思いました。

5) さいふには現金と学生証が入っています。

6) 健康のために毎日10回以上笑うようにしてください。

**B** 次の文を読んで、日本語にしてみよう。

선생님 손자의 돌잔치에 많은 사람들이 모여 있었어요. 선생님 손자는 돌잡이 때 붓을 잡았어요. 선생님께서 무척 좋아하셨어요. 저는 이렇게 많은 사람들이 모일 줄은 몰랐어요. 첫 생일을 많은 사람에게 축하 받는 아이는 참 행복할 것 같아요.

**C** 次のことを実現するにはどのようにすればよいでしょうか？
クラスメイトと話してみよう。

| 보기 | 내일 일찍 일어나야 해요.　→　내일 일찍 일어나기 위해서 오늘은 일찍 자요. |
|---|---|

1) 한국어를 잘하고 싶어요.

2) 여자 친구/ 남자 친구와 사이 좋게 지내고 싶어요.

3) 영화 배우가 되고 싶어요.

# 한국의 명절

　韓国にも日本でいうところの正月や中秋節（陰暦のお盆）に相当するものがあります。韓国の正月は、「설」（구정：旧正月）といい、中秋節は「추석：秋夕」といいます。

　日本は暦を陰暦（음력：旧暦）から陽暦（양력：新暦）に変更する際に、正月やお盆等の年中行事も多くは陽暦で読み替えましたが、韓国では伝統行事は現在も陰暦に基づいて行うのが一般的です。また中には誕生日を陰暦で祝う人もいます。そういった事情があるため、韓国のカレンダーを見ると、陰暦による表記も小さく記載されていることが少なくありません。陰暦は月の満ち欠けに基づくもので、太陽の動きを基にする陽暦とはずれも生じます。そこで、韓国の人はカレンダーで陰暦の日付もチェックするのです。

　なお、代表的な年中行事である「설」と「추석」は前後の日も休みになり 3 連休となります。

## 추석 | 秋夕

　陰暦の 8 月 15 日です。「한가위」とも呼ばれます。この日は先祖の墓参りをし、韓服（한복）を着飾り、収穫したばかりの米で作ったお酒や「송편」いう餅などを作り、先祖祭祀（제사）を行います。

　その昔、農耕社会だったころには秋の収穫を祝う意味があり、現在よりも盛大に行われていました。たとえば現在無形文化財に指定されている「강강술래」は、満月の夜に女子が集まり皆で歌にあわせて踊る추석の代表的な民俗遊戯であり、収穫を祝う地域社会ならではの行事といえます。リズムや服装は違っても、日本で行われている「盆踊り」と通じるところがあるといえます。

　さて現在でも、추석には親族が集まり祭祀や墓参りが行われます。女性たちはたくさんの供物や集まってくる親族全員分の食事の準備で何日も前から忙しく過ごします。ただ現代社会に生きる私たちにとって、血縁的なつながりや儒教的な年中行事はいささか遠いものになってきていることも否定できません。毎年、추석のたびにその準備に追われる女性たちにとって、추석は一昔前のように待ち遠しい「명절」とは一概には言えないということもあるようです。

# 설날 |元旦

　구정は추석と同様、大きな年中行事であり、地元を離れて暮らしている人もこの日ばかりはふるさとに帰ります。そのため、道路や鉄道、空港は人でごった返します。この期間に、人口の４分の１が移動するといわれています。설날はまず先祖祭祀を行い、両親や祖父母また親戚などに「세배（新年の挨拶）」をします。

　正月に欠かせない食事は「떡국（雑煮）」です。年中行事で食べる料理は辛い味付けはしないのが一般的で、떡국もやさしい味付けになっています。

　食事が終わると、親戚で仲良く「윷놀이」というすごろくのようなゲームを楽しみます。凧揚げ（연날리기）をする子どもたちの姿も見られます。また韓国でも「세뱃돈（お年玉）」がもらえます。

# 한국에 온 지 9개월이 됐어요.

&lt;タクシーに乗る&gt;

CD2-34

운전기사 : 어서 오세요.

에리카　 : 광화문 쪽으로 가 주세요.

운전기사 : 네? 어디라고요?

에리카　 : 광화문이요. 세종문화회관 앞에서 내려 주세요.

운전기사 : 네. 근데 손님은 일본에서 오셨어요?

에리카　 : 네, 한국에 온 지 9개월이 됐어요.

운전기사 : 그러세요? 한국은 어때요? 지낼 만해요?

에리카　 : 네, 음식도 맛있고 가 볼 만한 곳도 많아서 재미있어요.

　　　　　**\*\*\*\*\*\*\*\*\*\***

에리카　 : 어! 저 사거리에서 우회전해서 세워 주세요.

**語彙と表現**

【語彙】

| | | | |
|---|---|---|---|
| 운전기사 (運轉技士) | 運転手 | 곳 | ところ |
| 광화문 (光化門) | 光化門 (ソウルにある 景福宮の正門) | 사거리 (四‒) | 四つ角 |
| 세종문화회관 (世宗文化會館) | 世宗文化会館 (ソウルにある文化施設) | 우회전 (右回轉) | 右折 |
| 지내다 | 過ごす | 세우다 | （車などを）止める |

 【表現】

☐ **タクシーでの表現**

韓国のタクシーは自動ドアではありません。客が自分でドアを開け、自分で閉めます。

CD2-35

곧장 / 쭉 가 주세요.

직진해 주세요.

우회전해 주세요.

저 신호등에서 좌회전해 주세요.

저기서 세워 주세요.

저 건물 앞에서 내려 주세요.

명동까지 요금이 얼마나 나와요?

명동까지 가는 데 시간이 얼마나 걸려요?

길이 막히네요.

차가 밀리네요.

## 1 -(이)라고요? 〜ですって?

引用の「〜と」を表す「-(이)라고」に丁寧さを表す「요」が接続したものです。体言に接続して相手に何かを聞き返す時に用いる表現ですが、話の流れによってはぞんざいな感じを受けることもありますので、注意してください。

| 뭐라고요? | (何ですって?) |
| 얼마라고요? | (いくらですって?) |
| 아니, 3만원이라고요? | (ええっ、3万ウォンですって?) |

練習　보기(例)のように聞き返してみよう。

보기　다음 열차는 <u>12시</u> 출발입니다.　—　12시라고요?

1) 다음 수업은 휴강입니다.　　　　　－ _____

2) 얘는 제 <u>조카</u>입니다.　　　　　－ _____

3) 저는 한국 나이로 <u>20살</u>이에요.　　－ _____

4) 저는 <u>애가 하나</u>예요.　　　　　　－ _____

## 2 -(으)ㄴ 지 〜てから, 〜て以来

(으)型 [ㄹ脱落]

過去連体形に「지」が続いたもので、「何かをして以来」という時間の経過を表します。

| 한국어를 배운 지 6개월이 됐습니다. | (韓国語を習って6か月になります。) |
| 이 원룸에 산 지 얼마나 됐어? | (このワンルームに住んでどれくらいになるの?) |
| 새 샴푸로 머리를 감은 지 얼마 안 됐어요. | (新しいシャンプーで髪を洗ってあまり経っていません。) |

練習　보기(例)のように文を作り、書いて読んでみよう。

보기　아침을 먹다. 세 시간 되다.　→　아침을 <u>먹은 지</u> 세 시간 됐어요.

1) 대학에 입학하다. 1년 반 지나다.　　→ _____

2) 피아노를 그만두다. 벌써 5년 되다.　→ _____

3) 연락을 받다. 두 시간 지나다.　　　→ _____

4) 이 소설을 읽다. 얼마 안 되다.　　　→ _____

## 3 -(으)ㄹ 만하다　〜に値する

未来連体形に「만하다」がついて「〜する価値がある」「〜するだけのことはある」と言った意味になります。

이거 먹을 만해요.　　（これ、食べるに値します。[おいしいです]）

읽을 만한 책이에요.　　（読む価値のある本です。）

믿을 만한 분이세요.　　（信じるに値する方です。）

**練　習**　보기（例）のように文を作り、書いて読んでみよう。

보기　　　　　그 영화는 재미있어요. (보다)　→　그 영화는 볼 만해요.

1) 한국어는 어렵지 않아요. (도전하다)　→　_____

2) 내용이 잘 돼 있어요. (추천하다)　→　_____

3) 멜로디가 좋아요. (듣다)　→　_____

4) 경주는 유적이 많아요. (가 보다)　→　_____


## 4 쪽　〜のほう（方向）

方向を表します。場所や方角とともに使われます。

학교 정문 쪽에 지하철 역이 있습니다.　（学校の正門のほうに地下鉄の駅があります。）

마로니에 공원 쪽으로 나오세요.　（マロニエ公園の方に出てきてください。）

부산은 한국 남쪽에 있는 도시입니다.　（釜山は韓国の南のほうにある都市です。）

| 왼쪽 | 오른쪽 | | | 북쪽 | |
| 左 | 右 | | | | |
| 이쪽 | 그쪽 | 저쪽 | 어느 쪽 | 서쪽 | 동쪽 |
| こちら | そちら | あちら | どちら | 남쪽 | |

## ソウルの公共交通機関

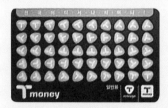

　　　ソウルの公共交通機関としては、地下鉄、バス、タクシーなどがあります。いずれも日本に比べ安価な料金で利用できます。地下鉄やバスでは、T-Money(티머니)というプリペイド式の交通カードが使えますので、これさえ持っておけば小銭の心配をせずに旅行が楽しめます。なお、一部のタクシーでも使うことができます。

　T-Money カードの購入ですが、空港のコンビニ（편의점）や、駅のチケット販売機で買うことができます。外国人が多く訪れる地域のコンビニでもよく売っています。

　チャージはコンビニや、地下鉄の駅に設置された機械ですることができます。コンビニでは、例えば1万ウォンをチャージしたいときは「만 원어치 충전해 주세요．（1万ウォン分チャージしてください。)」と伝え、1万ウォンを渡せばチャージしてくれます。また、駅の機械では表示言語を日本語にすることもできますので便利です。

　地下鉄の駅は、方面ごとに改札口が別になっていることがあります。改札を通ったあとだと、一度出なければなりませんので、改札を通る前に方面を再確認すると良いでしょう。ソウルは地下鉄路線が多くあります。地下鉄は1～9号線のように番号で呼ばれています。その他に、韓国鉄道や空港鉄道なども走っていますので、多くの場所には電車でアクセスできます。乗換駅では日本語による案内放送もありますし、利用しやすい交通手段と言えるでしょう。

　バスですが、バス乗り場は道端に設置されていることが多いですが、幹線道路では、道路の真ん中に島のように作られていることもあります。進行方向ごとに、別々にバス乗り場が設置されていますので、よく確認してください。空港バスのように専用のバス停が用意されている場合は、バス停に正確に止まりますが、一般の路線バスの場合は、バス乗り場の停車しやすい場所に止まりますのでよく見てください。

　バスは前乗り前払方式です。運転席側から乗り、運転席横に設置されているカードをタッチする機械にカードをタッチさせましょう。降りるときは後ろのドアから降ります。ドアの横にカードをタッチする部分がありますので、タッチしてから降ります。この時、降車時間が記録され、その後30分以内に地下鉄やバスに乗り換えた場合は乗り換え割引が適用されます。

　ソウルの一般的なタクシーはくすんだオレンジ色に塗られています。目立つ色ですので、すぐ判別できます。また、ソウルでは流しのタクシーが比較的拾いやすいです。タクシーを止める合図ですが、手を90度横にした状態から少し腕を下げる感じで上下させます。その際、特に手首から先を大きく揺らす動作をする人が多いです。

　タクシーの運転手さんには話し好きの人が多いので、韓国語で話をしてみるのもよいでしょう。

## 😋 やってみよう

**A**　次の文を韓国語で書いて読んでみよう。

1) 現代(현대)デパートのほうに行ってください。

2) 明日は3時間バスに乗ります。　－3時間ですって？

3) 私は韓国の音楽に関心を持って(から)3年になります。

4) 韓国で行ってみるに値する(行くといい)寺を教えてください。

5) 地下鉄の駅はどちらの方ですか？

6) あの四つ角を過ぎて(지나서)おろしてください。

**B**　次の文を読んで、日本語にしてみよう。

CD2-36

　　서울에 갔을 때 명동에서 선배를 만나기로 했어요. 시간이 없어서 서둘러서 택시를 탔는데 내릴 때 문 닫는 것도 잊어 버리고 만나기로 한 장소까지 뛰어 갔어요. 너무 정신없이 갔지만 선배하고 같이 본 영화는 정말 볼 만했어요.

**C**　タクシーでの会話を聞いてみよう。

CD2-37　　CD2-38　　CD2-39

원조 삼계탕　경복궁　창덕궁

인사동

흥인지문

연세대

이화여대

서울시청

홍익대

승례문

서강대

서울역

남산

신라호텔

1) 한국 문화를 체험 할 수 있는 곳은 어디예요?

2) 기사님이 추천하는 삼계탕집은 어디에 있어요?

3) 신촌에는 어느 대학들이 있어요?

＊付録(178 ～ 179ページ)に天気予報や地下鉄車内放送の聞き取り資料があります。聞いてみよう。

21<br>한국에 온 지 9개월이 됐어요

# 끝까지 최선을 다 해 보세요.

&lt;アドバイスする&gt;

이상호 : 조금 피곤해 보이는데 무슨 걱정이라도 있나요?

에리카 : 그게...... 모레까지 리포트를 써야 해서 스트레스를 많이 받아요.

이상호 : 에리카 씨는 한국어 실력이 좋으니까 너무 걱정하지 마세요.

저도 도와 드릴게요.

에리카 : 고마워요. 상호 씨는 뭐든지 긍정적으로 생각하는 것 같아요.

이상호 : 한국에는 "하면 된다" 라는 말이 있어요.

"포기하지 않고 열심히 하기만 하면 원하는 대로 될 수 있다" 라는

뜻이에요. 그러니까 리포트 쓰기가 힘들더라도 끝까지 최선을

다해 보세요.

에리카 : 상호 씨 이야기를 들으니까 힘이 나네요.

꼭 좋은 리포트를 완성시킬게요.

## 【語彙】

| | | | |
|---|---|---|---|
| 피곤하다 (疲困 –) | 疲れている | 뜻 | 意味 |
| 리포트 | レポート | 끝 | 終わり |
| 스트레스 | ストレス | 최선 (最善) | 最善 |
| 걱정 | 心配 | 다하다 | (最善を) 尽くす |
| 긍정적 (肯定的) | 前向き、ポジティブ | 힘 | 力、元気 |
| 포기하다 (抛棄 –) | あきらめる | 나다 | 出る |
| 원하다 (願 –) | 願う、望む | 완성 (完成) | 完成 |

## 【表現】

□ **疑問の表現**　– 나요（語幹型）
　　오늘 뭐 하나요?
　　경주에 가 본 적이 있나요?

□ **性格などの表現**
　　우리 오빠는 성격이 급해요.
　　에리카 씨는 겸손해요.
　　그 담당자는 꼼꼼해요.
　　그 아주머니는 정말 상냥하세요.
　　지영 씨는 활발한 성격이에요.
　　아버지는 언제나 차분하게 말씀하세요.
　　저는 모든 일에 너무 신중한 것 같아요.
　　우리 동생은 얌전해요.

□ **気分などの表現**
　　시험에 떨어져서 너무 속상해요.
　　비가 오면 기분이 우울해요.

## 1 連体形 대로 〜(の)通りに，〜したらすぐに

連体形や体言に接続して、前の動作や状態と同じように、という意味になります。また、現在連体形のあとに接続した場合に限り「〜したらすぐに」の意味で使うこともあります。

| | |
|---|---|
| 제가 하는 대로 따라 하시면 돼요. | （私のやる通りにすればいいです。） |
| 메일을 읽는 대로 답장을 주세요. | （メールを読んだらすぐに返事をください。） |
| 약속대로 해 주세요. | （約束通りにしてください。） |

**練習** 보기(例)のように「〜通りに」となる文を作り、書いて読んでみよう。

> **보기** 들렸다, 적었다 → 들린 대로 적었습니다.

1) 설명서에 있다, 했다 → _____
2) 말씀하셨다, 썼다 → _____
3) 레시피, 만들었다 → _____

**練習** 보기(例)のように「〜したらすぐに」となる文を作り、書いて読んでみよう。

> **보기** 한국에 도착하다. 전화 드리다.
> → 한국에 도착하는 대로 전화 드리겠습니다.

1) 입금이 확인되다. 발송하다. → _____
2) 식사를 마치다. 출발하다. → _____
3) 일이 끝나다. 집에 가다 . → _____

## 2 - 더라도 〜(する)としても

語幹型

強い譲歩を表し「(たとえ) 〜としても」の意味になります。

| | |
|---|---|
| 힘들더라도 끝까지 할 거예요. | （大変でも最後までやるつもりです。） |
| 비가 오더라도 꼭 와. | （雨が降っても必ず来て。） |

**練習** 보기(例)のように文を作り、書いて読んでみよう。

> **보기** 피곤하다. 샤워하고 주무세요. → 피곤하더라도 샤워하고 주무세요.

1) 하기 싫다. 공부해야 해요. → _____
2) 관심이 없다. 한번 해 보세요. → _____
3) 일본에 가다. 잊지 마세요. → _____
4) 약이 쓰다. 꼭 다 드세요. → _____

## 3 使役形

使役形は、日本語の「～ (さ) せる」にあたります。韓国語では次のように表現します。

**1) 動作名詞＋하다 → 動作名詞＋시키다**

결혼시키다, 공부시키다, 연습시키다, 입학시키다, 완성시키다など。

✎ **練 習** 보기(例)のように文を作り、書いて読んでみよう。

| 보기 | 선생님, 작문 연습 → 선생님이 작문 연습을 시켰습니다. |

1) 과장님, 야근 → _____

2) 엄마, 설거지 → _____

3) 할머니, 심부름 → _____

4) 아빠, 목욕 → _____

**2) 動詞の語幹＋게 하다 (語幹型)**

가게 하다, 걷게 하다, 먹게 하다, 살게 하다, 놀게 하다, 일하게 하다, 읽게 하다など。

✎ **練 習** 보기(例)のように文を作り、書いて読んでみよう。

| 보기 | 아버지, 심부름을 가다. → 아버지가 심부름을 가게 했어요. |

1) 선생님, 시디를 듣다. → _____

2) 엄마, 공원에서 놀다. → _____

3) 의사, 매일 30분씩 걷다. → _____

**3) 動詞・形容詞の語幹＋接尾辞 -이-, -히-, -리-, -기-, -우-**

-이- : 먹이다 (食べさせる), 보이다 (見せる), 붙이다 (くっつける), 속이다 (だます) など。

-히- : 입히다 (着させる), 넓히다 (広げる), 앉히다 (座らせる), 읽히다 (読ませる) など。

-리- : 알리다 (知らせる), 놀리다 (からかう), 울리다 (泣かせる) など。

-기- : 웃기다 (笑わせる), 남기다 (残す), 맡기다 (預ける) など。

-우- : 태우다 (乗せる, 燃やす), 깨우다 (起こす), 지우다 (消す) など。

아버지가 어머니를 웃겼어요.　　　　(父が母を笑わせました。)

엄마가 아기에게 우유를 먹였어요.　　(母が赤ちゃんに牛乳を飲ませました。)

형이 동생을 울렸어요.　　　　　　　(兄が弟を泣かせました。)

## 4　- 기만 하면　～ (し) さえすれば

語幹型

動詞の語幹に「- 기」をつなげると、「～すること」という名詞形になります。それに限定をあらわす「**만**」と、「～すれば」を表す「**하면**」が接続して、「～ (し) さえすれば」という意味になります。「～してばかりいたら」という意味になる場合もあります。

그들은 만나기만 하면 싸웁니다.　（彼らは会いさえすれば喧嘩します。）

연락하기만 하면 바로 올 거예요.　（連絡しさえすればすぐに来ると思います。）

그렇게 울기만 하면 어떡해?　（そんなに泣いてばかりいてどうする?）

 練 習　보기(例)のように文を作り、書いて読んでみよう。

보기　　　그때를 생각하다, 웃음이 나오다.　→　그때를 생각하기만 하면 웃음이 나와요.

1) 한 골 넣다. 이길 수 있다.　　　　→

2) 설명을 한 번 듣다. 다 알 수 있다.　→

3) 맨날 먹고 자다. 안 되다.　　　　→

4) 그렇게 놀다. 나중에 고생하다.　　→

 CD2-41

## 심리 테스트

1. 당신은 내일 갑자기 무인도에 가게 됐습니다 . 세개만 가져갈 수 있다면 무엇을 가져가게습니까 ?

2. 무인도에 도착하니 사과 나무가 한 그루 있습니다 . 사과가 몇 개 열려 있습니까 ?

3. 좀 더 걸어가니 빈 집이 있었는데 , 안에 들어가 보니 식탁과 의자가 있습니다 . 의자가 몇 개 있습니까 ?

4. 집 밖으로 나오니 작은 길이 있습니다 . 몇 개 있습니까 ?

5. 이제 밤이 되었습니다 . 잠들기 전에 한 명 누가 생각납니까 ?

※결과는 175 페이지를 보세요 .

## やってみよう

**A** 次の文を韓国語で書いて読んでみよう。

1) 自信があっても常に最善を尽くします。

2) 韓国に行ったら授業で習ったとおり話してみてください。

3) 外国語は恥ずかしくても話してみるのが大切です ( 중요하다 )。

4) 新入社員には簡単な仕事からさせましょう。

5) 秘密を守ってくれさえすればいいです。

6) この教科書を最後までやりさえすれば韓国語は問題ないでしょう。

**B** 次の文を読んで、日本語にしてみよう。

　요즘 한국어 리포트 때문에 걱정이 많았어요. 이럴 때는 상오 씨를 만나면 기운이 나요. 고민을 이야기하기만 하면 늘 긍정적인 방향으로 조언을 해 주거든요. 힘들더라도 상오씨가 시키는 대로 할 수 있는 데까지 해 봐야겠어요.

**C** 皆さんはどのような性格ですか？韓国語で書いてみよう。

1) 내 성격 :

2) 自分の性格でこの部分をこうしたいというところを韓国語で書いてみよう。
　　내 성격의 이런 점 　 :
　　이렇게 바꾸고 싶다 :

3) 自分の性格をまず紹介し、よいところと、変えたいところを韓国語で話してみよう。

# 제23과 밥과 함께 먹으면 더욱 맛있다.

<文章を読む、文章を書く>

CD2-43

## 고등어 조림

〈재료〉
고등어(중) 한 마리, 무(대) 반 토막, 대파 한 뿌리, 양파 반 개, 다시마 육수 1/2*컵

〈양념장〉
간장 세 큰술, 고추장 두 큰술, 고춧가루 한 큰술, 다진 마늘 한 작은술,
다진 생강 한 큰술, 설탕 한 큰술, 청주 두 큰술, 후춧가루 약간, 들기름 한 큰술.

1. 고등어를 5센티 정도 길이로 잘라서 간이 배도록 칼집을 넣어준다.
2. 양파와 무를 썰어 놓는다. 무의 두께는 1센티.
3. 양념장을 잘 섞어서 만든 다음 손질한 고등어에 골고루 뿌린다.
4. 냄비에 무와 양파를 깔고, 그 위에 고등어를 올린다.
   대파는 비스듬히 썰어서 고등어 위에 얹는다.
5. 다시마 육수를 넣는다.
6. 뚜껑을 덮고 중불로 20에서30분쯤 푹 끓인다.

★밥과 함께 먹으면 더욱 맛있다.

*1/2: 이분의 일

## 1 한다体

|  |  | 母音語幹 | 子音語幹 | ㄹ語幹 |
|---|---|---|---|---|
| 丁寧な表現 | 합니다体 | 갑니다 | 먹습니다 | 만듭니다 |
|  | 해요体 | 가요 | 먹어요 | 만들어요 |
| ぞんざいな表現 | 해体 | 가 | 먹어 | 만들어 |
|  | 한다体 | 간다 | 먹는다 | 만든다 |

　「한다体」は主に小説や新聞など、文章の形で用いるものですが、一部会話でも用います。聞き手への敬意はありません。日本語の「行く」「食べる」「する」「だ」といった形に該当します。ここでは書きことばを中心に説明します。

○平叙形

【動詞】語幹の形に応じた作り方があります。

| 母音語幹 | 子音語幹 | ㄹ語幹 |
|---|---|---|
| 가다　→　간다 | 먹다　→　먹는다 | 만들다　→　만든다 |
| （語幹に ㄴ다をつける） | （語幹に 는다をつける） | （ㄹを脱落させて ㄴ다 をつける） |

【存在詞・形容詞・指定詞】原形と同じ形です。

|  | 存在詞 | 形容詞 | 指定詞 |
|---|---|---|---|
| 原形 | 있다 / 없다 | 크다 / 작다 | 이다 / 아니다 |
| 한다体 | 있다 / 없다 | 크다 / 작다 | 이다 / 아니다 |

　なお、過去や未来を表す場合には、「ㅆ」や「겠」などの後ろに다をつけます。

　　지난 주에 한국 식당에 갔다. 　　　　　　（先週韓国料理店に行った。）

　　내년에도 한국어 공부를 계속하겠다. 　　（来年も韓国語の勉強を続けるつもりだ。）

　また、否定文では品詞の種類に従って作ります。

| 動　詞 | 음악을 듣지 않는다 ./ 음악을 안 듣는다 . |
|---|---|
| 形容詞 | 교실이 크지 않다 ./ 교실이 안 크다 . |

練 習　보기(例)のように한다体に書き換え、読んでみよう。

<table>
<tr><td>보기</td><td>내일 한국에 갑니다.　→　내일 한국에 간다.</td></tr>
</table>

1) 전화를 받습니다.　　　　　→ 
2) 집이 멉니다.　　　　　　→ 
3) 보고 싶은 영화가 아닙니다.　→ 
4) 시간이 많이 걸리겠습니다.　→ 

○疑問形 品詞にかかわらず、語幹に – 냐をつけます。語幹型 [ ㄹ脱落 ] です。

| 가다 | 먹다 | 만들다 | 있다 | 크다 | 작다 | -이다 |
|------|------|--------|------|------|------|-------|
| 가냐? | 먹냐? | 만드냐? | 있냐? | 크냐? | 작냐? | 동생이냐? |

なお、過去や未来を表す場合には、「ㅆ」や「겠」などの後ろに다をつけます。

만났다 / 만났냐?　　사고였다 / 사고였냐?　　보겠다 / 보겠냐?

○勧誘形 動詞・存在詞の語幹に – 자をつけます。語幹型です。

우리는 인류의 미래를 생각하자.　　　　（我々は人類の未来について考えよう。）

이것만은 알고 있자.　　　　　　　　（これだけは知っておこう。）

○命令形 動詞・存在詞の아 / 어型에 라をつけます。

빨리 일어나라.　　　　　　　　　　（早く起きろ。）

처분을 철회해라.　　　　　　　　　　（処分を撤回しろ。）

너는 거기에 있어라.　　　　　　　　（お前はそこにいろ。）

걱정하지 마라.　　　　　　　　　　（心配するな。）

○禁止勧誘形 動詞・存在詞の語幹に - 지 말자をつけると「～しないようにしよう」という意味になります。語幹型です。

우리 더 이상 싸우지 말자.　　　　　（私たちはこれ以上けんかをしないようにしよう。）

시간을 낭비하지 말자.　　　　　　　（時間を浪費しないようにしよう。）

＊한다体の活用

| | | 平叙形 | 疑問形 | 勧誘形 | 命令形 | 禁止勧誘形 |
|---|---|---|---|---|---|---|
| 動詞 | 母音・ㄹ語幹 | – ㄴ다 | | | | |
| | 子音語幹 | – 는다 | | – 자 | – 아 / 어라 | – 지 말자 |
| 存在詞 | | 原形（辞書形）と同様 | – 냐 | | | |
| 形容詞 | | | | | | |
| 指定詞 | | | | | | |

|  | 意味 | 平叙形 | 疑問形 | 勧誘形 | 命令形 |
|---|---|---|---|---|---|
| 타다 |  |  |  |  |  |
| 받다 |  |  |  |  |  |
| 놀다 |  |  |  |  |  |
| 있다 | いる |  |  |  |  |
| 듣다 |  |  |  |  |  |
| 돕다 |  |  |  |  |  |
| 모르다 |  |  |  |  |  |
| 바쁘다 |  |  |  |  |  |
| 아름답다 |  |  |  |  |  |

練 習　自分が好きな料理のレシピを書いてみよう。

요리 이름 :

[ 재료 ]

[ 만드는 법 ]

## 사람을 구합니다

(주) 서울패션 내년도 상반기 신입 사원 공개 채용
(주) 서울패션에서 함께 일할 의욕적이고 유능한 인재를 모집합니다.
관심 있는 분들의 많은 지원 바랍니다.

| 모집 분야 | - 상품 기획 및 디자인 0 명<br>- 영업 및 판매 00 명 | 지원 자격 | - 대졸이상<br>　일본어 능력 상급이상 |
|---|---|---|---|

| 제출 서류 | - 이력서 ( 홈페이지에서 양식을 다운로드할 것 )<br>- 자기소개서 |
|---|---|

| 근무 환경 | - 주 5일 근무 (09~18 시 )　　- 4대 보험 가입 , 퇴직금<br>- 각종 수당 |
|---|---|

■ 접수 방법
이메일로 접수

■ 접수 기간
**5 월 31** 일까지

■ 전형 방법
서류 전형, 필기 시험 및 면접

■ 기타
채용 담당자
부서 및 담당자 : 인사팀 강동호

**受身形**

　受身形は、日本語の「〜（ら）れる」にあたります。韓国語では次のように表現します。

**1) 動作名詞+하다 → 動作名詞+되다**

　금지되다, 생산되다, 걱정되다, 번역되다, 완성되다, 소개되다, 초대되다 など。

**2) 動作名詞+하다 → 動作名詞+받다/당하다**

　①사랑받다, 칭찬받다, 존경받다, 소개받다, 초대받다 など。

　②거절당하다, 퇴학당하다, 추방당하다, 배신당하다 など。

　韓国語の받다は「（〜を）受ける」の意味で、당하다は「（残念ながら害を）被ってしまう）」のニュアンスがあります。また、名詞によっては、되다や받다 / 당하다の両方使われるものもあります。

　　유명한 음악 시상식에 초대되었습니다.　（有名な音楽の授賞式に招待されました。）

　　선생님 손자 돌잔치에 초대받았습니다.　（先生の孫のトルチャンチに招待を受けました。）

　　그 선수의 입국 신청이 거절됐습니다.　（その選手の入国申請が断られました。）

　　그녀에게 청혼했는데 거절당했습니다.　（彼女にプロポーズしたが断られてしまいました。）

＊「되다, 받다」の両方が使われるものは肯定的な意味があります。また「되다, 당하다」の両方が使われるものは否定的な意味が強く、多くの場合、被害を受ける主語の意思と関わらずに被害が生じることを表します。

**3) 動詞の語幹+아/어지다 (아/어型)**

　만들어지다, 알려지다, 밝혀지다, 이루어지다, 세워지다, 찢어지다 など。

**4) 動詞の語幹+接尾辞 -이-, -히-, -리-, -기-**

　-이- ： 놓이다 (置かれる), 쌓이다 (積もる), 섞이다 (混ざる), 쓰이다 (使われる) など。

　-히- ： 닫히다 (閉まる), 먹히다 (食べられる), 밟히다 (踏まれる), 잡히다 (捕まる) など。

　-리- ： 물리다 (咬まれる), 풀리다 (解ける), 밀리다 (押される), 팔리다 (売られる) など。

　-기- ： 끊기다 (切れる), 빼앗기다 (奪われる), 안기다 (抱かれる), 쫓기다 (追われる) など。

　도둑이 경찰에게 잡혔어요.

　모기한테 물린 곳이 가려워요.

# 제24과 이제 저는 자신이 생겼습니다.

<スピーチをする>

CD2-44

## 스피치 원고

여러분 안녕하십니까? 스즈키 에리카입니다.

오늘은 그 동안의 한국 생활에 대해서 말씀 드리고자 합니다.

저는 1년 전에 한국으로 유학을 왔습니다.


1년 전, 인천 공항에 착륙하는 비행기 안에서 저는 많이 걱정했습니다.

한국 문화에 잘 적응할 수 있을까? 한국어도 아직 잘 못하는 데다 아는 사람도 없는데

과연 잘 지낼 수 있을까 하고요.


그런데 학교에 와 보니 그런 걱정은 금방 사라졌습니다.

주변 사람들이 친절하게 대해 주었고 기숙사 생활도 즐거웠기 때문입니다.

그리고 선생님들께서도 제게 많은 관심을 가져 주셨습니다.


지금 저는 여러분 앞에서 이렇게 한국어로 이야기하고 있습니다만,

1년 전에는 상상도 못하는 일이었습니다.

저는 지우개, 칠판이라는 단어조차도 몰랐거든요.


하지만 이제 저는 한국어를 잘 할 수 있다는 자신이 생겼습니다.

일본에 돌아가도 한국어 공부를 계속할 생각입니다.


여러분과 앞으로도 좋은 관계를 유지할 수 있기를 바라면서 발표를 마치도록 하겠습니다.


감사합니다.

# 1 引用文

文を引用して「〜と〜」いう場合には한다体に「-고」を接続します。ただし、命令形は「-(으)라고」、体言は「-(이)라고」となります。「〜してくれと、〜してほしいと」というときには「-아/어 달라고」を用います。

【動詞】

| | 母音語幹 | 子音語幹 | ㄹ語幹 |
|---|---|---|---|
| | 가다 | 먹다 | 만들다 |
| 叙述文引用 | 간다고 | 먹는다고 | 만든다고 |
| 疑問文引用 | 가냐고 | 먹냐고 | 만드냐고 |
| 勧誘文引用 | 가자고 | 먹자고 | 만들자고 |
| 命令文引用 | 가라고 | 먹으라고 | 만들라고 |
| 〜してくれと | 가 달라고 | 먹어 달라고 | 만들어 달라고 |

오늘 오신다고 합니다. （今日お出でになるそうです。）

언제 가냐고 묻습니다. （いつ行くのかと尋ねます。）

빨리 가자고 했어요. （早く行こうと言いました。）

여기 있으라고 했어요. （ここにいろと言いました。）

빨리 해 달라고 했어요. （早くしてくれと言いました。）

어머니는 냉면이라고 하셨어요. （母は冷麺とおっしゃいました。）

【形容詞】

| | 母音語幹 | 子音語幹 | ㄹ語幹 |
|---|---|---|---|
| | 크다 | 작다 | 멀다 |
| 叙述文引用 | 크다고 | 작다고 | 멀다고 |
| 疑問文引用 | 크냐고 | 작냐고 | 머냐고 |

더 이상 공부하기 싫다고 했어요. （これ以上勉強するのが嫌だと言いました。）

그 다리가 얼마나 기냐고 물었어요. （その橋がどれほど長いのかと尋ねました。）

선생님께서는 다음 주에 바쁘시다고 하셨어요. （先生は来週お忙しいとおっしゃいました。）

## 2 引用文縮約形

会話において引用文は次のような縮約形をとる場合が多くあります。「～だそうです」「～だそうだ」という程度の意味になります。

| [ 합니다体 ] | [ 해요体 ] |
|---|---|
| - 다고 합니다 → - 답니다 | - 다고 해요 → - 대요 |
| - 냐고 합니다 → - 냡니다 | - 냐고 해요 → - 내요 |
| - 자고 합니다 → - 잡니다 | - 자고 해요 → - 재요 |
| - 라고 합니다 → - 랍니다 | - 라고 해요 → - 래요 |

| [ 해体 ] | [ 한다体 ] |
|---|---|
| - 다고 해 → - 대 | - 다고 한다 → - 단다 |
| - 냐고 해 → - 내 | - 냐고 한다 → - 난다 |
| - 자고 해 → - 재 | - 자고 한다 → - 잔다 |
| - 라고 해 → - 래 | - 라고 한다 → - 란다 |

오후에 간답니다.　　　　　　오늘은 안 오신대요.

빨리 먹재.　　　　　　　　　일찍 오란다.

＊禁止文と禁止勧誘文の引用の形は次のようになります。

| [ 합니다体 ] | [ 해요体 ] | [ 해体 ] | [ 한다体 ] |
|---|---|---|---|
| - 지 말랍니다 | - 지 말래요 | - 지 말래 | - 지 말란다 |

상호 씨가 일본에 돌아가지 말래요.

## 3 引用文連体形

引用文が連体形「～という…（- 고 하는...）」になった場合、次のように縮約形があります。

【動詞・存在詞】

| 平叙形 | - 다고 하는 → - 다는 | 疑問形 | - 냐고 하는 → - 냐는 |
|---|---|---|---|
| 勧誘形 | - 자고 하는 → - 자는 | 命令形 | - 라고 하는 → - 라는 |

여기 있다는 얘기였어요.　　어디 가냐는 질문이었어요.　　같이 보자는 제안이었어요.

일찍 오라는 지시였어요.　　빨리 해달라는 부탁이었어요.　　맛있다는 소문을 들었어요.

【形容詞】

| 平叙形 | - 다고 하는 → - 다는 | 疑問形 | - 냐고 하는 → - 냐는 |
|---|---|---|---|

그렇게 맵다는 낙지볶음은 어디서 팔아요?

서울의 집값이 얼마나 비싸냐는 질문을 받았어요.

**練 習**　보기(例)のように、引用文に変えてみよう。

**보기**　　　　여기는 냉면이 맛있어요.　→　여기는 냉면이 맛있대요.

1) 오늘 바빠요.　　　　　　　→ _____

2) 시험이 언제예요?　　　　　→ _____

3) 같이 영화 보러 가자.　　　→ _____

4) 내일 일찍 일어나라.　　　　→ _____

5) 사진 찍지 마.　　　　　　　→ _____

**練 習**　エリカさんは、留学先の韓国語クラスでのスピーチで何を話したでしょうか。友だちに「伝聞表現」としてその内容を伝えてみよう。

**보기**　　　에리카 씨는 한국에 유학을 다녀와서 이제 한국어는 자신이 있대요.

**24**
이제 저는 자신이 생겼습니다

---

**심리 테스트(p164) 결과**

1. 당신이 가장 소중하게 생각하는 것입니다.
2. 사과 갯수가 많을수록 욕심이 많은 사람입니다.
3. 진정한 친구의 수입니다.
4. 당신의 큰 고민의 숫자입니다.
5. 당신이 가장 소중하게 생각하는 사람입니다.

練 習　次の文章はエリカさんが留学中に留学先の大学の国楽（韓国の伝統音楽）の先生に送った
Ｅメールです。読んでみよう。

---

받는사람　　**조용규 선생님**　　　　　　　　　　　　　　　　　　　　　참조

제목　　　　**청강 문의 드립니다 ( 스즈키 에리카 )**

---

조용규 선생님께

안녕하십니까?
저는 일본 조난대학에서 교환 유학 온 스즈키 에리카라고 합니다.
한국어학과에서 공부하고 있습니다.
저는 한국에 와서 국악에 관심을 가지게 되었습니다.
특히 가야금 산조의 아름다운 소리에 반해 버렸습니다.
선생님께서 음악학과에서 국악에 관한 수업을 하신다고 친구에게 들었습니다.
선생님께서 허락만 해 주신다면 그 수업을 청강하고 싶은데 한번 찾아뵙고 인사드려도 될
까요?
바쁘시겠지만 답장을 주시면 감사하겠습니다.

날씨가 많이 쌀쌀해졌네요. 감기 조심하세요.

스즈키 에리카 올림

---

스즈키 에리카
휴대전화) 010-0123-4567
메일주소) suzukierika@jonan-u.ac.jp

**176** 백칠십육

練習 次の日記を読んでみよう。

2 월 27 일 ( 금 )   날씨 : 맑음

# 한국 유학과 나의 꿈

몇 시간 후면 지난 1년 동안의 한국 유학을 마무리하고 나는 일본으로 귀국하게 된다.
벌써 짐은 다 쌌고 두 시간 뒤에 방 열쇠를 사무실에 반납하고 공항으로 출발한다.

일본에 귀국하면 바로 조난대학에 보고서 및 여러 가지 서류들을 제출하러 가야 한다.
그리고 친구를 만나서 그 동안의 이야기를 나눌 생각이다.
그 동안 읽지 못했던 책들도 읽고 싶다.
물론 곧 4학년이 되니 머릿속에 취직 생각도 있다.
앞으로 해야 할 일들이 산더미 같은데 지금 나는 부담스럽기보다 기대에 차 있다.
한국에 있는 동안 나는 일본과 한국 사이에서 활약하고 싶다는 새로운 꿈이 생겼다.
그리고 도전 정신을 얻었기에 내 꿈을 이루기 위해 취업 준비에 최선을 다할 것이다.

오래 전부터 양국간에는 인간, 물건, 문화, 정보 등이 쉴 새 없이 왕래해 왔다.
지금도 교류가 이루어지고 있고, 앞으로도 계속될 것이다.

지금부터 노력한다면 꿈을 반드시 이룰 수 있을 것이다.
한국 유학은 나에게 꿈을 가져다 주었다.

練習 여러분의 「꿈」을 일기 형식으로 써 봅시다.

이제 저는 자신이 생겼습니다

CD2-47

付録 ① 韓国の地図を見ながら、天気予報を聞いてみよう。(159ページ)

안녕하세요? 날씨를 전해 드리겠습니다. 중부 지방은 오전에 눈이 조금 온 후에 오후부터 맑겠습니다. 남부 지방은 오전에는 대체적으로 흐리겠습니다. 경상도 지방은 오후부터 강한 바람과 함께 비가 오겠습니다. 외출하실 때 우산을 준비하시는 것이 좋겠습니다. 전라도와 제주도 쪽은 오전에는 구름이 많이 끼겠지만 오후부터는 맑겠습니다. 오늘 서울 최고기온이 8도까지 올라가겠습니다. 날씨였습니다.

CD2-48

付録 ② ソウル市の地下鉄路線図を見ながら、よく聞いてみよう。(159ページ)

A: 저, 세종문화회관에 가려고 하는데,
여기서는 어떻게 갑니까?

B: 저기 동대입구 역에서 3호선을 타고 가다가
종로3가에서 5호선으로 갈아타시면 돼요.
그리고 광화문 역에서 내리세요.

A: 네, 감사합니다.

(안내 방송: 이번 역은 광화문, 세종문화회관
역입니다. 내리실 문은 왼쪽입니다.)

A: 저 죄송한데요, 세종문화회관은
어느 쪽으로 갑니까?

C: 7번 출구로 나가세요.
경복궁 쪽으로 조금만 걸어가면 왼쪽에 있어요.

A: 네, 감사합니다.

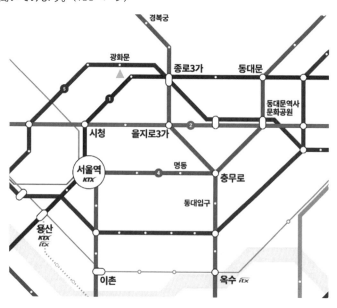

## 聞き取り資料

CD2-49
CD2-50

**付録 ③**

**1）車内放送のアナウンス（「種路3가」駅：3号線）**

이번 역은 종로3가, 종로3가 역입니다. 내리실 문은 왼쪽입니다. 인천, 천안, 신창이나 의정부, 소요산 방면으로 가실 고객께서는 1호선으로, 김포공항이나 강동방면으로 가실 고객께서는 5호선으로 갈아타시기 바랍니다. 이 역은 타는 곳과 전동차 사이가 넓습니다. 내리실 때 조심하시기 바랍니다.

**2）ホームのアナウンス（「당고개」駅：4号線）**

지금 당고개, 당고개행 열차가 들어오고 있습니다. 승객 여러분께서는 안전하게 승차하시기 바랍니다. 이 역은 승강장과 열차 사이 간격이 넓으므로 열차를 타고 내리실 때 조심하시기 바랍니다.

**C** タクシーでの会話を聞いてみよう。（159ページ）　　（CD2-37　CD2-38　CD2-39）

**1）** 운전기사 : 어서 오십시오. 어디로 모셔다 드릴까요?
　　　손　　님 : 창덕궁으로 가 주세요.
　　　운전기사 : 네, 알겠습니다.
　　　손　　님 : 저, 기사님, 창덕궁 근처에 가 볼 만한 곳이 있으면 소개 좀 해 주세요.
　　　운전기사 : 인사동은 어때요? 한국 문화를 체험할 수 있는 곳이 많이 있어요. 한번 가 보세요.
　　　손　　님 : 그래요. 꼭 가 보겠습니다. 감사합니다.

**2）** 운전기사 : 어서 오세요. 어디까지 가세요?
　　　손　　님 : 남산타워요.
　　　운전기사 : 네, 알겠습니다.
　　　손　　님 : 저, 기사님, 어디 삼계탕 잘하는 집 아세요?
　　　운전기사 : 삼계탕이라면 경복궁 근처에 있는 원조삼계탕집이 유명해요.
　　　　　　　　　요즘처럼 더울 때는 삼계탕이 최고죠! 가서 한번 드셔보세요.
　　　손　　님 : 네, 다음에 꼭 가 볼게요.

**3）** 운전기사 : 어서 오세요. 어디로 갈까요?
　　　손　　님 : 신라호텔이요.
　　　운전기사 : 네, 알겠습니다.
　　　손　　님 : 저, 아저씨.
　　　운전기사 : 네?
　　　손　　님 : 저희가 한국 대학을 구경하고 싶은데, 어디가 좋을까요?
　　　운전기사 : 글쎄요, 신촌 어때요? 그쪽에 연세대와 홍대, 그리고 이화여대가 있거든요. 대학가가 진짜 큽니다.
　　　손　　님 : 그래요? 좋은 정보를 얻었네요. 감사합니다.

付
録

## 発音の変化のまとめ

### 1．連音化

パッチムの後に母音が続く場合、パッチムと母音が結びついて発音されます。表記はもとのままで書きます。

1）終声「ㄱ，ㄷ，ㅂ，ㅈ」が連音化すると母音にはさまれますので音が濁ります。

**한국어**（韓国語）［한구거］　　　　　**받아요**（受けます）［바다요］

2）パッチム「ㅇ」の後ろに母音が続く音は鼻濁音になります。

**종이**（紙）［t͡ɕoŋi］　　　　　**영어**（英語）［jʌŋʌ］

3）パッチムが二つある場合は、連音化すると、左側の子音字が終声になり、右の子音字が次の母音に結合します。

**넓어요**（広いです）［널버요］　　　　　**삶아요**（ゆでます）［살마요］

＊終声で終わる単語に母音で始まる言葉が続いて一気に発音されるとき、前がいったん終声として発音された後に音が連音化して発音されるものがあります。

**못 오다**（来られない）［모도다］　　　**못 알아듣다**（聞き取れない）［모다라듣따］

### 2．濃音化

終声が［˺k, ˺t, ˺p］音の場合、次の「ㄱ，ㄷ，ㅂ，ㅅ，ㅈ」は濃音化します。また［˺k, ˺t, ˺p］音に続いて「ㅅ」が来る場合、終声の発音を明瞭にします。

**학교**（学校）［학꾜］　　　　　**복숭아**（桃）［복쑹아］

**잡지**（雑誌）［잡찌］　　　　　**꽃다발**（花束）［꼳따발］

＊漢字音において、終声「ㄹ」のあとに「ㄷ，ㅅ，ㅈ」が続くと、濃音化します。

**결단**（決断）［결딴］　　　　**출산**（出産）［출싼］　　　　　　**발전**（発展）［발쩐］

＊主として語中で濃音として発音される漢字があります。

**한자**（漢字）［한짜］　　　　　**외과**（外科）［외꽈］

**사건**（事件）［사껀］　　　　　**문법**（文法）［문뻡］

＊二つの単語が合成した単語において後ろの音が「ㄱ，ㄷ，ㅂ，ㅅ，ㅈ」で始まる場合に濃音化するものがあります。

**비빔밥**（ビビンバ）［비빔빱］　　　　　**비빔**（まぜ）＋ **밥**（ご飯）

**길가**（道端）［길까］　　　　　**길**（道）　　＋ **가**（へり・端）

この場合、前の単語にパッチムが無いときはㅅパッチムを補います。これを사이시옷といいます。

**바닷가**（海辺）［바닫까］　　　　　**바다**（海）　　＋ **가**（へり・端）

### 3．ㅎの弱化・無音化

「ㅎ」音はパッチム「ㄴ，ㄹ，ㅁ，ㅇ」に続くと通常の会話では弱く発音されたり、無音になったりします。

**전화**（電話）［저놔］　　　　　**영화**（映画）［영와］

**좋아요**（いいです）［조아요］　　　　　**괜찮아요**（大丈夫です）［괜차나요］

## 4．激音化

1) パッチム「ㅎ」の後に「ㄱ, ㄷ, ㅈ」が続くと、それぞれ激音「ㅋ, ㅌ, ㅊ」となります。

**좋고** (よくて) [ 조코 ]　　　**좋다** (よい) [ 조타 ]　　　**좋지** (いいとも) [ 조치 ]

2) 終声音 [ _k, _t, _p ] の場合、後に「ㅎ」が続くと、それぞれ激音「ㅋ, ㅌ, ㅍ」となります。

**직행** (直行) [ 지캥 ]　　　**맏형** (長兄) [ 마텽 ]　　　**넓히다** (広げる) [ 널피다 ]

## 5．鼻音化

終声の [ _k, _t, _p ] 音の後に鼻音「ㄴ, ㅁ」が続くと、[ _k, _t, _p ] が「ㅇ, ㄴ, ㅁ」音で発音されます。

**국내** (国内) [ 궁내 ]　　　**학문** (学問) [ 항문 ]

**옛날** (昔) [ 옌날 ]　　　**십만** (十万) [ 심만 ]

＊終声の「ㅁ, ㅇ」音の後で、流音「ㄹ」が「ㄴ」音で発音されます。

**심리** (心理) [ 심니 ]　　　**장래** (将来) [ 장내 ]

＊終声の [ _k, _t, _p ] 音の後に流音「ㄹ」が続くと、[ _k, _t, _p ] が「ㅇ, ㄴ, ㅁ」音で発音されると同時に「ㄹ」が「ㄴ」音で発音されます。

**독립** (独立) [ 동닙 ]　　　**몇 리** (何里) [ 면니 ]　　　**압력** (圧力) [ 암녁 ]

## 6．口蓋音化

1) パッチム「ㄷ / ㅌ」のあとに「이」が続くと、「디 / 티」ではなく「지 / 치」と発音されます。

**굳이** (敢えて) [ 구지 ]　　　**같이** (一緒に) [ 가치 ]

2) パッチム「ㄷ / ㅈ」のあとに「히」が続くと「치」と発音されます。

**닫히다** (閉まる) [ 다치다 ]　　　**잊히다** (忘れられる) [ 이치다 ]

## 7．流音化

1)「ㄹ」と「ㄴ」が終声と初声で隣り合ったときには、両方が「ㄹ」「ㄹ」となります。

**설날** (元旦) [ 설랄 ]　　　**연락** (連絡) [ 열락 ]

**일년** (一年) [ 일련 ]　　　**신라** (新羅) [ 실라 ]

2) ただし、漢字語において、一部、次のような単語などは「ㄹ」「ㄹ」ではなく「ㄴ」「ㄴ」となります。

**생산량** (生産量) [ 생산냥 ]　　　**수신료** (受信料) [ 수신뇨 ]

## 8．ㄴ [n] の挿入

合成語などでは子音で終わる単語にさらに「i」(이) や、「j」の音 (야, 여, 요, 유) で始まる単語が続いた場合、通常、間に ㄴ [n] の音が挿入されます。

**무슨 요일** (何曜日) [ 무슨 뇨일 ]　　**꽃잎** (花びら) [ 꼰닙 ]

**담요** (毛布) [ 담뇨 ]　　　**한국 영화** (韓国映画) [ 한궁 녕화 ]

# 変則用言のまとめ

語幹に語尾が接続するときに、語幹末が不規則な形になる用言があります。これを「変則用言」と呼びます。

**1.** 語幹末がパッチム「ㅂ, ㄷ, ㅅ, ㅎ」で終わっている場合に（으）型と아/어型の接続にあたって不規則な形になることがあります。

**ㅂ変則用言**…−(으)型と아/어型の前で語幹末の「ㅂ」が「우」に変わります。

| | 語幹型 [−고] | (으)型 [−(으)면] | 아/어型 [−아/어요] |
|---|---|---|---|
| 입다（正則用言） | 입고 | 입으면 | 입어요 |
| 춥다 | 춥고 | 추우면 | 추워요 |
| 돕다 | 돕고 | 도우면 | 도와요 |

「돕다（助ける）」「곱다（きめ細かく美しい）」の 2 語は例外的に아/어型の接続にあたり「와」となります。

[ 正則用言 ] 입다　着る　　　**잡다**　捕まえる　　**씹다**　噛む　など。
[ 変則用言 ] 덥다　暑い　　　**어렵다**　難しい　　**가깝다**　近い　など。[形容詞の多くは変則]

**ㄷ変則用言**…−(으)型と아/어型の前で語幹末の「ㄷ」が「ㄹ」に変わります。

| | 語幹型 [−고] | (으)型 [−(으)면] | 아/어型 [−아/어요] |
|---|---|---|---|
| 받다（正則用言） | 받고 | 받으면 | 받아요 |
| 걷다 | 걷고 | 걸으면 | 걸어요 |
| 듣다 | 듣고 | 들으면 | 들어요 |

「걷다」の (으)型は「걸으면」となりますが「걸면」とはなりません。

[ 正則用言 ] 받다　受ける　　　　얻다　得る　　　　묻다　埋める　など。
[ 変則用言 ] 걷다　歩く　　　　　듣다　聞く　　　　묻다　尋ねる　など。

**ㅅ変則用言**…−(으)型と아/어型の前で語幹末の「ㅅ」が脱落します。

| | 語幹型 [−고] | (으)型 [−(으)면] | 아/어型 [−아/어요] |
|---|---|---|---|
| 웃다（正則用言） | 웃고 | 웃으면 | 웃어요 |
| 짓다 | 짓고 | 지으면 | 지어요 |
| 낫다 | 낫고 | 나으면 | 나아요 |

「ㅅ」が脱落しても「으」はそのまま付け、아/어も縮約されません。

[ 正則用言 ] 웃다　笑う　　　　씻다　洗う　　　　벗다　脱ぐ　など。
[ 変則用言 ] 짓다　作る・炊く　　낫다　治る・ましだ　젓다　漕ぐ　など。

ㅎ変則用言… −(으)型と아/어型の前で語幹末の「ㅎ」が脱落します。またあ/어型で母音が「ㅐ」に変わります。

| | 語幹型 [−고] | (으)型 [−(으)면] | 아/어型 [−아/어요] |
|---|---|---|---|
| 좋다 (正則用言) | 좋고 | 좋으면 | 좋아요 |
| 그렇다 | 그렇고 | 그러면 | 그래요 |
| 빨갛다 | 빨갛고 | 빨가면 | 빨개요 |

ただし、「하얗다 (白い)」は아/어型 [−아/어요] で「하얘요」となります。

[ 正則用言 ] 좋다　よい　　　　　놓다　置く　など。
[ 変則用言 ] 그렇다 そうだ　　　빨갛다 赤い　　　　　파랗다 青い　など。

**2.** 語幹が「ㅡ」で終わっている用言はすべて아/어型で不規則な形になります。

으変則用言… 아/어型で語幹末「ㅡ」が脱落し、その前の母音の陰陽で ㅏ/ㅓ を接続します。

| | 語幹型 [−고] | (으)型 [−(으)면] | 아/어型 [−아/어요] |
|---|---|---|---|
| 아프다 | 아프고 | 아프면 | 아파요 |
| 예쁘다 | 예쁘고 | 예쁘면 | 예뻐요 |

語幹末「ㅡ」が脱落すると、その前に母音がない場合は、「ㅓ」を接続します。
쓰다 (書く) → 써요 (書きます)　　　끄다 ([電気を]消す) → 꺼요 (消します)

르変則用言… 語幹が르で終わる大部分の用言が該当します。아/어型で語幹末「ㅡ」が脱落し、その前の母音の陰陽で ㄹ라/ㄹ러 を接続します。

| | 語幹型 [−고] | (으)型 [−(으)면] | 아/어型 [−아/어요] |
|---|---|---|---|
| 모르다 | 모르고 | 모르면 | 몰라요 |
| 부르다 | 부르고 | 부르면 | 불러요 |

러変則用言… 語幹が르で終わりつつも아/어型の「아/어」が「러」に変化するものが4語のみ（푸르다 [青い], 이르다 [至る] が代表的）あります。

| | 語幹型 [−고] | (으)型 [−(으)면] | 아/어型 [−아/어요] |
|---|---|---|---|
| 푸르다 | 푸르고 | 푸르면 | 푸르러요 |
| 이르다 | 이르고 | 이르면 | 이르러요 |

＜注意事項＞
・「따르다 (従う)」「치르다 (支払う)」は語幹末が「르」ですが「으変則用言」です。
・「이르다」は「至る」の意味では「러変則用言」、「早い、告げる」の意味では「르変則用言」です。

## 助詞のまとめ

基本

| ～は | - 는 / 은 | （尊敬形は - 께서는） |
|---|---|---|
| ～が | - 가 / 이 | （尊敬形は - 께서） |
| ～も | - 도 | （尊敬形は - 께서도） |
| ～を | - 를 / 을 | |
| ～の | - 의 | |

～に

| ～に | - 에 | |
|---|---|---|
| ～に | - 에게（人や動物に） | （口語体では - 한테、尊敬形は - 께） |
| ～に | -( 으 ) 로 | -( 으 ) 로 하다で<br>「～にする」という決定表現になります） |

～で

| ～で | - 에서 | （場所） |
|---|---|---|
| ～で | -( 으 ) 로 | （手段・方法） |

起点・終点

| ～から | - 에서 | （場所・起点）（「[ 人 ] から」の場合は<br>- 에게서 [ 口語体：- 한테서 ]） |
|---|---|---|
| ～から | - 부터 | （時間・順序） |
| ～まで | - 까지 | |

方向・比較・列挙など

| ～へ | -( 으 ) 로 | （方向） |
|---|---|---|
| ～より | - 보다 | （比較） |
| ～だけ | - 만 | |
| ～と | - 와 / 과 | （口語体では - 하고、もしくは -( 이 ) 랑） |
| ～や | -( 이 ) 나 | |
| ～でも | | |
| ～も | | |

# 単語集（韓国語―日本語）

| | | | | | |
|---|---|---|---|---|---|
| -가 | ～が | 강의 | 講義 | 경치 | 景色 |
| 가게 | 店 | 강의동 | 講義棟 | 계단 | 階段 |
| 가격 | 価格、値段 | 강의실 | 講義室 | 계란 | 卵（鶏卵） |
| 가까이 | 近く | 강하다 | 強い | 계산 | 計算 |
| 가깝다 | 近い | 같다 | 同じだ | 계속 | 続けて |
| 가끔 | ときどき | 같이 | 一緒に | 계속되다 | 続く |
| 가늘다 | 細い | 개 | 犬 | 계속하다 | 続ける |
| 가능 | 可能 | -개 | ～個、～つ | 계시다 | いらっしゃる |
| 가다 | 行く | 개구리 | カエル | 계절 | 季節 |
| 가렵다 | かゆい | 개선 | 改善 | 계좌 | 口座 |
| 가로수 | 街路樹 | -개월 | ～か月 | 계획 | 計画 |
| 가르치다 | 教える | 개인 | 個人 | -고 | ～て |
| 가리다 | 選り好みする | 개천절 | 建国記念日（開天節） | -고 싶다 | ～たい |
| 가방 | かばん | 갯수 | 個数 | -고 있다 | ～ている |
| 가볍다 | 軽い | 거기 | そこ | 고객 | 顧客 |
| 가수 | 歌手 | 거기서 | そこで | 고구마 | サツマイモ |
| 가슴 | 胸 | 거긴 | そこは | 고급 | 上級 |
| 가야금 | 伽耶琴（韓国の撥弦楽器） | -거나 | ～たり | 고깃집 | 焼肉屋 |
| 가요 | 歌謡 | -거든요 | ～なんですよ | 고등어 | サバ |
| 가위 | ハサミ | 거래 | 取引 | 고등학교 | 高等学校、高校 |
| 가을 | 秋 | 거스름돈 | おつり | 고등학생 | 高校生 |
| 가입 | 加入 | 거울 | 鏡 | 고르다 | 選ぶ |
| 가장 | 最も、一番 | 거의 | ほとんど | 고맙다 | ありがたい |
| 가정 주부 | 専業主婦 | 거절 | 拒絶 | 고민 | 悩み |
| 가져가다 | 持っていく | 거짓말 | うそ | 고생 | 苦労 |
| 가져다 주다 | もたらす、持ってくる、持って行く | 걱정 | 心配 | 고속버스 | 高速バス |
| 가족 | 家族 | 건강 | 健康 | 고시원 | 考試院（簡易宿泊機能を備えた勉強部屋） |
| -가지 | ～種類 | 건너다 | 渡る | | |
| 가지다 | 持つ | 건물 | 建物 | 고양이 | 猫 |
| 가짜 | 偽物 | 걷다 | 歩く | -고자 | ～しようと、するため |
| 각종 | 各種 | 걸다 | かける | 고장 | 故障 |
| 간 | 塩加減、味加減 | 걸리다 | かかる | 고장 나다 | 故障する |
| 간격 | 間隔 | 검색 | 検索 | 고추 | 唐辛子 |
| 간단하다 | 簡単だ | 겁 | 恐れること、怖いこと | 고추장 | コチュジャン、唐辛子味噌 |
| 간장 | 醤油 | 겁이 나다 | 怖い、恐ろしい | 고춧가루 | 唐辛子粉 |
| 간직하다 | しまっておく（大切に） | 것 | もの | 고치다 | 直す |
| 간호사 | 看護師 | -것 같다 | ～ようだ、～そうだ | 고프다 | すく（おなかが） |
| 갈비 | カルビ | 게 | カニ | 고향 | 故郷 |
| 갈아타는 곳 | 乗り換え口 | -게 | ～ように、～に、～く（副詞化） | 곧 | すぐに、もうすぐ、すなわち |
| 갈아타다 | 乗り換える | 게임 | ゲーム | 곧장 | まっすぐ |
| 감 | 柿 | -겠- | 推量、意思、控えめな気持ち | 골 | ゴール |
| 감기 | 風邪 | 겨울 | 冬 | 골고루 | 均等に、まんべんなく |
| 감다 | （髪を）洗う | 결과 | 結果 | 곰 | クマ |
| 감사하다 | 感謝する | 결단 | 決断 | 곱다 | 美しい（声、心遣いなどがきめ細かい） |
| 감상 | 観賞 | 결석 | 欠席 | 곳 | 所、場所 |
| 감자 | ジャガイモ | 결혼 | 結婚 | 공 | ゼロ、零 |
| 갑자기 | 急に、突然 | 결혼식 | 結婚式 | 공간 | 空間 |
| 값 | 値段、値 | 겸손 | 謙遜 | 공개 | 公開 |
| 갔다오다 | 行ってくる | 겸손하다 | へりくだっている、つつましい | 공기밥 | 椀に入れたご飯 |
| 강 | 川 | 경복궁 | 慶福宮 | 공무원 | 公務員 |
| 강강술래 | 秋夕の夜に行われる女性の円舞 | 경영자 | 経営者 | 공부 | 勉強 |
| 강남 | 江南（地名） | 경제학 | 経済学 | 공부하다 | 勉強する |
| 강북 | 江北（地名） | 경주 | 慶州（地名） | 공사 | 工事 |
| 강아지 | 子犬 | 경찰 | 警察 | 공연 | 公演 |
| | | 경찰관 | 警察官 | 공원 | 公園 |

| | | | | | |
|---|---|---|---|---|---|
| 공장 | 工場 | 굽다 | 焼く（魚、肉など） | 기대 | 期待 |
| 공책 | ノート | 궁금하다 | 気がかりだ | -기로 하다 | 〜ことにする |
| 공학 | 工学 | -권 | 〜冊 | 기름 | あぶら |
| 공항 | 空港 | 궤도 | 軌道 | -기만 하면 | 〜（し）さえすれば |
| -과 | 〜科 | 귀 | 耳 | 기말 고사 | 期末考査 |
| -과 | 〜と | 귀국 | 帰国 | 기말 시험 | 期末試験 |
| -과 | 〜課 | 귀엽다 | 可愛い、可愛らしい | 기분 | 気分 |
| 과거 | 過去 | 귤 | みかん | 기쁘다 | 嬉しい |
| 과식 | 食べ過ぎ、過食 | 그 | 彼 | 기사님 | 運転手さん |
| 과식하다 | 食べ過ぎる | 그 | その | 기숙사 | 寮 |
| 과연 | 果たして | 그건 | それは | 기억 | 記憶 |
| 과일 | 果物 | 그것 | それ | 기억나다 | 思い出す、覚えている |
| 과자 | 菓子 | 그게 | それが | 기업 | 企業 |
| 과장님 | 課長 | 그냥 | そのまま、ただ | -기에 | 〜から、〜ので |
| 관계 | 関係 | 그녀 | 彼女 | 기온 | 気温 |
| 관광지 | 観光地 | 그대로 | そのまま | 기운 | 元気、気力 |
| 관심 | 関心、興味 | 그때 | そのとき、あのとき、その節 | 기운이 나다 | 元気が出る、気力がわく |
| 관심이 많다 | 関心がある（多い） | 그래 | そう | 기침 | 咳 |
| 관악산 | 冠岳山（山名） | 그래도 | それでも | 기타 | ギター |
| 광안리 | 広安里（地名） | 그래서 | それで | 기타 | その他 |
| 광화문 | 光化門（地名） | 그래요 | そうです、そうですか | 기획 | 企画 |
| 괜찮다 | 大丈夫だ、いい（結構いい） | 그러니까 | だから | 길 | 道 |
| 굉장히 | すごく | 그러다 | そうする | 길가 | 道端 |
| 교과서 | 教科書 | 그런데 | ところで、ところが | 길다 | 長い |
| 교류 | 交流 | 그럼 | では、それでは | 길이 | 長さ |
| 교사 | 教師 | 그럼요 | そうですとも | 길이 막히다 | 渋滞する、道が混む |
| 교수 | 教授 | 그렇게 | そのように、そんなに | 김 | 海苔 |
| 교수님 | 教授（尊敬表現） | 그렇다 | そうだ | 김밥 | キムパプ（韓国式のり巻き） |
| 교실 | 教室 | -그루 | 〜本（木など） | 김치 | キムチ |
| 교육 | 教育 | 그릇 | 器 | 김치찌개 | キムチチゲ |
| 교탁 | 教卓 | 그리고 | そして | 김포공항 | 金浦空港 |
| 교통 | 交通 | 그리다 | 描く、えがく | 깊이 | 深さ |
| 교통카드 | 交通カード | 그림 | 絵 | 까마귀 | カラス |
| 교환 | 交換 | 그만두다 | やめる | 까망 | 黒 |
| 교환 학생 | 交換学生 | 그저께 | おととい | 까맣다 | 黒い |
| 교회 | 教会 | 그쪽 | そちら | -까지 | 〜まで |
| 구 | 九 | 그치다 | 止む | 까치 | かささぎ |
| 구경 | 見物 | 극장 | 劇場、映画館 | 깍두기 | カクトゥギ |
| 구급차 | 救急車 | 근무 | 勤務 | 깔다 | 敷く |
| 구두 | くつ | 근처 | 近所、近く | 깨끗하다 | きれいだ、清潔だ |
| 구름 | 雲 | 글쎄요 | どうかなあ、ええと、そうですねぇ | 깨다 | （目が）覚める |
| 구름이 끼다 | 曇る | 글씨 | 文字 | 깨다 | （皿などを）割る |
| 구월 | 九月 | 글자 | 文字 | 깨닫다 | 悟る |
| 구입 | 購入 | 금년 | 今年 | 깨우다 | 起こす |
| 구정 | 旧正月 | 금방 | すぐに、まもなく | 깨지다 | 割れる |
| 구하다 | 求める | 금연 | 禁煙 | -께 | 〜に（尊敬） |
| 국 | スープ、汁 | 금요일 | 金曜日 | -께서 | 〜が（尊敬） |
| 국내 | 国内 | 금융 | 金融 | -께서는 | 〜は（尊敬） |
| 국번 | 局番 | 금지 | 禁止 | -께서도 | 〜も（尊敬） |
| 국수 | ククス（麺） | 급하다 | 急だ、急いでいる、せっかちだ | 꼭 | 必ず、きっと |
| 국악 | 国楽（韓国の伝統音楽） | 긍정적 | 肯定的 | 꼼꼼하다 | 几帳面だ |
| 국제 | 国際 | -기 | 〜（する）こと（名詞化） | 꽃 | 花 |
| 국회 | 国会 | -기 때문에 | 〜ので、〜から | 꽃다발 | 花束 |
| 군고구마 | 焼き芋 | -기 위해 | 〜（する）ために | 꽃병 | 花瓶 |
| 군대 | 軍隊 | -기 전 | 〜（する）前 | 꽃잎 | 花びら |
| -군요 | 〜ですね | 기간 | 期間 | 꽤 | かなり |
| 굳이 | 敢えて | 기다리다 | 待つ | 꿀차 | 蜂蜜茶 |

| 꿈 | 夢 |
|---|---|
| 끄다 | 消す（電源、明かりなど） |
| 끊기다 | 切れる |
| 끊다 | 切る、やめる |
| 끓이다 | 沸かす、沸騰させる |
| 끝 | 終わり、最後 |
| 끝나다 | 終わる |
| 끝내다 | 終える |
| 끼다 | 挟む、はめる |

| -ㄴ | ～した～（動詞の過去連体形） |
|---|---|
| -ㄴ 적이 없다 | ～たことがない |
| -ㄴ 적이 있다 | ～たことがある |
| -ㄴ 지 | ～てから、～て以来 |
| -ㄴ데 | ～だが、～のに、～だし |
| 나 | 僕、私 |
| -나 | ～や、～も（数量の驚き）、でも |
| 나가는 곳 | 出口 |
| 나가다 | 出る、出て行く、出かける |
| 나누다 | 分ける |
| 나다 | 出る |
| 나라 | 国 |
| 나머지 | 残り |
| 나무 | 木 |
| 나물 | ナムル |
| 나비 | 蝶 |
| 나쁘다 | 悪い |
| 나오다 | 出る、出てくる |
| 나와 있다 | 出ている |
| -나요 | ～ですか？ |
| 나이 | 年、年齢 |
| 나중에 | あとで |
| 낙엽 | 落ち葉 |
| 낙지볶음 | テナガダコ炒め |
| 낚시 | つり |
| 날 | 日 |
| 날씨 | 天気、天候 |
| 날씬하다 | すらりとしている |
| 남기다 | 残す |
| 남녀 | 男女 |
| 남다 | 残る |
| 남대문 | 南大門（地名） |
| 남동생 | 弟 |
| 남미 | 南米 |
| 남부 | 南部 |
| 남산 | 南山（地名） |
| 남자 | 男 |
| 남자 친구 | 彼氏、ボーイフレンド |
| 남쪽 | 南 |
| 남편 | 夫 |
| 남학생 | 男子学生 |
| 낫다 | 治る |
| 낫다 | ましだ |
| 낭비 | 浪費 |
| 낮 | 昼 |
| 낮다 | 低い |

| 내 | 私の、僕の |
|---|---|
| 내가 | 私が、僕が |
| 내년 | 来年 |
| 내년도 | 来年度 |
| 내다 | 出す |
| 내려오다 | おりる、おりてくる |
| 내리다 | おりる、おろす、降る |
| 내용 | 内容 |
| 내일 | 明日 |
| 냄비 | 鍋 |
| 냉면 | 冷麺 |
| 냉면집 | 冷麺屋さん |
| 냉장고 | 冷蔵庫 |
| -냐 | ～か？ |
| 너 | お前、君 |
| 너무 | あまりに、とても、～すぎる |
| 넋 | 魂 |
| 넓다 | 広い |
| 넓이 | 広さ |
| 넓히다 | 広げる |
| 넘어지다 | 転ぶ |
| 넘치다 | みなぎる、あふれる、こぼれる |
| 넣다 | 入れる |
| 네 | はい、ええ |
| 네- | 四～ |
| -네요 | ～ですね |
| 넷 | 四 |
| 넷이서 | 四人で |
| -년 | ～年 |
| 노랑 | 黄色 |
| 노래 | 歌 |
| 노래방 | カラオケボックス |
| 노력 | 努力 |
| 노약자 | 老人と病弱な人 |
| 노점 | 露店 |
| 노크 | ノック |
| 노트 | ノート |
| 노트북 | ノートパソコン |
| 녹차 | 緑茶 |
| 놀다 | 遊ぶ |
| 놀라다 | 驚く |
| 놀리다 | からかう |
| 농구 | バスケットボール |
| 농담 | 冗談 |
| 농업 | 農業 |
| 높다 | 高い（高度、水準など） |
| 높이 | 高さ |
| 놓다 | 置く |
| 놓이다 | 置かれる |
| 놓치다 | 乗り遅れる、のがす |
| 누가 | 誰が |
| 누구 | 誰（の） |
| 누나 | 姉（弟から見て） |
| 누르다 | 押す |
| 눈 | 目 |
| 눈물 | 涙 |
| 눈사람 | 雪だるま |

| 눈썹 | 眉毛 |
|---|---|
| 뉴스 | ニュース |
| 느끼다 | 感じる |
| 느끼하다 | 脂っこい |
| 느낌 | 感じ |
| -느냐 | ～か？ |
| -는 | ～は |
| -는 | ～する（している）～ |
| | （動詞・存在詞の現在連体形） |
| -는군요 | ～ですね |
| -는데 | ～だが、～のに、～だし |
| -는데다 | ～に加え、～うえに |
| -는지 | ～のか |
| 늘 | いつも |
| 능력 | 能力 |
| 늦다 | 遅い、遅れる |
| -니 | ～（する）と |
| -니까 | ～から、～ので |
| -님 | ～さま |

| 다 | みな、全部、すべて |
|---|---|
| -다네요 | ～だということです |
| 다녀오다 | 行ってくる |
| 다니다 | 通う |
| 다르다 | 異なる、違う |
| 다리 | 脚 |
| 다리 | 橋 |
| 다섯 | 五 |
| 다섯이서 | 五人で |
| 다시 | ふたたび、また、あらためて |
| 다시 한번 | もう一回、もう一度 |
| 다시마 | 昆布 |
| 다양하다 | 多様だ |
| 다운로드 | ダウンロード |
| 다음 | 次（の） |
| 다음 달 | 来月 |
| 다음 주 | 来週 |
| 다음 해 | 来年 |
| 다이빙 | ダイビング |
| 다이어트 | ダイエット |
| 다지다 | 細かく刻む、つぶす |
| | （料理で押さえるなど） |
| 다치다 | 怪我する |
| 다하다 | 尽きる、尽くす、果たす |
| 다행 | 幸い |
| 닦다 | 磨く、拭く |
| 단어 | 単語 |
| 단체 | 団体 |
| 단풍 | 紅葉、もみじ |
| 닫다 | 閉める、閉じる |
| 닫히다 | 閉まる |
| 달 | 月 |
| 달다 | 甘い |
| 달리기 | 競争、ランニング |
| 달리다 | 走る |
| 닭 | 鶏 |

| 닭갈비 | タッカルビ | 도시락 | 弁当 | 들어가다 | 帰る、入る |
|---|---|---|---|---|---|
| 닮다 | 似る | 도우미 | チューター | 등 | など |
| 담다 | 盛る、込める（意味、感情など） | 도전 | 挑戦 | 등등 | 等々 |
| 담당자 | 担当者 | 도착 | 到着 | 등산 | 登山 |
| 담배 | タバコ | 독감 | インフルエンザ | 디브이디 | DVD |
| 담백하다 | 淡泊だ、あっさりしている | 독립 | 独立 | 디자인 | デザイン |
| 담요 | 毛布 | 독서 | 読書 | 따다 | 取る（資格、単位など） |
| 답장 | 返事、返信 | 독일 | ドイツ | 따뜻하다 | 暖かい |
| 당근 | ニンジン | 돈 | お金 | 따라하다 | 真似する |
| 당시 | 当時 | 돈을 모으다 | お金を貯める | 따로 | 別々に、別に |
| 당신 | あなた | 돈을 찾다 | お金をおろす | 따르다 | 従う、なつく |
| 당연하다 | 当然だ | 돌 | 一歳の誕生日 | 따르릉 | ちりりん（電話や目覚ましなどの音） |
| 당하다 | 〜される、〜（を）こうむる | 돌솥비빔밥 | 石焼ビビンバ | 딱 | きっぱり、ぴったり |
| 대 | 大 | 돌아가다 | 帰る、帰って行く | 딱 맞다 | ちょうど合う |
| -대 | 〜代 | 돌아가시다 | お亡くなりになる | 딸 | 娘 |
| -대 | 〜台 | 돌아오다 | 帰る、帰って来る | 딸기 | いちご |
| 대구 | 大邱（地名） | 돌잔치 | 満1歳の誕生宴 | 땀 | 汗 |
| 대로 | 〜（する）ままに、〜（する）通りに、〜したらすぐに | 돌잡이 | トルチャビ（満1歳の誕生宴で行う占い） | 때 | とき |
| 대부분 | 大部分 | 돌하루방 | トルハルバン（済州島の石神像） | 떠나다 | 発つ |
| 대서양 | 大西洋 | 돕다 | 助ける、手助けする | 떠들다 | 騒ぐ |
| 대신 | 代わりに | 동남아 | 東南アジア | 떡 | もち |
| 대전 | 大田（地名） | 동네 | 町、町内 | 떡국 | 雑煮、トックク |
| 대졸 | 大卒 | 동대문 | 東大門（地名） | 떡볶이 | トッポッキ |
| 대중교통 | 公共交通機関 | 동료 | 同僚 | 떨어지다 | 落ちる |
| 대체적 | 大体、概ね | 동물 | 動物 | 또 | また |
| 대추차 | ナツメ茶 | 동물원 | 動物園 | 똑똑하다 | 賢い |
| 대통령 | 大統領 | 동생 | 弟、妹 | 뚜껑 | ふた |
| 대파 | 白ネギ | 동아리 | サークル、同好会 | 뛰다 | 走る |
| 대표 | 代表 | 동안 | 〜（の）間（期間） | 뛰어나오다 | 飛び出す |
| 대표이사 | 代表取締役 | 동영상 | 動画 | 뜻 | 意味、意思 |
| 대하다 | 対する、接する | 동쪽 | 東 | | |
| 대학 | 大学 | 돼지 | 豚 | | ㄹ |
| 대학가 | 大学街 | 돼지고기 | 豚肉 | -ㄹ | 〜する〜、〜であろう〜（未来連体形） |
| 대학교 | 大学、大学校 | 되다 | なる | -ㄹ 것이다 | 〜つもりだ、〜だろう |
| 대학로 | 大学路（地名） | 된장 | 味噌 | -ㄹ 때 | 〜とき |
| 대학생 | 大学生 | 된장찌개 | テンジャンチゲ | -ㄹ 만하다 | 〜（する）だけのことはある、〜する価値がある |
| 대한민국 | 大韓民国 | 두 | 二〜 | -ㄹ 수 없다 | 〜ことができない |
| 대회 | 大会 | 두께 | 厚さ、厚み | -ㄹ 수 있다 | 〜ことができる |
| 댄스 | ダンス | 두부 | 豆腐 | -ㄹ 줄 모르다 | 〜できない |
| 더 | もっと、さらに、より〜、もう | 둘 | 二 | -ㄹ 줄 알다 | 〜できる |
| -더라도 | 〜（する）としても | 둘이서 | 二人で | -ㄹ게요 | 〜ますからね |
| 더럽다 | 汚い | 뒤 | 後ろ、あと | -ㄹ까요 | 〜ましょうか、〜でしょうか |
| 더욱 | さらに、一層 | 드라마 | ドラマ | -ㄹ래요 | 〜します、〜しますか |
| 더위 | 暑さ | 드럼 | ドラム | -ㄹ수록 | 〜（する）ほどに |
| 더위를 먹다 | 暑気あたりする、暑さ負けする、夏バテする | 드리다 | 差し上げる | -라고 생각하다 | 〜だと考える |
| -던 | 〜ていた〜（回想過去） | 드물다 | 珍しい、まれだ | -라고요? | 〜ですって？ |
| 덥다 | 暑い | 드시다 | 召し上がる | -라도 | 〜でも |
| 덮다 | 閉じる、覆いかぶせる | 득남 | 男の子が生まれること | 라디오 | ラジオ |
| 데 | 〜（する）のに | 득녀 | 女の子が生まれること | 라면 | ラーメン |
| 데이트 | デート | -든지 | 〜でも | -라서 | 〜なので |
| -도 | 〜も | 듣다 | 聞く | 라지 | ラージ |
| 도둑 | 泥棒 | -들 | 〜たち | -랑 | 〜と |
| -도록 | 〜（する）ように | 들기름 | エゴマ油 | -러 가다 | 〜に行く |
| 도서관 | 図書館 | 들다 | 入る | -러 오다 | 〜に来る |
| 도시 | 都市 | 들다 | 持つ（手に） | 러시아 | ロシア |
| | | 들리다 | 聞こえる | | |

| 레귤러 사이즈 | レギュラーサイズ | 맛 | 味 | 모자라다 | 足りない |
| 레시피 | レシピ | 맛없다 | まずい | 모집 | 募集 |
| -려고 하다 | ～ようと思う | 맛을 보다 | 味見をする | 목 | 首、喉 |
| -려고요 | ～と思ってです | 맛있게 | おいしく | 목격 | 目撃 |
| -로 | ～で（道具、方法、手段） | 맛있다 | おいしい | 목소리 | 声 |
| -로 | ～へ | 맛집 | おいしいお店 | 목요일 | 木曜日 |
| -로 하다 | ～にする | 맞다 | 合う、合っている、当たる、 | 목욕 | 沐浴、風呂 |
| 록음악 | ロック音楽 | | 受ける（注射） | 목욕하다 | 入浴する、風呂に入る |
| 롯데월드 | ロッテワールド（遊園地） | 맞아요 | その通りです、そうです | 목이 마르다 | 喉がかわく |
| 롯데호텔 | ロッテホテル | 맡기다 | 任せる、預ける | 목적지 | 目的地 |
| -를 | ～を | 매실차 | 梅実茶 | 목표 | 目標 |
| -리 | ～里 | 매일 | 毎日 | 몸 | 体 |
| 리포트 | レポート | 매점 | 売店 | 몸살 | 手足などの痛み、疲労による |
| | | 매진 | 売り切れ | | 体調不良 |
| | | 매진되다 | 売り切れる | 몸이 안 좋다 | 体調が悪い |
| | ■ | 맥주 | ビール | 못 | ～できない（不可能） |
| 마늘 | にんにく | 맨날 | いつも、毎日 | 못하다 | できない |
| 마라톤 | マラソン | 맵다 | 辛い | 무 | 大根 |
| 마로니에 공원 | マロニエ公園（地名） | 머리 | 頭、髪 | 무겁다 | 重い |
| 마르다 | かわく | 머릿속 | 頭の中 | 무게 | 重さ |
| -마리 | ～匹 | 머무르다 | とどまる | 무늬 | 模様 |
| 마무리 | 仕上げ、締めくくり | 먹다 | 食べる、とる（歳） | 무덥다 | 蒸し暑い |
| 마시다 | 飲む | 먹이다 | 食べさせる | 무릎 | 膝 |
| 마을 | 村、コミュニティ | 먹히다 | 食べられる | 무리 | 無理 |
| 마음 | 心 | 먼저 | さきに、まず | 무섭다 | こわい |
| 마중 | 出迎え | 멀다 | 遠い | 무슨 | 何の、何か |
| 마치다 | 終わる、終える、済ます | 멋있다 | 素敵だ、趣がある、おしゃれだ | 무슨 요일 | 何曜日 |
| 마흔 | 四十 | 메뉴 | メニュー | 무엇 | 何 |
| 막 | ちょうど（たった今） | 메뉴판 | メニュー | 무인도 | 無人島 |
| 막걸리 | マッコリ | 메다 | 背負う（かばんなど） | 무지개 | 虹 |
| 막내 | 末っ子 | 메모 | メモ | 무척 | とても |
| 막차 | 最終（電車、バスなど） | 메일 | メール | 문 | ドア、戸 |
| 막히다 | ふさがる | 메일주소 | メールアドレス | 문득 | ふと |
| 만 | 万 | 멜로디 | メロディ | 문법 | 文法 |
| -만 | ～だけ | 며칠 | 何日 | 문의 | 問い合わせ |
| 만나다 | 会う | -면 | ～たら、～れば | 문자 | SMS（文字メッセージ） |
| 만두 | 餃子 | -면 되다 | ～たらいい、～ればいい | 문제 | 問題 |
| 만두국 | 餃子入りスープ | -면 안 되다 | ～てはいけない | 문학 | 文学 |
| 만들다 | 作る | -면서 | ～ながら | 문화 | 文化 |
| 만들어지다 | 作られる | 면접 | 面接 | 묻다 | 埋める |
| 만약 | もし、万一 | -명 | ～名 | 묻다 | 訊く、尋ねる |
| 만원 | 一万ウォン | 명동 | 明洞（地名） | 물 | 水 |
| 만원 | 満員 | 명절 | 民俗的な祝祭日 | 물가 | 物価 |
| 만일 | もし、万一 | 몇 | 何～ | 물건 | 物 |
| 만화 | 漫画 | 몇 년생 | 何年生まれ | 물냉면 | 水冷麺 |
| 만화책 | 漫画本 | 몇 번씩 | 何度も | 물다 | 咬む |
| 많다 | 多い | 모과차 | かりん茶 | 물론 | もちろん |
| 많이 | たくさん | 모기 | 蚊 | 물리다 | 咬まれる |
| 맏형 | 長兄 | 모두 | みな、全部 | 물어보다 | 尋ねてみる、聞いてみる |
| 말 | ことば、話 | 모레 | あさって | 물통 | 水筒 |
| 말 | 馬 | 모르다 | 知らない、分からない | 뭐 | 何 |
| 말다 | ～ないでおく（-지 말다で） | 모습 | すがた | 뭐든지 | 何でも |
| 말씀 | お言葉、お話 | 모시다 | お連れする | 뭔가 | 何か |
| 말씀드리다 | 申し上げる | 모으다 | 集める | 뮤지컬 | ミュージカル |
| 말씀하시다 | 仰る | 모이다 | 集まる | 미국 | 米国、アメリカ |
| 말하다 | 言う、話す | 모임 | 集まり | 미래 | 未来 |
| 맑다 | 澄んでいる、清い | 모자 | 帽子 | 미리 | あらかじめ |
| 맑음 | 晴れ | | | | |

| 미술 | 美術 | 밟히다 | 踏まれる | 병원 | 病院 |
|---|---|---|---|---|---|
| 미안하다 | すまない | 밤 | 夜 | 보고서 | 報告書 |
| 미역 | ワカメ | 밤 | 栗 | 보기 | 例 |
| 미역국 | わかめスープ | 밥 | ご飯 | 보내기 | 送信（メール機能） |
| 미용사 | 美容師 | 밥솥 | 飯釜 | 보내다 | 送る |
| 미용실 | 美容室 | 방 | 部屋 | 보다 | 見る、受ける（試験を） |
| 미터 | メートル | 방면 | 方面 | 보다 | より〜 |
| 민원 | 申請、請願 | 방법 | 方法 | -보다 | 〜より |
| 믿다 | 信じる | 방송 | 放送 | 보리차 | 麦茶 |
| 밀리다 | 押される、たまる（仕事など） | 방학 | 休み（学校の長期休み） | 보양 | 保養、養生 |
| 및 | 及び | 방향 | 方向 | 보육교사 | 保育士 |
| 밑 | 下、真下 | 배 | おなか、腹 | 보이다 | 見せる、見える |
| | | 배가 부르다 | おなかがいっぱいだ | 보통 | 普通 |
| **ㅂ** | | 배 | 船 | 보험 | 保険 |
| -ㅂ니까 | 〜ますか、〜ですか | 배 | 梨 | 복날 | 伏日（夏の最も暑い期間） |
| -ㅂ니다 | 〜ます、〜です | 배구 | バレーボール | 복도 | 廊下 |
| -ㅂ니다만 | 〜ですが | 배낭 | リュック | 복숭아 | 桃 |
| -ㅂ시다 | 〜ましょう | 배낭을 메다 | リュックをせおう | 복잡하다 | 複雑だ、混雑している |
| 바꾸다 | 変える、変わる | 배다 | しみこむ | 볶다 | 炒める |
| 바나나 | バナナ | 배달 | 配達 | 본문 | 本文 |
| 바다 | 海 | 배송 | 配送 | 본부동 | 本部棟 |
| 바닷가 | 海辺 | 배신 | 裏切り | 볼일 | 用事 |
| 바둑 | 囲碁 | 배우 | 俳優 | 볼펜 | ボールペン |
| 바라다 | 願う、望む | 배우다 | 習う、学ぶ | 봄 | 春 |
| 바람 | 風 | 배추 | 白菜 | 봉투 | 封筒 |
| 바로 | ちょうど、まさに、すぐに | 배탈 | 腹痛、食あたり | 뵙다 | お目にかかる |
| 바르다 | 塗る | 백 | 百 | 부끄럽다 | 恥ずかしい、顔向けできない |
| 바쁘다 | 忙しい | 백두산 | 白頭山 | 부담 | 負担 |
| 바지 | ズボン | 백화점 | 百貨店 | 부담스럽다 | 負担に思う |
| -박 | 〜泊 | 뱅걸어 | ベンガル語 | 부동산 | 不動産 |
| 박물관 | 博物館 | 버릇 | 癖 | 부르다 | 歌う、呼ぶ、いっぱいだ（腹） |
| 박사 | 博士 | 버리다 | 捨てる | 부모 | 父母 |
| 박스 | ボックス、箱 | 버스 | バス | 부모님 | ご両親 |
| 밖 | 外 | 버스터미널 | バスターミナル | 부산 | 釜山（地名） |
| 반 | 半 | 버튼 | ボタン | 부서 | 部署 |
| 반 | 班、クラス | -번 | 〜回 | 부엌 | 台所 |
| 반갑다 | 嬉しい | -번 | 〜番 | 부처 | 省庁 |
| 반납하다 | 返納する、返却する | 번역 | 翻訳 | 부치다 | 送る（郵便物など） |
| 반대 | 反対 | 번호 | 番号 | 부치다 | 焼く（フライパンの油で） |
| 반대로 | 反対に | 벌레 | 虫 | 부침개 | プッチムゲ、チヂミ |
| 반드시 | 必ず、きっと | 벌써 | すでに、もう | 부탁 | お願い |
| 반바지 | 半ズボン | 범죄 | 犯罪 | -부터 | 〜から（時間、順序） |
| 반복 | 反復 | 법 | 法、方法 | 북미 | 北米 |
| 반지 | 指輪 | 법률 | 法律 | 북쪽 | 北 |
| 반지를 끼다 | 指輪をはめる | 벗다 | 脱ぐ | 분 | かた |
| 반하다 | ほれる、とりこになる | 베개 | まくら | -분 | 〜分 |
| 받는 사람 | 受取人 | 베낭 | リュックサック, バッグパック | 분식 | 簡単な料理を出す店 |
| 받다 | 受ける、もらう | 베이징 | 北京 | 분실 | 紛失 |
| 발 | 足 | 벤치 | ベンチ | 분야 | 分野 |
| 발생 | 発生 | 변호사 | 弁護士 | 불 | 火、火事、あかり、電気（照明） |
| 발송 | 発送 | 별 | 星 | 불고기 | プルコギ |
| 발음 | 発音 | 별 | さほど、別に、あまり | 불다 | 吹く |
| 발전 | 発展 | 별로 | さほど、別に、あまり | 불쌍하다 | かわいそうだ |
| 발표 | 発表 | 별로다 | イマイチだ | 불안 | 不安 |
| 밝다 | 明るい | 별일 | とくに変わったこと | 불안하다 | 不安だ |
| 밝혀지다 | 明らかになる | 병 | 病気 | 불이 나다 | 火事になる |
| 밟다 | 踏む | -병 | 〜本、瓶 | 불행 | 不幸 |

| 붓 | 筆 | 사촌 | いとこ | 서른 | 三十 |
|---|---|---|---|---|---|
| 붓다 | 腫れる、浮腫む | 사회 | 社会 | 서비스 | サービス |
| 붙다 | 付く、くっつく | 산 | 山 | 서예 | 書芸 |
| 붙이다 | くっつける | 산더미 | 山積み（たくさんあること） | 서울 | ソウル（地名） |
| 블랙 커피 | ブラックコーヒー | 산조 | 散調（伝統器楽による独奏曲 | 서울역 | ソウル駅 |
| 비 | 雨 | | 形式の音楽） | 서점 | 書店 |
| 비누 | 石鹸 | 산책 | 散歩 | 서쪽 | 西 |
| 비다 | 空く | 살 | 肉 | 서투르다 | 下手だ、不慣れだ |
| 비밀 | 秘密 | –살 | 〜歳、〜才 | 섞다 | 混ぜる |
| 비빔냉면 | ビビン冷麺 | 살다 | 暮らす、住む、生きる | 섞이다 | 混ざる |
| 비빔밥 | ビビンバ | 살이 빠지다 | 痩せる | 선물 | プレゼント、贈り物 |
| 비스듬히 | ななめに | 살이 찌다 | 太る | 선배 | 先輩 |
| 비슷하다 | 似ている | 삶 | 生、人生 | 선생님 | 先生 |
| 비싸다 | 高い（値段） | 삶다 | ゆでる | 선선하다 | 涼しい、さわやかだ |
| 비타민 | ビタミン | 삼 | 三 | 선수 | 選手 |
| 비행기 | 飛行機 | 삼각김밥 | 三角おにぎり | 선택 | 選択 |
| 빌려주다 | 貸す | 삼겹살 | サムギョプサル | 설 | 正月 |
| 빌리다 | 借りる | 삼계탕 | サムゲタン、参鶏湯 | 설거지 | 後片付け（食後の） |
| 빠르다 | 速い、早い | 삼월 | 三月 | 설날 | 元旦 |
| 빠지다 | はまる、落ちる（色、汚れ、肉が） | 삼촌 | おじ | 설렁탕 | ソルロンタン（牛肉や内臓など |
| 빨강 | 赤 | 상급 | 上級 | | を入れて煮込んだスープ） |
| 빨갛다 | 赤い | 상냥하다 | 上品だ、優しい | 설마 | まさか |
| 빨개지다 | 赤くなる | 상담 | 相談 | 설명 | 説明 |
| 빨래 | 洗濯、洗濯物 | 상반기 | 上半期 | 설명서 | 説明書 |
| 빨리 | 速く | 상사 | 上司 | 설악산 | 雪岳山（地名） |
| 빵 | パン | 상상 | 想像 | 설탕 | 砂糖 |
| 빼앗기다 | 奪われる | 상자 | 箱 | 성격 | 性格 |
| 뼈 | 骨 | 상처 | きず | 성공 | 成功 |
| 뿌리 | 根 | 상품 | 商品 | 성분 | 成分 |
| 뿌리다 | まく、かける | 상하이 | 上海（地名） | 성실하다 | 誠実だ |
| –뿐 | 〜だけ、〜のみ | 상황 | 状況 | 성함 | お名前（尊敬） |
| | | 새 | 鳥 | 세 | 三〜 |
| | | 새– | あたらしい〜 | 세계 | 世界 |
| ㅅ | | 새롭다 | 新しい | 세다 | 数える |
| 사 | 四 | 새벽 | 明け方 | 세배 | 新年の挨拶（拝をする） |
| 사거리 | 四つ角 | 새우 | エビ | 세뱃돈 | お年玉 |
| 사건 | 事件 | 새해 | 新年 | 세상 | 世の中 |
| 사과 | リンゴ | 생각 | 考え、予想 | 세우다 | 止める（車などを）、立てる |
| 사귀다 | 付き合う | 생각나다 | 思い出す、思いつく | 세워지다 | 建てられる、建つ |
| 사다 | 買う | 생각하다 | 考える、思う | 세월 | 歳月 |
| 사라지다 | 消える | 생강 | 生姜 | 세종문화회관 | 世宗文化会館 |
| 사람 | 人 | 생강차 | 生姜茶 | 세탁소 | クリーニング店 |
| 사랑 | 愛 | 생기다 | 生じる、できる（発生、生まれるなど） | 센스 | センス |
| 사무실 | 事務室 | 생산 | 生産 | 센티 | センチ |
| 사실 | 事実 | 생산량 | 生産量 | 셋 | 三 |
| 사오다 | 買って来る | 생선 | 魚（食べ物としての） | 셋이서 | 三人で |
| 사용 | 使用 | 생수 | ミネラルウォーター | 소 | 小 |
| 사월 | 四月 | 생일 | 誕生日 | 소 | 牛 |
| 사이 | 間 | 생활 | 生活 | 소개 | 紹介 |
| 사이 좋게 | 仲良く | 샤워 | シャワー | 소고기 | 牛肉 |
| 사이즈 | サイズ | 샤워하다 | シャワーをする | 소금 | 塩 |
| 사이트 | サイト | 샤프 (펜슬) | シャープペンシル | 소리 | 音、声、話 |
| 사장님 | 社長 | 샴푸 | シャンプー | 소방서 | 消防署 |
| 사전 | 辞典 | 서다 | 立つ、止まる | 소설 | 小説 |
| 사전을 찾다 | 辞典を引く | 서두르다 | 急ぐ | 소주 | 焼酎 |
| 사진 | 写真 | 서로 | 互いに | 소중하다 | 大切だ |
| 사진집 | 写真集 | 서류 | 書類 | 소포 | 小包 |
| 사진첩 | 写真帳、アルバム | | | | |

| | | | | | |
|---|---|---|---|---|---|
| 속 | 中、内部 | -습니다만 | ~ですが | 싸다 | 包む |
| 속이다 | だます | 습하다 | じめじめする、湿っぽい | 싸우다 | 喧嘩する、たたかう、競う |
| 속이 안 좋다 | おなかの調子が悪い、気持ち悪い、吐き気がする | 승객 | 乗客 | 쌀 | 米 |
| | | 승무원 | 乗務員、CA | 쌀쌀하다 | 肌寒い、よそよそしい |
| 손 | 手 | -시 | ~時 | 쌓다 | 積む |
| 손녀 | 孫（女） | -시- | 尊敬の補助語幹 | 쌓이다 | 積もる、溜まる |
| 손님 | お客さん | 시간 | 時間 | 썩다 | 腐る |
| 손수건 | ハンカチ | -시간 | ~時間 | 썰다 | 切る、刻む（料理などで） |
| 손자 | 孫（男） | 시간을 보내다 | 時間を過ごす | 쑥스럽다 | 恥ずかしい、照れくさい |
| 손질 | 手入れ、手を加えること | 시계 | 時計 | 쓰다 | 書く、使う、苦い、かぶる（帽子） |
| 손질하다 | 手入れする、手を加える | 시골 | 田舎 | 쓰레기 | ゴミ |
| 송장 | 送り状 | 시끄럽다 | うるさい | 쓰레기통 | ゴミ箱 |
| 송편 | 추석によく食べる米粉で作った餅 | 시내 | 市内 | 쓰이다 | 使われる、書かれる |
| 쇼핑 | ショッピング | 시다 | 酸っぱい | -씨 | ~さん |
| 수건 | 手ぬぐい、タオル | 시디 | CD | 씨름 | すもう |
| 수당 | 手当 | 시리얼 | シリアル | -씩 | ~ずつ |
| 수도 | 首都 | 시상식 | 授賞式 | 씹다 | 噛む |
| 수박 | スイカ | 시원하다 | さっぱりする、すずしい | 씻다 | 洗う |
| 수속 | 手続き | 시월 | 十月 | | |
| 수신료 | 受信料 | 시작하다 | はじめる | | ○ |
| 수업 | 授業 | 시장 | 市場 | -아 가다 | ~ていく |
| 수영 | 水泳 | 시키다 | ~させる、注文する | -아 놓다 | ~ておく |
| 수영장 | 水泳場、プール | 시험 | 試験 | -아 달라고 | ~てくれと |
| 수요일 | 水曜日 | 식 | 式（結婚式、入学式など） | -아 두다 | ~ておく |
| 수육 | スユク〈牛肉を湯通ししたもの〉 | 식당 | 食堂 | -아 드리다 | ~てさしあげる |
| 수정과 | 水正菓（生姜とシナモンを煎じて冷やし干柿などを入れた飲み物） | 식사 | 食事 | -아 버리다 | ~てしまう |
| | | 식탁 | 食卓 | -아 보다 | ~てみる |
| 수첩 | 手帳 | 식혜 | シッケ（甘酒のような飲み物） | -아 오다 | ~てくる |
| 수학여행 | 修学旅行 | 신고 | 申告、届 | -아 있다 | ~ている（状態） |
| 숙박 | 宿泊 | 신다 | 履く | -아 주다 | ~てくれる、~てあげる |
| 숙제 | 宿題 | 신라 | 新羅 | -아지다 | ~くなる、~になる |
| 순두부찌개 | スンドゥブチゲ（おぼろ豆腐のスープ） | 신랑 | 新郎 | 아가씨 | お嬢さん |
| | | 신문 | 新聞 | 아까 | さっき |
| 순서 | 順序 | 신발 | くつ、履き物 | 아끼다 | 大事にする、惜しむ |
| 숟가락 | スプーン、さじ | 신부 | 新婦 | 아나운서 | アナウンサー |
| 술 | 酒 | 신용카드 | クレジットカード | 아내 | 妻 |
| 숫자 | 数、数字 | 신이 나다 | 楽しい、ウキウキする | 아뇨 | いいえ |
| 숲 | 林、森 | 신입 사원 | 新入社員 | 아니 | いや、ええっ（驚きや疑いなど） |
| 쉬다 | 休む | 신청 | 申請 | 아니다 | ~ではない、違う |
| 쉰 | 五十 | 신촌 | 新村（地名） | 아니요 | いいえ |
| 쉴 새 없이 | 休む間もなく、途切れることなく | 신호등 | 信号 | -아도 되다 | ~でもよい |
| 쉽다 | 易しい | 신화 | 神話 | 아들 | 息子 |
| 슈퍼마켓 | スーパーマーケット | 싣다 | 載せる | -아라 | ~しろ |
| 스마트폰 | スマートフォン | 실내 | 室内 | 아랍어 | アラビア語 |
| 스무- | 二十~ | 실력 | 実力 | 아래 | 下、下方 |
| 스물 | 二十 | 싫다 | いやだ | 아르바이트 | アルバイト |
| 스케이트 | スケート | 심리 | 心理 | 아름답다 | 美しい、麗しい |
| 스키 | スキー | 심부름 | おつかい | 아마 | おそらく、たぶん |
| 스타일 | スタイル | 심심하다 | 退屈だ | 아무거나 | 何でも |
| 스트레스 | ストレス | 십 | 十 | 아무것도 | 何も |
| 스트레스를 풀다 | ストレスを解消する | -십시오 | ~なさってください | 아무도 | 誰も |
| 스페인 | スペイン | 십이월 | 十二月 | 아버지 | 父 |
| 스포츠 | スポーツ | 십일월 | 十一月 | 아빠 | パパ |
| 스푼 | スプーン | 싱겁다 | 味が薄い | -아서 | ~て、~くて |
| 슬프다 | かなしい | 싱싱하다 | みずみずしい、新鮮だ | 아시아 | アジア |
| -습니까 | ~ますか、~ですか | 싶다 | したい（-고 싶다で） | -아야 되다 | ~なければならない |
| -습니다 | ~ます、~です | 싸다 | 安い | -아야 하다 | ~なければならない |

|  |  |
|---|---|
| -아요 | ヘヨ体。平叙、疑問、勧誘、命令の意味を持つ |
| 아이 | 子供 |
| 아이디어 | アイデア |
| 아이스크림 | アイスクリーム |
| 아저씨 | おじさん (中年以上の男性) |
| 아주 | とても |
| 아주머니 | おばさん |
| 아직 | まだ、今のところは (〜ない) |
| 아침 | 朝、朝食 |
| 아프다 | 痛い |
| 아프리카 | アフリカ |
| 아홉 | 九 |
| 아흔 | 九十 |
| 악기 | 楽器 |
| 안 | 中、内側 |
| 안- | 〜ない (否定) |
| 안 되다 | だめだ |
| 안경 | メガネ |
| 안기다 | 抱かれる |
| 안내방송 | 案内放送、アナウンス |
| 안녕 | 安寧 |
| 안녕하세요 | あいさつのことば |
| 안녕하십니까? | あいさつのことば |
| 안녕히 가세요 | さようなら (離れる人に対して) |
| 안녕히 계세요 | さようなら (留まる人に対して) |
| 안색 | 顔色 |
| 안전 | 安全 |
| 앉다 | 座る |
| 앉히다 | 座らせる |
| 알다 | 知っている、分かる |
| 알려지다 | 知られる |
| 알리다 | 知らせる |
| 알아듣다 | 聞き取る |
| 압도 | 圧倒 |
| 압력 | 圧力 |
| -았던 | 〜だった〜 (過去完了形) |
| 앞 | 前 |
| 앞날 | 将来 |
| 앞으로 | 今後、将来、これから |
| 애 | 子、子供 |
| 애기 | 赤ちゃん |
| 애인 | 恋人 |
| 앨범 | アルバム |
| 앰뷸런스 | 救急車 |
| 야경 | 夜景 |
| 야구 | 野球 |
| 야구장 | 野球場 |
| 야근 | 夜勤 (残業) |
| 약 | 薬 |
| 약 | 約 |
| 약간 | 若干 |
| 약과 | 薬菓 (小麦粉と蜂蜜を混ぜて揚げたお菓子) |
| 약국 | 薬局 |
| 약밥 | 薬飯 (もち米と栗などを蒸して味付けしたおこわ) |

|  |  |
|---|---|
| 약사 | 薬剤師 |
| 약속 | 約束 |
| 약을 먹다 | 薬を飲む |
| 약주 | お酒 (尊敬) |
| 얇다 | 薄い |
| 얌전하다 | おとなしい、しとやかだ |
| 양 | 羊 |
| 양국간 | 両国間 |
| 양념 | ヤンニョム (あわせ調味料、タレなど) |
| 양념장 | ヤンニョム醤油 (味噌) |
| 양력 | 陽暦、西暦 |
| 양말 | 靴下 |
| 양보 | 譲歩 |
| 양보하다 | 譲る |
| 양식 | 様式 |
| 양파 | 玉ねぎ |
| 얘 | この子 |
| 얘기 | 話 |
| -어 가다 | 〜ていく |
| -어 놓다 | 〜ておく |
| -어 달라고 | 〜てくれと |
| -어 두다 | 〜ておく |
| -어 드리다 | 〜てさしあげる |
| -어 버리다 | 〜てしまう |
| -어 보다 | 〜てみる |
| -어 오다 | 〜てくる |
| -어 있다 | 〜ている (状態) |
| -어 주다 | 〜てくれる、〜てあげる |
| -어지다 | 〜くなる、〜になる |
| 어깨 | 肩 |
| 어느 | どの |
| 어느 것 | どれ |
| 어느 게 | どれが |
| 어느 쪽 | どちら |
| -어도 되다 | 〜てもよい |
| 어둡다 | 暗い |
| 어디 | どこ |
| 어디서 | どこで |
| 어떡하다 | どうする |
| 어떤 | どんな |
| 어떻게 | どのように |
| 어떻다 | どうだ |
| -어라 | 〜しろ |
| 어려움 | 難しさ、困難 |
| 어렵다 | 難しい |
| 어리다 | 幼い |
| 어린이 | 子供 (概念的) |
| 어머니 | 母 |
| 어서 | はやく、さあ、どうぞ |
| -어서 | 〜て、〜くて |
| 어서 오세요 | いらっしゃいませ |
| -어야 되다 | 〜なければならない |
| -어야 하다 | 〜なければならない |
| -어요 | ヘヨ体。平叙、疑問、勧誘、命令の意味を持つ |
| 어업 | 漁業 |
| 어제 | 昨日 |

|  |  |
|---|---|
| 어학원 | 外国語学校 |
| 억 | 億 |
| 언니 | 姉 (妹から) [店員さんを指す場合も] |
| 언제 | いつ |
| 언제나 | いつでも |
| 얹다 | 上にのせる |
| 얻다 | 得る、もらう |
| 얼굴 | 顔 |
| 얼마 | いくら |
| 얼마나 | どれくらい |
| 엄마 | ママ |
| 업무 | 業務 |
| 없다 | ない、いない |
| -었던 | 〜だった〜 (過去完了形) |
| -에 | 〜に |
| -에 관한 | 〜に関する |
| -에 대해서 | 〜について |
| -에게 | 〜に (人、動物) |
| -에는 | 〜には |
| -에도 | 〜にも |
| -에서 | 〜から (場所、起点)、〜で (場所) |
| -에서도 | 〜でも |
| 에어컨 | エアコン |
| 엔지니어 | エンジニア |
| 엘리베이터 | エレベーター |
| 여관 | 旅館 |
| 여권 | パスポート |
| 여기 | ここ、こちら |
| 여기서 | ここで |
| 여기요 | こちらです (物を渡すときに添えることば)、すいません (呼びかけ) |
| 여덟 | 八 |
| 여동생 | 妹 |
| 여든 | 八十 |
| 여러 | いろいろな、複数の |
| 여러 가지 | いろいろ |
| 여러분 | 皆さん |
| 여름 | 夏 |
| 여보세요 | もしもし |
| 여섯 | 六 |
| 여섯이서 | 六人で |
| 여우 | きつね |
| 여유 | 余裕 |
| 여의도 | 汝矣島 (地名) |
| 여자 | 女性 |
| 여자 친구 | 彼女、ガールフレンド |
| 여태 | 今まで |
| 여태까지 | 今まで |
| 여학생 | 女子学生 |
| 여행 | 旅行 |
| 여행사 | 旅行会社 |
| 역 | 駅 |
| 역사 | 歴史 |
| 역시 | やはり |
| 역전 | 逆転 |
| 역할 | 役割 |
| 연구동 | 研究棟 |

| | | | | | |
|---|---|---|---|---|---|
| 연구실 | 研究室 | 오르다 | 上がる | 운전 | 運転 |
| 연극 | 演劇 | 오른쪽 | 右、右側 | 운전기사 | 運転手 |
| 연날리기 | 凧揚げ | 오미자차 | 五味子茶 (ゴミシのお茶) | 울다 | 鳴く、泣く |
| 연대 | 年代 | 오빠 | 兄 (妹から見て) | 울리다 | 泣かせる |
| 연락 | 連絡 | 오세아니아 | オセアニア | 웃기다 | 笑わせる |
| 연락처 | 連絡先 | 오월 | 五月 | 웃다 | 笑う |
| 연변 | 延辺 (地名) | 오이 | きゅうり | −원 | 〜ウォン (韓国のお金の単位) |
| 연세 | お年 (尊敬) | 오전 | 午前 | 원래 | もともと、元来 |
| 연세대 | 延世大学校 | 오징어 | イカ | 원룸 | ワンルームタイプの住居 |
| 연습 | 練習 | 오후 | 午後 | 원하다 | 願う、望む |
| 연습문제 | 練習問題 | 온천 | 温泉 | 월 | 〜月 |
| 연예인 | 芸能人 | 올 | 今年の | 월요일 | 月曜日 |
| 연필 | 鉛筆 | 올라가다 | のぼる、あがる、あがっていく | 웨이브 | ウェーブ |
| 연휴 | 連休 | 올리다 | あげる、のせる | 웨이터 | ウェイター |
| 열 | 十 | 올림 | 〜より (目上の人に手紙を書く時に差出人の名につける) | 위 | 上 |
| 열 | 熱 | | | 위험하다 | 危険だ |
| 열다 | 開ける、開く | 올챙이 | オタマジャクシ | 유능 | 有能 |
| 열리다 | 開かれる、開く | 올해 | 今年 | 유도 | 柔道 |
| 열매 | 実 | 옷 | 服 | 유람선 | 遊覧船 |
| 열쇠 | 鍵 | 옷걸이 | ハンガー | 유럽 | ヨーロッパ |
| 열심히 | 一生懸命 | 옷장 | 衣装だんす、クローゼット | 유명하다 | 有名だ |
| 열차 | 列車 | −와 | 〜と | 유용하다 | 有用だ、役立つ |
| 염원 | 念願 | 완성 | 完成 | 유월 | 六月 |
| 엽서 | はがき | 왕래 | 往来 | 유자차 | ゆず茶 |
| 엿 | 飴 | 왜 | なぜ、どうして | 유적 | 遺跡 |
| 영 | ゼロ、零 | 외과 | 外科 | 유지 | 維持 |
| 영국 | 英国、イギリス | 외국 | 外国 | 유치원 | 幼稚園 |
| 영문학 | 英文学 | 외국어 | 外国語 | 유치원생 | 幼稚園児 |
| 영상 | 映像 | 외우다 | 覚える | 유학 | 留学 |
| 영어 | 英語 | 외출 | 外出 | 유학생 | 留学生 |
| 영업 | 営業 | 외할머니 | 外祖母、母方の祖母 | 유행 | 流行 |
| 영화 | 映画 | 외할아버지 | 外祖父、母方の祖父 | 육 | 六 |
| 영화 감독 | 映画監督 | 왼쪽 | 左、左側 | 육상경기 | 陸上競技 |
| 옆 | 横 | 요구 | 要求 | 육수 | ユクス (肉を煮出したスープ) |
| 예 | はい、ええ | 요금 | 料金 | 윷놀이 | ユンノリ (すごろくの一種) |
| 예매 | 前売り | 요리 | 料理 | −으니 | 〜 (する)と |
| 예쁘다 | かわいい、きれいだ、すてきだ | 요리사 | コック | −으니까 | 〜から、〜ので |
| | | 요즘 | 最近、近頃 | −으러 가다 | 〜に行く |
| 예순 | 六十 | 욕심 | 欲 | −으러 오다 | 〜に来る |
| 예술 | 芸術 | 욕심을 내다 | 欲張る | −으려고 하다 | 〜ようと思う |
| 예약 | 予約 | 용기 | 勇気 | −으려고요 | 〜と思ってです |
| 예약되다 | 予約される | 용돈 | お小遣い | −으로 | 〜で (道具、方法、手段) |
| 예약하다 | 予約する | 우동 | うどん | −으로 | 〜へ |
| 예의 | 礼儀 | 우리 | 私たち、うち (の)、私 (の) | −으로 하다 | 〜にする |
| 예전에 | 以前に、ずっと前に | 우산 | 傘 | −으면 | 〜たら、〜れば |
| 예절 | 礼節 | 우승 | 優勝 | −으면 되다 | 〜たらいい、〜ればいい |
| 예정 | 予定 | 우연히 | 偶然に | −으면 안 되다 | 〜てはいけない |
| 옛날 | 昔 | 우울하다 | 憂鬱だ | −으면서 | 〜ながら |
| 오 | 五 | 우유 | 牛乳 | −으시− | 尊敬 |
| 오늘 | 今日 | 우정 | 友情 | −으십시오 | 〜なさってください |
| 오늘 밤 | 今晩 | 우체국 | 郵便局 | −은 | 〜は |
| 오늘 아침 | 今朝 | 우표 | 切手 | −은 | 〜だった〜 (形容詞・指定詞の現在連体形) |
| 오다 | 来る、降る | 우회전 | 右折 | | |
| 오래 | 長く | 운동 | 運動 | −은 적이 없다 | 〜たことがない |
| 오래간만 | 久しぶり | 운동장 | 運動場 | −은 적이 있다 | 〜たことがある |
| 오래되다 | 長く経つ | 운동하다 | 運動する | −은 지 | 〜てから、〜て以来 |
| 오랜만 | 久しぶり | 운동화 | 運動靴 | −은데 | 〜だが、〜のに、〜だし |

| | | | | | |
|---|---|---|---|---|---|
| -은데다 | ～に加え、～うえに | 이상 | 以上 | 입금 | 入金 |
| -은지 | ～のか | 이상형 | 理想のタイプ | -입니다 | ～です |
| 은행 | 銀行 | 이십 | 二十 | 입다 | 着る |
| -을 | ～を | 이야기 | 話 | 입력 | 入力 |
| -을 | ～する～、～であろう～（未来連体形） | 이야기를 나누다 | 話す、談笑する | 입맛이 없다 | 食欲がない |
| | | 이야기하다 | 話す | 입문 | 入門 |
| -을 것이다 | ～つもりだ、～だろう | 이용 | 利用 | 입시 | 入試 |
| -을 때 | ～とき | 이용하다 | 利用する | 입장 | 立場 |
| -을 만하다 | ～(する)だけのことはある、～する価値がある | 이웃나라 | 隣国 | 입학 | 入学 |
| | | 이월 | 二月 | 입히다 | 着させる |
| -을 수 없다 | ～ことができない | 이유 | 理由 | 있다 | いる、ある |
| -을 수 있다 | ～ことができる | 이전 | 以前 | 잊다 | 忘れる |
| -을 줄 모르다 | ～できない | 이제 | もう、今や | 잊혀지다 | 忘れられる |
| -을 줄 알다 | ～できる | 이쪽 | こちら | 잊히다 | 忘れられる |
| -을게요 | ～ますからね | 이태원 | 梨泰院（地名） | 잎 | 葉 |
| -을까요 | ～ましょうか、～でしょうか | 이화여대 | 梨花女子大学 | | |
| -을래요 | ～します、～しますか | 이후 | 以後 | | ㅈ |
| -을수록 | ～(する)ほどに | 익숙하다 | 慣れている | 자 | 定規 |
| 음력 | 陰暦、旧暦 | 익숙해지다 | 慣れる | 자 | さあ（注意を惹くための声） |
| 음료 | 飲料 | 인간 | 人間 | -자 | ～よう |
| 음료수 | 飲み物（飲料） | 인기 | 人気 | 자갈치 시장 | ジャガルチ市場 |
| 음식 | 食べ物 | 인기가 많다 | 人気がある | 자격 | 資格 |
| 음악 | 音楽 | 인류 | 人類 | 자격증 | 資格証 |
| 음악학과 | 音楽学科 | -인분 | ～人分 | 자기 | 自分 |
| -읍시다 | ～ましょう | 인사 | 挨拶 | 자기소개 | 自己紹介 |
| -의 | ～の | 인사 | 人事 | 자기소개서 | 自己紹介書 |
| 의미 | 意味 | 인사동 | 仁寺洞（地名） | 자다 | 寝る |
| 의사 | 医師 | 인재 | 人材 | 자동차 | 自動車 |
| 의욕적 | 意欲的 | 인절미 | きな粉餅 | 자료 | 資料 |
| 의자 | 椅子 | 인천 | 仁川（地名） | 자르다 | 切る |
| 이 | 二 | 인출하다 | 引き出す | 자리 | 席、座席、場所 |
| 이 | この | 인터넷 | インターネット | 자신 | 自信 |
| 이 | 歯 | 인형 | 人形 | 자신이 생기다 | 自信がつく |
| -이 | ～が | 일 | 一 | 자영업 | 自営業 |
| 이건 | これは | 일 | こと、仕事 | 자장면 | ジャージャー麺 |
| 이것 | これ | -일 | ～日 | 자전거 | 自転車 |
| 이게 | これが | 일곱 | 七 | 자주 | しょっちゅう、よく |
| 이기다 | 勝つ | 일과 | 日課 | 자판기 | 自販機 |
| -이나 | ～や、～も（数量の驚き）、でも | 일기 | 日記 | 작년 | 昨年 |
| -이다 | ～だ、～である | 일년 | 一年 | 작다 | 小さい |
| 이따가 | のちほど、少しして | 일단 | 一旦 | 작문 | 作文 |
| -이라고 생각하다 | ～だと考える | 일본 | 日本 | 작은 술 | 小さじ |
| -이라고요 | ～ですって？ | 일본말 | 日本語 | 작품 | 作品 |
| -이라도 | ～でも | 일본어 | 日本語 | -잔 | ～杯 |
| -이라서 | ～なので | 일어나다 | 起きる | -잖아요 | ～じゃないですか |
| -이랑 | ～と | 일요일 | 日曜日 | 잘 | よく、うまく |
| 이렇게 | このように | 일월 | 一月 | 잘 먹었습니다 | ごちそうさまでした |
| 이력서 | 履歴書 | 일정 | 日程 | 잘 모르겠어요 | よくわかりません |
| 이루다 | 果たす、遂げる、成す | 일주일 | 一週間 | 잘 모르겠는데요 | よくわからないのですが |
| 이루어지다 | なしとげられる、かなう | 일찍 | 早く | 잘 생기다 | 顔立ちがいい |
| 이르다 | 至る、早い、告げる | 일하다 | 働く | 잘못 | 誤って |
| 이름 | 名前 | 일흔 | 七十 | 잘하다 | 上手だ、よく～する |
| 이메일 | 電子メール | 읽다 | 読む | 잠 | 眠り |
| 이번 | 今度（の） | 읽히다 | 読まれる、読ませる | 잠깐 | しばらく、わずかの間 |
| 이번 달 | 今月 | 잃다 | 失う | 잠깐만 | 少しだけ、少々（時間） |
| 이번 주 | 今週 | 입 | 口 | 잠깐만요 | 少々お待ちを、すいませんが |
| 이불 | 布団 | 입국 | 入国 | 잠들다 | 眠る |

| | | | | | |
|---|---|---|---|---|---|
| 잠시 | しばらく | 전화하다 | 電話する | 졸리다 | 眠い、眠たい |
| 잡다 | つかむ、取る、握る、捕まえる | 절 | 寺 | 졸업 | 卒業 |
| 잡수시다 | 召し上がる | 절대 | 絶対 | 졸업식 | 卒業式 |
| 잡지 | 雑誌 | 젊다 | 若い | 졸업하다 | 卒業する |
| 잡채 | チャプチェ | 점 | 点 | 좀 | ちょっと、少し |
| 잡히다 | 捕まる | 점심 | 昼食 | 좁다 | 狭い |
| -장 | 〜枚 | 점원 | 店員 | 종류 | 種類 |
| 장갑 | 手袋 | 접수 | 受付 | 종이 | 紙 |
| 장갑을 끼다 | 手袋をする | 접시 | 皿 | 좋다 | いい、よい |
| 장래 | 将来 | 젓가락 | チョッカラク、箸 | 좋아하다 | 好きだ、好む、喜ぶ |
| 장마 | 梅雨 | 젓다 | 漕ぐ、(マドラーなどで) かき混ぜる | 좌회전 | 左折 |
| 장마철 | 梅雨どき | 정 | 情 | 죄송하다 | 申し訳ない |
| 장미 | 薔薇 | 정답 | 正答 | -죠 | 〜でしょう、〜ますよ |
| 장미꽃 | 薔薇の花 | 정도 | 程度、くらい | 주 | 週 |
| 장소 | 場所 | 정말 | 本当に | 주다 | あげる、くれる |
| 장을 보다 | 買い物する | 정말이요 | 本当ですか | 주로 | 主に |
| 재난 | 災難、災い | 정문 | 正門 | 주말 | 週末 |
| 재래 시장 | 昔ながらの市場 | 정보 | 情報 | 주무시다 | お休みになる |
| 재료 | 材料 | 정식 | 定食 | 주문 | 注文 |
| 재미있다 | 面白い | 정신 | 精神 | 주변 | 周辺 |
| 재즈 | ジャズ | 정신없다 | 気が気でない、無我夢中だ | 주부 | 主婦 |
| 재학 | 在学 | 정이 많다 | 情が厚い | 주사 | 注射 |
| 저 | あの | 정하다 | 定める、決める | 주소 | 住所 |
| 저 | 私 | 젖다 | 濡れる | 주스 | ジュース |
| 저 | あのう (呼びかけ、話しの切り出し) | 제 | 私の | 주인 | 主人 |
| 저건 | あれは | 제- | 第〜 | 주인공 | 主人公 |
| 저것 | あれ | 제가 | 私が | -주일 | 〜週間 |
| 저게 | あれが | 제과점 | パン屋、ケーキ店 | 주점 | 飲み屋、酒場 |
| 저고리 | チョゴリ、(民族衣装の) 上着 | 제목 | 題目、題名 | 주차 | 駐車 |
| 저기 | あそこ | 제사 | 祭祀 | 죽다 | 死ぬ |
| 저기서 | あそこで | 제안 | 提案 | 준비 | 準備 |
| 저기요 | すいません (呼びかけ) | 제이외국어 | 第二外国語 | 준비되다 | 準備される |
| 저녁 | 夕方、晩、夕食、晩御飯 | 제일 | 一番、第一 | -줄 몰랐다 | 〜ものと思わなかった |
| 저렇게 | あのように | 제주도 | 済州島 (地名) | -줄 알았다 | 〜ものと思った |
| 저쪽 | あちら | 제출 | 提出 | -중 | 〜中 |
| 저희 | わたしども (の)、わたくしたち (の) | 조개 | 貝 | 중국 | 中国 |
| 적다 | 書く、記す | 조건 | 条件 | 중국말 | 中国語 |
| 적다 | 少ない | 조금 | 少し、ちょっと | 중국어 | 中国語 |
| 적응 | 適応 | 조금씩 | 少しずつ | 중급 | 中級 |
| 전 | 私は (저는の縮約形) | 조깅 | ジョギング | 중동 | 中東 |
| -전 | 〜前 (〜分前など) | 조림 | 煮つけ | 중미 | 中米 |
| 전공 | 専攻 | 조선 | 朝鮮 | 중부 | 中部 |
| 전국 | 全国 | 조선민주주의 | 朝鮮民主主義人民共和国 | 중불 | 中火 |
| 전기밥솥 | 電子ジャー、電気炊飯器 | 인민공화국 | | 중요하다 | 重要だ、大切だ |
| 전동차 | 電動車、電車 | 조선시대 | 朝鮮時代 | 중학생 | 中学生 |
| 전람회 | 展覧会 | 조심 | 注意 (気をつけること) | 즐겁게 | 楽しく |
| 전에 | 前に | 조심하다 | 気をつける、注意する | 즐겁다 | 楽しい |
| 전자레인지 | 電子レンジ | 조언 | 助言 | -지 마세요 | 〜ないで下さい |
| 전쟁 | 戦争 | 조용하다 | 静かだ | -지 마십시오 | 〜ないで下さい |
| 전차 | 電車 | 조용히 | 静かに | -지 못하다 | 〜できない (不可能) |
| 전철 | 電車、電鉄 | -조차 | 〜さえ | -지 않다 | 〜ない (否定) |
| 전통 | 伝統 | -조차도 | 〜さえも | 지각 | 遅刻 |
| 전하다 | 伝える | 조카 | 甥、姪 | 지갑 | 財布 |
| 전혀 | 全然、まったく | 조회 | 照会 | 지금 | 今 |
| 전형 | 選考 | 죄송한데요 | 申し訳ありませんが | 지나다 | 過ぎる |
| 전화 | 電話 | 족발 | 豚足 (豚足を煮込んだ料理) | 지난 | さきの〜、過ぎた〜 |
| 전화번호 | 電話番号 | 존경 | 尊敬 | 지난달 | 先月 |

| 지난번 | 前回 |
|---|---|
| 지난주 | 先週 |
| 지난해 | 去年 |
| 지내다 | 過ごす、暮らす |
| 지다 | 負ける |
| -지만 | ～だが、～が |
| 지방 | 脂肪 |
| 지방 | 地方 |
| 지시 | 指示 |
| 지역 | 地域 |
| -지요 | ～でしょう、～ますよ |
| 지우개 | 消しゴム |
| 지우다 | 消す |
| 지워지다 | 消える |
| 지원 | 志願 |
| 지저분하다 | 散らかっている、汚らしい |
| 지키다 | 守る |
| 지하 | 地下 |
| 지하철 | 地下鉄 |
| 지하철역 | 地下鉄の駅 |
| 직업 | 職業 |
| 직원 | 職員 |
| 직진 | 直進 |
| 직행 | 直行 |
| 진정하다 | 真正だ、本当だ |
| 진지 | お食事（尊敬） |
| 진짜 | 本物、本当 |
| 진출 | 進出 |
| 질 | 質 |
| 질문 | 質問 |
| 짐 | 荷物 |
| 짐을 싸다 | 荷造りする |
| 집 | 家、店（飲食店など） |
| 집값 | 家の値段 |
| 집 전화 | 家庭用固定電話 |
| 집회 | 集会 |
| 짓다 | 作る（建物など）、炊く（ごはん） |
| 짜다 | 塩辛い |
| 짜증 | 苛立ち、癇癪 |
| 짜증 나다 | いらだつ、癇癪をおこす |
| 짧다 | 短い |
| 짬뽕 | ちゃんぽん |
| -쪽 | ～のほう |
| 쪽지 | 紙切れ、メモ |
| 쪽지 시험 | 小試験 |
| 쫓기다 | 追われる |
| 쫓다 | 追う |
| 쭉 | ずらりと、ずっと、ざっと（見る）、まっすぐに |
| -쯤 | ～くらい |
| 찌개 | 鍋料理 |
| 찌다 | 蒸す |
| 찍다 | 撮る |
| 찢어지다 | 裂ける、破れる |

ㅊ

| 차 | お茶 |
|---|---|

| 차 | 車 |
|---|---|
| 차가 밀리다 | 渋滞する、車が混む |
| 차갑다 | 冷たい |
| 차다 | 冷たい |
| 차다 | みちる |
| 차례 | 順番 |
| 착륙 | 着陸 |
| 착하다 | 善良だ、いい人だ |
| 참 | とても、本当に、あっそうだ |
| 참고 | 参考 |
| 참다 | 耐える、我慢する |
| 참조 | 参照 |
| 찻집 | 茶店、喫茶店 |
| 창문 | 窓 |
| 창피하다 | 恥ずかしい、みっともない |
| 찾다 | 探す、（お金を）下ろす |
| 찾아뵙다 | お伺いする |
| 채용 | 採用 |
| 책 | 本 |
| 책상 | 机 |
| 책장 | 本棚 |
| 처 | 妻 |
| 처방전 | 処方箋 |
| 처분 | 処分 |
| 처음 | はじめて、はじめ |
| 처음 뵙겠습니다 | はじめまして |
| 천 | 千 |
| 천천히 | ゆっくり |
| 철회 | 撤回 |
| 첨부 | 添付 |
| 첫 | 最初の～ |
| 첫 번째 | 最初の～ |
| 첫날 | 最初の日 |
| 첫사랑 | 初恋 |
| 첫차 | 始発（電車やバスなど） |
| 청강 | 聴講 |
| 청바지 | ジーパン |
| 청소 | 掃除 |
| 청주 | 清酒 |
| 청혼 | プロポーズ |
| 체육관 | 体育館 |
| 체크 | チェック |
| 체험 | 体験 |
| -초 | ～秒 |
| 초급 | 初級 |
| 초대 | 招待 |
| 초등학교 | 小学校 |
| 초등학생 | 小学生 |
| 초반 | 序盤 |
| 최고 | 最高 |
| 최근 | 最近 |
| 최선 | 最善 |
| 최선을 다하다 | 最善をつくす |
| 추방 | 追放 |
| 추석 | 秋夕（中秋） |
| 추억 | 思い出 |
| 추적 | 追跡 |

| 추천 | 推薦 |
|---|---|
| 축구 | サッカー |
| 축산업 | 畜産業 |
| 축하 | お祝い |
| 춘천 | 春川（地名） |
| 출구 | 出口 |
| 출발 | 出発 |
| 출산 | 出産 |
| 출석 | 出席 |
| 춥다 | 寒い |
| 충분 | 充分 |
| 충전 | チャージ |
| 취득 | 取得 |
| 취미 | 趣味 |
| 취업 | 就業 |
| 취직 | 就職 |
| 취하다 | 酔う |
| -층 | ～階 |
| 치과 | 歯科 |
| 치료 | 治療 |
| 치르다 | 支払う |
| 치마 | スカート |
| 치약 | 歯磨き粉 |
| 치즈케이크 | チーズケーキ |
| 치킨 | フライドチキン |
| 친구 | 友だち |
| 친절하다 | 親切だ |
| 친척 | 親戚 |
| 친하다 | 親しい |
| 칠 | 七 |
| 칠월 | 七月 |
| 칠판 | 黒板 |
| 침대 | ベッド |
| 칫솔 | 歯ブラシ |
| 칭찬 | 称賛 |

ㅋ

| 카드 | カード |
|---|---|
| 카메라 | カメラ |
| 카레라이스 | カレーライス |
| 카운터 | カウンター |
| 카페 | カフェ |
| 카페라테 | カフェラッテ |
| 칼국수 | カルククス（麺料理の一種） |
| 칼집 | 切り目（料理などの） |
| 캔 | 缶 |
| 커피 | コーヒー |
| 커피숍 | コーヒーショップ、カフェ |
| 커피잔 | コーヒーカップ |
| 컴퓨터 | コンピュータ |
| 컵 | コップ |
| 케이크 | ケーキ |
| 케이티엑스（KTX） | 韓国の高速鉄道（Korea train express） |
| 켜다 | 点ける |
| -켤레 | ～足 |
| 코 | 鼻 |

| | | | | | |
|---|---|---|---|---|---|
| 코끼리 | 象 | 판단 | 判断 | 하면 된다 | なせばなる |
| 콘서트 | コンサート | 판매 | 販売 | 하숙 | 下宿 |
| 콜라 | コーラ | 팔 | 八 | 하양 | 白 |
| 콧물 | 鼻水 | 팔 | 腕 | 하얗다 | 白い |
| 쿠키 | クッキー | 팔다 | 売る | 하지만 | だけど、しかし |
| 크기 | 大きさ | 팔리다 | 売られる | 학과 | 学科 |
| 크다 | 大きい | 팔월 | 八月 | 학교 | 学校 |
| 큰 술 | 大さじ | 팝송 | 洋楽 (欧米の現代歌謡のこと) | 학년 | 学年 |
| 클래식 | クラシック | 팥빙수 | かき氷 | -학년 | ～年生 (学年) |
| 키 | 背 | 패션 | ファッション | 학문 | 学問 |
| 키가 크다 | 背が高い | 펜 | ペン | 학생 | 学生 |
| 키보드 | キーボード | 펴다 | 開ける、開く (本など) | 학생식당 | 学生食堂 |
| | | 편리하다 | 便利だ | 학생증 | 学生証 |
| **ㅌ** | | 편의점 | コンビニ | 학원 | 塾、教室、スクールなど |
| 타는 곳 | ホーム、乗り場 | 편지 | 手紙 | 학점 | 単位 (学校の) |
| 타다 | 乗る | 편집 | 編集 | 학점을 따다 | 単位をとる |
| 타워 | タワー | 편하다 | 楽だ | 한- | 一～ |
| 타이완 | 台湾 (地名) | 평생 | 一生、生涯 | 한가위 | 秋夕 (中秋) |
| 타입 | タイプ | 평양 | 平壌 | 한가하다 | 暇だ |
| 탁구 | 卓球 | 평화 | 平和 | 한강 | 漢江 |
| 탄산음료 | 炭酸飲料 | 폐해 | 弊害 | 한국 | 韓国 |
| 태국 | タイ | 포기 | 放棄 | 한국말 | 韓国語 |
| 태권도 | テコンドー | 포장 | 包装 | 한국어 | 韓国語 |
| 태어나다 | 生まれる | 폭력 | 暴力 | 한글날 | ハングルの日 |
| 태우다 | 乗せる | 표 | チケット、切符 | 한라산 | 漢拏山 (山名) |
| 태우다 | 燃やす | 표 사는 곳 | 切符売り場 | 한번 | 一度 |
| 태평양 | 太平洋 | 푸르다 | 青い | 한복 | 韓服 (韓国の伝統衣装) |
| 태풍 | 台風 | 푹 | ぐっすり、ゆったり、じっくり | 한옥 | 韓屋 (韓国の伝統家屋) |
| 택시 | タクシー | 푹 쉬다 | ゆっくり休む | 한의원 | 漢方 (韓方) 医院 |
| 테니스 | テニス | 풀 | 草 | 한자 | 漢字 |
| 테스트 | テスト | 풀 | 糊 | 한정식 | 韓定食 |
| 테이블 | テーブル | 풀다 | 解く | -한테 | ～に (人、動物) |
| 텔레비전 | テレビ | 풀리다 | 解ける | 할머니 | おばあさん、祖母 |
| 토끼 | うさぎ | 품 | ふところ | 할아버지 | おじいさん、祖父 |
| 토막 | ぶつ切り | 풍부하다 | 豊富だ | 함께 | 一緒に |
| -토막 | ～切れ (魚など) | 프라이팬 | フライパン | 합격 | 合格 |
| 토요일 | 土曜日 | 프랑스 | フランス | 합리적 | 合理的 |
| 통하다 | 通じる | 프로그램 | プログラム、番組 | 항상 | いつも、つねに |
| 통화 | 通話 | 피 | 血 | 해물탕 | 海鮮鍋 |
| 퇴직금 | 退職金 | 피곤하다 | 疲れている | 해산물 | 海産物、海鮮 |
| 퇴학 | 退学 | 피로회복 | 疲労回復 | 해외 | 海外 |
| 투표 | 投票 | 피시 (PC) 방 | インターネットカフェ | 해운대 | 海雲台 (地名) |
| 튀기다 | 揚げる (油で) | 피아노 | ピアノ | 핸드폰 | 携帯電話 |
| 트럭 | トラック | 피우다 | 吸う (タバコなど) | 햄버거 | ハンバーガー |
| 트로트 | トロット (韓国演歌) | 피자 | ピザ | 햄버그 | ハンバーグ |
| 특히 | とくに | 필기 | 筆記 | 행복하다 | 幸福だ、幸せだ |
| 티브이 | テレビ (TV) | 필요 | 必要 | 행사 | 行事 |
| 티슈 | ティッシュ | 필통 | 筆箱、筆入れ | 향기 | 香り |
| 티켓 | チケット | | | 허락하다 | 許す |
| 팀 | チーム | **ㅎ** | | 허리 | 腰 |
| 팀장 | チーム長 | -하고 | ～と | 헤어지다 | 別れる |
| | | 하나 | 一、一つ | 현금 | 現金 |
| **ㅍ** | | 하나도 | 一つも | 현대 | 現代 |
| 파랑 | 青 | 하늘 | 空 | 현재 | 現在 |
| 파랗다 | 青い | 하다 | する、言う、思う | 현지 | 現地 |
| 파전 | パジョン (ねぎのチヂミ) | 하루 | 一日 | 형 | 兄 (弟から見て) |
| 파티 | パーティー | 하루 종일 | 一日中 | 형광펜 | 蛍光ペン |

| | |
|---|---|
| 형식 | 形式 |
| 호떡 | ホットク（焼き菓子の一種） |
| 호랑이 | トラ |
| 호수 | 湖 |
| –호실 | 〜号室 |
| 호주 | オーストラリア |
| 호텔 | ホテル |
| 혹시 | もしかして、ひょっとして |
| 혼자 | 一人 |
| 혼자서 | 一人で |
| 홈페이지 | ホームページ |
| 홍대 | 弘大（弘益大学校）、弘大前の繁華街 |
| 홍차 | 紅茶 |
| 화 | 怒り |
| 화가 나다 | 腹が立つ、怒る |
| 화려하다 | 派手だ、華麗だ |
| 화요일 | 火曜日 |
| 화장 | 化粧 |
| 화장실 | トイレ、化粧室 |
| 확인 | 確認 |
| 환경 | 環境 |
| 활기 | 活気 |
| 활약 | 活躍 |
| 활용 | 活用 |
| 회 | 刺身 |
| 회냉면 | エイの刺身入り冷麺 |
| 회사 | 会社 |
| 회사원 | 会社員 |
| 회식 | 会食 |
| 회의 | 会議 |
| 회장 | 会長 |
| 회화 | 会話 |
| 효과 | 効果 |
| 효능 | 効能 |
| 효율적 | 効率的 |
| 후 | 〜後、のち |
| 후춧가루 | コショウ |
| 훈민정음 | 訓民正音 |
| 훨씬 | はるかに、ずっと |
| 휴강 | 休講 |
| 휴게실 | 休憩室 |
| 휴대전화 | 携帯電話 |
| 휴대폰 | 携帯電話 |
| 휴일 | 休日 |
| 휴지 | ちり紙、トイレットペーパー、ティッシュ |
| 흐르다 | 流れる |
| 흐리다 | 曇る |
| 흐림 | 曇り |
| 흙 | 土 |
| 힌디어 | ヒンディー語 |
| 힘 | 力 |
| 힘들다 | 大変だ、しんどい |
| 힘이 나다 | 力が出る、元気が出る |

# 単語集（日本語－韓国語）

## あ

| | |
|---|---|
| 愛 | 사랑 |
| 挨拶 | 인사 |
| アイスクリーム | 아이스크림 |
| 間 | 사이 |
| ～（の）間（期間） | 동안 |
| アイデア | 아이디어 |
| 会う | 만나다 |
| 合う | 맞다 |
| 敢えて | 굳이 |
| 和える | 무치다 |
| 青 | 파랑 |
| 青い | 파랗다, 푸르다 |
| 赤 | 빨강 |
| 赤い | 빨갛다 |
| 赤ちゃん | 애, 아기 |
| 明かり | 불, 불빛 |
| 上がる | 오르다, 올라가다, 올라오다 |
| 明るい | 밝다 |
| 秋 | 가을 |
| 明らかになる | 밝혀지다 |
| 開く | 열리다 |
| 空く | 비다 |
| アクセサリー | 액세서리 |
| 明け方 | 새벽 |
| 揚げ物 | 튀김 |
| 開ける | 열다 |
| 上げる | 주다（与える）, 올리다（上に） |
| 揚げる（油で） | 튀기다 |
| 挙げる（手・事実・例など） | 들다 |
| 朝 | 아침 |
| あさって | 내일모레, 모레 |
| 脚 | 다리 |
| 足 | 발 |
| 味 | 맛 |
| アジア | 아시아 |
| 味が薄い | 싱겁다 |
| 味加減 | 간 |
| 味見をする | 맛을 보다 |
| 明日 | 내일 |
| 預かる | 맡다 |
| 預ける | 맡기다 |
| 汗 | 땀 |
| 遊ぶ | 놀다 |
| 暖かい | 따뜻하다 |
| 頭 | 머리 |
| 新しい | 새롭다 |
| あたらしい～ | 새－ |
| 当たる | 맞다, 당하다 |
| あちら | 저쪽 |
| 厚い | 두껍다 |
| 暑い | 덥다 |
| 厚さ | 두께 |

| | |
|---|---|
| 暑さ | 더위 |
| あっさりしている | 담백하다 |
| 圧倒 | 압도 |
| 集まり | 모임 |
| 集まる | 모이다 |
| 集める | 모으다 |
| 圧力 | 압력 |
| あと（後） | 뒤, 후 |
| 後片付け（食後の） | 설거지 |
| あとで | 나중에, 이따가 |
| 穴 | 구멍 |
| アナウンサー | 아나운서 |
| あなた | 당신 |
| 兄 | 형（弟から見て）, 오빠（妹から見て） |
| 姉 | 누나（弟から見て）, 언니（妹から見て） |
| あの | 저 |
| あのように | 저렇게 |
| アヒル | 오리 |
| 危ない | 위험하다 |
| 油 | 기름 |
| 脂っこい（味） | 느끼하다 |
| アフリカ | 아프리카 |
| 甘い | 달다 |
| あまり | 별, 별로 |
| あまりに | 너무 |
| 飴 | 엿, 사탕 |
| 雨 | 비 |
| アメリカ | 미국 |
| 謝る | 사과하다 |
| 洗う（体） | 씻다 |
| 洗う（髪） | 감다 |
| あらかじめ | 미리 |
| あらためて | 다시 |
| ありがたい | 고맙다 |
| ありがとうございます（あいさつ） | 감사합니다/ 고맙습니다 |
| ある | 있다 |
| 歩く | 걷다 |
| アルバイト | 아르바이트 |
| アルバム | 앨범, 사진첩 |
| あれ | 저것 |
| 暗証番号 | 비밀번호 |
| 安全 | 안전 |
| 案内 | 안내 |
| いい | 좋다 |
| いいえ | 아뇨, 아니요 |
| 言う | 말하다 |
| 家 | 집 |
| 家の値段 | 집값 |
| イカ | 오징어 |
| 以下 | 이하 |
| 医学科 | 의학과 |
| 医学部 | 의학부 |

| | |
|---|---|
| 生かす | 살리다 |
| 怒り | 화 |
| イギリス | 영국 |
| 生きる | 살다 |
| 行く | 가다 |
| いくら | 얼마 |
| 以後 | 이후 |
| 囲碁 | 바둑 |
| 意思 | 뜻, 의사 |
| 医師 | 의사 |
| 維持 | 유지 |
| 石焼ビビンバ | 돌솥비빔밥 |
| 異常 | 이상 |
| 以上 | 이상 |
| 椅子 | 의자 |
| 遺跡 | 유적 |
| 以前 | 이전 |
| 忙しい | 바쁘다 |
| 急ぐ | 서두르다 |
| 痛い | 아프다 |
| 炒め物 | 볶음 |
| 炒める | 볶다 |
| 至る | 이르다 |
| 一 | 하나, 일 |
| 一～ | 한－ |
| 一月 | 일월 |
| いちご | 딸기 |
| 一度 | 한번 |
| 一日（日数） | 하루 |
| 一旦 | 일단 |
| 一日中 | 하루 종일 |
| 一年 | 일년 |
| 市場 | 시장 |
| 一番（もっとも） | 가장, 제일 |
| 一戸建て | 단독주택 |
| 一週間 | 일주일 |
| 一生懸命 | 열심히 |
| 一緒に | 같이, 함께 |
| 一層 | 더욱 |
| いったい | 도대체 |
| 行ってくる | 갔다오다, 다녀오다 |
| いつでも | 언제나 |
| いっぱい（に） | 가득 |
| いつも | 늘, 항상 |
| 糸 | 실 |
| いとこ | 사촌 |
| いない | 없다 |
| 田舎 | 시골 |
| 犬 | 개 |
| 今 | 지금 |
| イマイチだ | 별로다 |
| 今や | 이제 |
| 意味 | 뜻, 의미 |
| 妹 | 여동생 |
| いやだ | 싫다 |

| 意欲的 | 의욕적 | 売り切れる | 매진되다 | お客さん | 손님 |
|---|---|---|---|---|---|
| 苛立ち | 짜증 | 売る | 팔다 | 起きる | 일어나다 |
| 苛立つ | 짜증 나다 | うるさい | 시끄럽다 | 億 | 억 |
| いらっしゃる | 계시다 | 嬉しい | 기쁘다, 반갑다 | 置く | 놓다, 두다 |
| (「いる」の尊敬形) | | 運 | 운 | 贈り物 | 선물 |
| いる | 있다 | 運転 | 운전 | 送る | 보내다, 바래다 주다 |
| 入れる | 넣다 | 運転手 | 운전기사 | | (見送ってあげる), |
| 色 | 색깔, 색 | 運転手さん (呼称) | 기사님 | | 부치다 (郵便物) |
| いろいろ | 여러 가지 | 運転する | 운전하다 | 遅れる | 늦다 |
| 印鑑 | 도장 | 運動 | 운동 | 起こす | 깨우다 |
| 印刷 | 인쇄 | 運動靴 | 운동화 | お言葉 | 말씀 |
| インサドン (仁寺洞) | 인사동 (地名) | 運動場 | 운동장 | 怒る | 화내다 |
| インターネット | 인터넷 | 絵 | 그림 | お酒 (丁寧) | 약주 |
| インフルエンザ | 독감 | エアコン | 에어컨 | 幼い | 어리다 |
| 飲料 | 음료 | 映画 | 영화 | 押される | 밀리다 |
| 陰暦 | 음력 | 映画館 | 극장 | おじ | 삼촌 |
| 上 | 위 | 営業 | 영업 | おじいさん | 할아버지 |
| ウェイター | 웨이터 | 英語 | 영어 | 教える | 가르치다 |
| 〜ウォン | −원 | 英語学科 | 영어학과 | おじさん | 아저씨 |
| 受け入れる | 받아들이다 | ええ (肯定の返答) | 네, 예 | 大切にする | 아끼다 |
| 受付 | 접수 | ええっ (驚きや疑いなど) | 아니 | おしゃべりする | 수다를 떨다 |
| 受取人 | 받는 사람 | ATM (現金自動預け払い機) | 현금자동입출금기 | おしゃれだ | 멋있다 |
| 受ける | 받다, 보다 (試験), | 駅 | 역 | お食事 | 진지 |
| | 맞다 (注射) | エゴマ油 | 들기름 | お知らせ | 공지사항 |
| うさぎ | 토끼 | エビ | 새우 | 押す | 밀다, 찍다 (はんこ), |
| 牛 | 소 | 選ぶ | 고르다 | | 누루다 (ボタン・スイッチ) |
| 失う | 잃다 | 選り好みする | 가리다 | 遅い | 늦다 (時間など), |
| 後ろ | 뒤 | 得る | 얻다 | | 느리다 (動作など) |
| 薄い | 얇다 | エレベーター | 엘리베이터 | おそらく | 아마 |
| 右折 | 우회전 | 演劇 | 연극 | 恐ろしい | 무섭다 |
| 嘘 | 거짓말 | エンジニア | 엔지니어 | 落ち葉 | 낙엽 |
| 歌 | 노래 | 遠足 | 소풍 | お茶 | 차 |
| 歌う | 부르다 | 鉛筆 | 연필 | 落ちる | 떨어지다 (物や試験な |
| うち (家) | 집 | おいしい | 맛있다 | | ど), 빠지다 (色、汚れ、 |
| 美しい | 아름답다, 예쁘다, 곱 | おいしく | 맛있게 | | 肉が) |
| | 다 (声、心遣い等がきめ | お祝い | 축하 | おつかい | 심부름 |
| | 細かい) | お伺いする | 찾아뵙다 | おつかれさまです | 수고하세요 |
| 移す | 옮기다 | 応募 | 지원, 신청 | (あいさつ) | |
| 器 | 그릇 | 応用数学科 | 응용수학과 | 仰る | 말씀하시다 |
| 腕 | 팔 | 往来 | 왕래 | 夫 | 남편 |
| 腕時計 | 손목시계 | 終える | 끝내다, 마치다 | おつり | 거스름돈 |
| うどん | 우동 | 多い | 많다 | お連れする | 모시다 |
| 奪われる | 빼앗기다 | 大きい | 크다 | 音 | 소리 |
| 馬 | 말 | 大きくなる | 크다 | 弟 | 남동생 |
| うまく | 잘 | 大きさ | 크기 | 男 | 남자 |
| 生まれる | 태어나다 | 大さじ (料理用語) | 큰 술 | お年 | 연세 |
| 海 | 바다 | オーストラリア | 호주 | お年玉 | 세뱃돈 |
| 海辺 | 바닷가 | 大盛り | 곱빼기 | 落とし物 | 분실물 |
| 梅 | 매화 (梅の花・梅の木), | おかず | 반찬 | 落とす | 떨어뜨리다 |
| | 매화 나무 (梅の木), | お金 | 돈 | おととい | 그저께 |
| | 매실 (梅の実) | お金持ち | 부자 | 大人 | 어른 |
| 埋める | 묻다 (土など), | お金をおろす | 돈을 찾다 | おとなしい | 얌전하다 |
| | 매우다 (空欄など) | お金を貯める | 돈을 모으다, 저축하다 | 踊り | 춤 |
| 裏切り | 배신 | 置かれる | 놓이다 | 踊る | 춤추다 |
| 占い | 점 | お気に入り (インター | 즐겨찾기 | 驚く | 놀라다 |
| 売られる | 팔리다 | ネット、PC用語) | | おなか | 배 |
| 売り切れ | 매진 | | | おなかがいっぱいだ | 배가 부르다 |

| お亡くなりになる | 돌아가시다 | 階段 | 계단 | 火事になる | 불이 나다 |
|---|---|---|---|---|---|
| 同じだ | 같다 | 会長 | 회장 | 歌手 | 가수 |
| お名前 | 성함 | 〜回目 | −번째 | 貸す | 빌려주다 |
| おなら | 방귀 | 街路樹 | 가로수 | 数 | 숫자 |
| お願い | 부탁 | 会話 | 회화 | ガス | 가스 |
| おばあさん | 할머니 | 飼う | 기르다 | 風 | 바람 |
| おばさん | 아주머니, 아줌마 | 買う | 사다 | 風邪 | 감기 |
| 怯え | 겁 | カウンター | 카운터 | 稼ぐ | 벌다 |
| お昼 (ごはん) | 점심 | カエル | 개구리 | 風邪を引く | 감기에 걸리다 |
| 覚えている | 기억하다 | 帰る | 돌아가다, 돌아오다, 들어가다, 들어오다 | 下線 | 밑줄 |
| 覚える (暗誦する) | 외우다 | | | 数える | 세다 |
| お前 | 너 | 変える | 바꾸다, 변화시키다 | 家族 | 가족, 식구 |
| おめでとうございます | 축하해요/ 축하합니다 | 顔 | 얼굴 | かた (方) | 분 |
| お目にかかる | 뵙다 | 顔色 | 안색 | 肩 | 어깨 |
| 重い | 무겁다 | 顔立ちがいい | 잘 생기다 | 課長 | 과장님 |
| 思い出す | 기억나다, 생각나다 | 香り | 향기 | 勝つ | 이기다 |
| 思いつく | 생각나다 | 価格 | 가격, 값 | 〜月 | 월 |
| 思い出 | 추억 | 化学科 | 화학과 | 学科 | 학과 |
| 思う | 생각하다 | 化学システム工学科 | 화학시스템공학과 | がっかりする | 실망하다 |
| 重さ | 무게 | 鏡 | 거울 | 楽器 | 악기 |
| 面白い | 재미있다 | かかる | 걸리다 (時間・電話・物など), 들다 (お金) | カッコいい | 멋있다 |
| おもちゃ | 장난감 | | | 学校 | 학교 |
| 主に | 주로 | 書かれる | 쓰이다 | 買って来る | 사오다 |
| お休みになる (寝る) | 주무시다 | 柿 | 감 | カップラーメン | 컵라면 |
| おりる | 내리다 | 鍵 | 열쇠 | 活躍 | 활약 |
| おろす | 내리다, 찾다 (お金を) | かき氷 | 팥빙수, 빙수 | 活用 | 활용 |
| 終わり | 마지막, 끝 | 書留 | 등기 | かなう | 이루어지다 |
| 終わる | 끝나다, 마치다 | 書く | 쓰다, 적다 | かなしい | 슬프다 |
| 追われる | 쫓기다 | 描く | 그리다 | 必ず | 꼭, 반드시 |
| 音楽 | 음악 | 嗅ぐ | 맡다 | かなり | 꽤 |
| 音楽学科 | 음악학과 | 書くこと | 쓰기 | カニ | 게 |
| 温泉 | 온천 | 各種 | 각종 | 加入 | 가입 |
| 温度 | 온도 | 隠す | 숨기다 | 彼女 | 그녀 |
| 女 | 여자 | 学生 | 학생 | 彼女 (ガールフレンド) | 여자 친구 |
| | | 学年 | 학년 | かばん | 가방 |
| | か | 学生証 | 학생증 | 花瓶 | 꽃병 |
| 〜科 | −과 | 学生食堂 | 학생식당 | カフェ | 카페, 커피숍 |
| 〜が | −가/ 이, −께서 (尊敬) | カクトゥギ | 깍두기 | カフェラッテ | 카페라테 |
| 〜が (逆接) | −지만 | 確認 | 확인 | かぶせる | 덮다 |
| 〜か? | −느냐/냐?/−니? | 学問 | 학문 | かぶる (帽子を) | 쓰다 |
| カード | 카드 | 隠れる | 숨다 | 壁 | 벽 |
| ガールフレンド | 여자 친구 | 影 | 그늘, 그림자 | 咬まれる | 물리다 |
| 〜階 | −층 | 掛け算 | 곱하기 | 我慢する | 참다, 견디다 |
| 〜回 | −번 | 駆け出し, 新米 | 새내기 | 髪 | 머리, 머리카락 |
| 貝 | 조개 | 〜か月 | −개월 | 紙 | 종이 |
| 海外 | 해외 | かける | 걸다 (物や電話など), 들이다 (資金・時間など), 뿌리다 (調味料など) | 噛む | 씹다 |
| 会議 | 회의 | | | カモ | 오리 |
| 会計 (店で) | 계산 | | | かゆい | 가렵다 |
| 外国 | 외국 | | | 歌謡 | 가요 |
| 外国語 | 외국어 | 過去 | 과거 | 通う | 다니다 |
| 外国人 | 외국인 | 傘 | 우산 | 火曜日 | 화요일 |
| 海産物 | 해산물 | かささぎ | 까치 | 〜から (原因, 理由) | − (으)니까, −기 때문에 |
| 会社 | 회사 | 重なる (スケジュールなど) | 겹치다 | | |
| 会社員 | 회사원 | | | | |
| 会食 | 회식 | 火山 | 화산 | 〜から (時間, 順序) | −부터 |
| 海鮮 (海鮮物) | 해산물 | 菓子 | 과자 | | |
| 改善 | 개선 | 火事 | 불 | 〜から (場所, 起点) | −에서 |
| | | 賢い | 똑똑하다 | | |

| 辛い | 맵다 | 期間 | 기간 | 今日 | 오늘 |
|---|---|---|---|---|---|
| カラオケボックス | 노래방 | 聞き取る（理解して） | 알아듣다 | 教育・臨床心理学科 | 교육・임상심리학과 |
| からかう | 놀리다 | 企業 | 기업 | 教科書 | 교과서 |
| カラス | 까마귀 | きく | 묻다（尋ねる）, | 餃子 | 만두 |
| ガラス | 유리 | | 듣다（聞く） | 教師 | 교사 |
| 体 | 몸 | きくこと | 듣기 | 行事 | 행사 |
| 借りる | 빌리다 | 危険だ | 위험하다 | 教室 | 교실 |
| カルビ | 갈비 | きこえる | 들리다 | 教授 | 교수 |
| 彼 | 그 | 帰国 | 귀국 | 教授（尊敬表現） | 교수님 |
| カレーライス | 카레라이스 | 着させる | 입히다 | 兄弟 | 형제 |
| 彼氏（ボーイフレンド） | 남자 친구 | 刻む（料理などで） | 썰다 | 教卓 | 교탁 |
| 川 | 강, 시내 | 技術 | 기술 | 牛乳 | 우유 |
| かわいい | 귀엽다, 예쁘다 | きず | 상처（傷）, 흠（疵） | 業務 | 업무 |
| かわいそうだ | 불쌍하다 | 季節 | 계절 | 漁業 | 어업 |
| 乾く | 마르다 | 競う | 싸우다, 겨루다 | 去年 | 지난해, 작년 |
| 代わり（に） | 대신 | 北 | 북쪽 | 霧 | 안개 |
| 変わる | 바뀌다, 변하다 | ギター | 기타 | 切り取り | 잘라내기 |
| 缶 | 캔 | 期待 | 기대 | 義理の父 | |
| 韓屋 | 한옥 | 汚い | 더럽다, 지저분하다 | （嫁ぎ先の） | 시아버지 |
| 考え | 생각 | 几帳面だ | 꼼꼼하다 | 義理の母 | |
| 考える | 생각하다 | 喫茶店 | 찻집, 카페, 커피숍 | （嫁ぎ先の） | 시어머니 |
| 環境 | 환경 | 切手 | 우표 | 気力 | 기운 |
| 関係 | 관계 | きっと | 꼭, 반드시 | 気力がわく | 기운이 나다 |
| 観光 | 관광 | きつね | 여우 | 切る（ばっさりと） | 자르다（ばっさりと）, |
| 観光客 | 관광객 | きっぱり | 딱 | | 썰다（薄く） |
| 看護学科 | 간호학과 | 切符 | 표 | 着る | 입다 |
| 韓国 | 한국 | 切符売り場 | 표 사는 곳 | ～切れ（魚など） | －토막 |
| 韓国語 | 한국말, 한국어 | 軌道 | 궤도 | 切れ目（料理などの） | 칼집 |
| 韓国人 | 한국 사람, 한국인 | 気になる | 궁금하다, | 切れる | 끊기다 |
| 韓国料理 | 한국요리, 한식 | | 마음에 걸리다 | きれいだ | 예쁘다（美しい/可愛い）, |
| 看護師 | 간호사 | 昨日 | 어제 | | 깨끗하다（清潔だ） |
| 感じ | 느낌 | 気分 | 기분 | 気をつける | 조심하다 |
| 漢字 | 한자 | 期末試験 | 기말 시험, 기말 고사 | 禁煙 | 금연 |
| 感謝 | 감사 | キムチ | 김치 | 銀行 | 은행 |
| 観賞 | 감상 | キムチチゲ | 김치찌개 | 禁止 | 금지 |
| 感じる | 느끼다 | 決める | 정하다 | 近所 | 근처 |
| 関心 | 관심 | 気持ち | 마음（心）, 심정（心情） | 均等に | 골고루 |
| 関心がある | 관심이 많다 | 疑問 | 의문 | 勤務 | 근무 |
| 完成 | 완성 | 逆転 | 역전 | 金融 | 금융 |
| 元旦 | 설날 | キャッシュカード | 현금카드 | 金曜日 | 금요일 |
| 簡単だ | 간단하다, 쉽다 | キャベツ | 양배추 | ～く/に（副詞化） | －게 |
| 乾杯 | 건배 | キャンセル | 취소 | 空間 | 공간 |
| 韓服 | 한복 | 九 | 아홉, 구 | 空気 | 공기 |
| 漢方（韓方）医院 | 한의원 | 休暇 | 휴가 | 空港 | 공항 |
| 元来 | 원래 | 球技 | 구기 | 偶然に | 우연히 |
| 還暦 | 환갑 | 救急車 | 앰뷸런스 | 九月 | 구월 |
| 木 | 나무 | 休憩 | 휴식 | 草 | 풀 |
| 黄色 | 노랑 | 休講 | 휴강 | 腐る | 썩다 |
| 消える | 사라지다（人や物など）, | 休日 | 휴일 | くじ | 뽑기 |
| | 지워지다（文字など） | 九十 | 아흔 | くしゃみ | 재채기 |
| 記憶 | 기억 | 旧正月 | 구정 | 薬 | 약 |
| 機会 | 기회 | 急だ | 급하다 | 薬を飲む | 약을 먹다 |
| 機械工学科 | 기계공학과 | 急に | 갑자기 | 癖 | 버릇 |
| 着替える | 갈아입다 | 牛肉 | 소고기 | 果物 | 과일 |
| 気がかりだ | 걱정되다, 궁금하다 | きゅうり | 오이 | 百済 | 백제 |
| 気が気でない | 정신없다 | 旧暦 | 음력 | 口 | 입 |
| 企画 | 기획 | 清い | 맑다 | 口紅 | 립스틱 |

| | | | | | |
|---|---|---|---|---|---|
| 靴 | 구두, 신발 | 消す | 지우다 (文字、記憶など), 끄다 (電源、明かりなど) | 紅茶 | 홍차 |
| 靴下 | 양말 | 結果 | 결과 | 交通 | 교통 |
| ぐっすり | 푹 | 結婚 | 결혼 | 交通カード | 교통카드 |
| くっつく | 붙다 | 結婚相手の実家 (男性にとって) | 장가 | 肯定的 | 긍정적 |
| くっつける | 붙이다 | | | 行動 | 행동 |
| ～くて／（し）て | -아/어서 | 結婚相手の実家 (女性にとって) | 시집, 시댁 | 購入 | 구입 |
| 国 | 나라 | | | 幸福だ | 행복하다 |
| 首 | 목 | 結婚式 | 결혼식 | 公務員 | 공무원 |
| クマ | 곰 | 欠席 | 결석 | ～（を）こうむる | 당하다 |
| 雲 | 구름 | 決断 | 결단 | 高麗 | 고려 |
| ～くらい | -쯤, 정도 | 月曜日 | 월요일 | 効率的 | 효율적 |
| 暗い | 어둡다 | けれども | 하지만 | 合理的 | 합리적 |
| クラシック | 클래식 | 喧嘩する | 싸우다 | 交流 | 교류 |
| 暮らす | 살다, 지내다 | 玄関 | 현관 | 声 | 소리, 목소리 |
| 栗 | 밤 | 元気 | 기운, 힘 | コート | 코트 |
| 来る | 오다 | 元気が出る | 기운이 나다, 힘이 나다 | コーヒー | 커피 |
| グループ | 그룹, 조 | 研究室 | 연구실 | コーヒーカップ | 커피잔 |
| 車 | 차 | 研究棟 | 연구동 | コーヒーショップ | 커피숍 |
| 車が混む | 차가 밀리다 | 現金 | 현금 | コーラ | 콜라 |
| グレー | 회색 | 健康 | 건강 | 氷 | 얼음 |
| クレジットカード | 신용카드 | 健康運動科学科 | 건강운동과학과 | ゴール | 골 |
| くれる | 주다 | 現在 | 현재 | 五月 | 오월 |
| 黒 | 까망 | 検索 | 검색 | 故郷 | 고향 |
| 黒い | 까맣다 | 謙遜 | 겸손 | 漕ぐ | 젓다 |
| 苦労 | 고생 | 現代 | 현대 | 国籍 | 국적 |
| 詳しく | 자세히, 자세하게 | 建築学科 | 건축학과 | 国内 | 국내 |
| 軍隊 | 군대 | 見物 | 구경 | 黒板 | 칠판 |
| 訓民正音 | 훈민정음 | ～個 | -개 | 国民 | 국민 |
| 毛 | 털 | 五 | 다섯, 오 | 午後 | 오후 |
| 経営学科 | 경영학과 | ～後 | 후 | 心 | 마음 |
| 経営者 | 경영자 | 語彙 | 어휘 | 小さじ (料理用語) | 작은 술 |
| 経営法学科 | 경영법학과 | 子犬 | 강아지 | 腰 | 허리 |
| 計画 | 계획 | 恋人 | 애인 | 五十 | 쉰 |
| 蛍光ペン | 형광펜 | 公園 | 공원 | コショウ | 후추, 후춧가루 |
| 経済学部 | 경제학부 | 公演 | 공연 | 故障 | 고장 |
| 経済学科 | 경제학과 | 効果 | 효과 | 故障する | 고장 나다 |
| 警察 | 경찰 | 公開 | 공개 | 午前 | 오전 |
| 警察官 | 경찰관 | 郊外 | 교외 | コチュジャン | 고추장 |
| 計算 | 계산 | 合格 | 합격 | こちら | 이쪽 |
| 形式 | 형식 | 工学部 | 공학부 | 国会 | 국회 |
| 掲示板 | 게시판 | 交換学生 | 교환학생 | 小遣い | 용돈 |
| 慶州 | 경주 (地名) | 講義室 | 강의실 | コック | 요리사 |
| 携帯電話 | 휴대전화, 핸드폰, 휴대폰 | 講義棟 | 강의동 | 小包 | 소포 |
| | | 工業 | 공업 | コップ | 컵 |
| 芸能人 | 연예인 | 高句麗 | 고구려 | ～（する）こと | 데, 일 |
| ケーキ | 케이크 | 合計 | 합계 | ～（する）こと (名詞化) | -기 |
| ゲーム | 게임 | 高校 | 고등학교 | ～（する）ことができない | -ㄹ/을 수 없다 |
| 外科 | 외과 | 高校生 | 고등학생 | ～（する）ことができる | -ㄹ/을 수 있다 |
| 怪我する | 다치다 | 広告 | 광고 | 今年 | 금년, 올해 |
| 劇場 | 극장 | 口座 | 계좌 | 今年 (の) | 올 |
| 今朝 | 오늘 아침 | 工事 | 공사 | 異なる | 다르다 |
| 景色 | 경치 | ～号室 | -호실 | ～ことにする | -기로 하다 |
| 消しゴム | 지우개 | 工場 | 공장 | ことば | 말 |
| 下宿 | 하숙집, 하숙 | 香水 | 향수 | 子ども | 애, 아이, 어린이 (概念的) |
| 化粧 | 화장 | 高速道路 | 고속도로 | | |
| 化粧室 | 화장실 | 高速バス | 고속버스 | 断る | 거절하다 |
| 化粧品 | 화장품 | | | 五人で | 다섯이서 |

| | | | | | | |
|---|---|---|---|---|---|
| この | 이 | 先払い | 선불 | CD | 시디 |
| 好む | 좋아하다 | 昨年 | 작년, 지난해 | ジーパン | 청바지 |
| このように | 이렇게 | 作品 | 작품 | 自営業 | 자영업 |
| 残る | 남다 | 作文 | 작문 | 塩 | 소금 |
| ご飯 | 밥 | 桜 | 벚꽃, 벚나무 | 塩加減 | 간 |
| コピー | 복사 | 酒 | 술 | 塩辛い | 짜다 |
| こぼす | 흘리다 | 裂ける | 찢어지다 | 歯科 | 치과 |
| ゴマ | 참깨 | さじ | 숟가락 | 司会 | 사회 |
| ゴミ | 쓰레기 | 差し上げる | 드리다 | 資格 | 자격 |
| ゴミ箱 | 쓰레기통 | 差出人 | 보내는 사람 | 資格証 | 자격증 |
| 米 | 쌀 | 刺身 | 회 | しかし | 하지만, 그러나, |
| 込める (意味、感情等) | 담다 | 座席 | 자리 | | 그렇지만 |
| 堪える | 참다 | 左折 | 좌회전 | 四月 | 사월 |
| ご両親 | 부모님 | ～させる | －시키다 | しかも | 게다가, 더구나, |
| これ | 이것 | 定める | 정하다 | | 더군다나 |
| これから | 앞으로 | ～冊 | －권 | 志願 | 지원 |
| 転ぶ | 넘어지다 | 雑貨 | 잡화 | ～時間 | －시간 |
| 怖い | 겁이 나다, 무섭다 | サッカー | 축구 | 時間 | 시간 |
| 今月 | 이번 달 | さっき | 아까 | 時給 | 시급 |
| 今後 | 앞으로 | 冊子 | 책자 | 事業 | 사업 |
| コンサート | 콘서트 | 雑誌 | 잡지 | しきりに | 자꾸 |
| 混雑している | 복잡하다 | ざっと (見る) | 쭉 | 敷く | 깔다 |
| 今週 | 이번주 | さっぱりしている | 시원하다 | 試験 | 시험 |
| 今度 (の) | 이번 | サツマイモ | 고구마 | 事件 | 사건 |
| こんにちは (あいさつ) | 안녕하십니까? | 砂糖 | 설탕 | 自己紹介 | 자기소개 |
| 今晩 | 오늘 밤 | 悟る | 깨닫다 | 自己紹介書 | 자기소개서 |
| コンビニ | 편의점 | サバ | 고등어 | 仕事 | 일 |
| コンピュータ | 컴퓨터 | さびしい | 외롭다 | 指示 | 지시 |
| 昆布 | 다시마 | さほど | 별, 별로 | 事実 | 사실 |
| | | 冷ます | 식히다 | 辞書 | 사전 |
| | | 寒い | 춥다 | 自信 | 자신 |
| **さ** | | 覚める (目が) | 깨다 | 自信がつく | 자신이 생기다 |
| サークル | 동아리 | さようなら | 안녕히 계세요/ | 静かだ | 조용하다 |
| サービス | 서비스 | (あいさつ) | 안녕히 가세요 | 静かに | 조용히 |
| ～歳 (才) | －살 | 皿 | 접시 | 沈む | 가라앉다 |
| 在学 | 재학 | 皿洗い | 설거지 | 自然 | 자연 |
| 最近 | 최근, 요즘 | さらに | 더욱, 더 | 下 | 밑, 아래 (下方) |
| 歳月 | 세월 | ～される | －당하다 | ～した～ | －ㄴ/은 |
| 最後 | 마지막, 끝 | 騒ぐ | 떠들다 | | (動詞の過去連体形) |
| 最高 | 최고 | さわやかだ | 선선하다 (涼しい), | ～ていた～ | －던 (回想過去) |
| 祭祀 | 제사 | | 상쾌하다 (爽快だ) | 従う | 따르다 |
| 最終 (電車、バスなど) | 막차 | 触る | 만지다 | 下着 | 속옷 |
| 済州島 | 제주도 | ～さん | －씨 | 親しい | 친하다 |
| 最初の～ | 첫 | 三 | 셋, 삼 | 七月 | 칠월 |
| 最善 | 최선 | 三～ | 세 | シッケ (甘酒のよう | 식혜 |
| サイダー | 사이다 | 三月 | 삼월 | な飲み物) | |
| 財布 | 지갑 | 残業 | 야근 | 知っている | 알다 |
| 採用 | 채용 | 産業経済学科 | 산업경제학과 | 質問 | 질문 |
| 材料 | 재료 | 三十 | 서른 | 実力 | 실력 |
| 幸い | 다행 | 参照 | 참조 | 辞典 | 사전 |
| サイン | 서명, 사인 | 参席 | 참석 | 自転車 | 자전거 |
| ～さえ | －조차 | 三人で | 셋이서 | 辞典を引く | 사전을 찾다 |
| ～ (し) さえすれば | －기만 하면 | 残念だ | 안타깝다 | 自動車 | 자동차, 차 |
| 探す | 찾다 | 散歩 | 산책 | 自動ドア | 자동문 |
| 魚 | 물고기 (生き物としての), | ～時 (じ) | －시 | 市内 | 시내 |
| | 생선 (食べ物としての) | 仕上げ | 마무리 | 死ぬ | 죽다 |
| 先に | 먼저 | 幸せだ | 행복하다 | しばしば | 자주 |
| さきの～ | 지난 | | | | |

| | | | | | |
|---|---|---|---|---|---|
| 始発 | 첫차 | 充分 | 충분 | 情報 | 정보 |
| 支払う | 치르다, 지불하다 | 周辺 | 주변 | 消防署 | 소방서 |
| しばらく | 잠시, 잠깐 | 週末 | 주말 | 醤油 | 간장 |
| 縛る | 매다 | 重要だ | 중요하다 | 将来 | 앞으로, 장래 |
| 自販機 | 자판기 | 授業 | 수업 | ジョーク | 농담 |
| 自分 | 자기 | 塾 | 학원 | 初級 | 초급 |
| 自分から | 스스로 | 宿題 | 숙제 | ジョギング | 조깅 |
| 島 | 섬 | 宿泊 | 숙박 | 食あたり | 배탈 |
| 姉妹 | 자매 | 授賞式 | 시상식 | 職員 | 직원 |
| しまっておく | 간직하다 | 手術 | 수술 | 職業 | 직업 |
| 閉まる | 닫히다 | 主人 (お店など) | 주인 | 食事 | 식사 |
| 染み込む | 배다 | 主人公 | 주인공 | 食卓 | 식탁 |
| 事務室 | 사무실 | 受信料 | 수신료 | 食堂 | 식당 |
| 締め切り | 마감 | 出国 | 출국 | 食品 | 식품 |
| 締めくくり | 마무리 | 出産 | 출산 | 食欲がない | 입맛이 없다, |
| 湿っぽい | 습하다 | 出席 | 출석 | | 식욕이 없다 |
| 閉める | 닫다 | 出発 | 출발 | 助言 | 조언 |
| 地面 | 땅 | 首都 | 수도 | 女子学生 | 여학생 |
| ジャージャー麺 | 자장면 | 取得 | 취득 | 書式 | 서식, 양식 |
| シャープペンシル | 샤프 (펜슬) | 主婦 | 주부 | 女性 | 여성 |
| 社員 | 사원 | 趣味 | 취미 | しょっちゅう | 자주 |
| 社会 | 사회 | 〜種類 | −가지 | ショッピング | 쇼핑 |
| 社会数理・情報イン | 사회수리・정보 인스티 | 種類 | 종류 | 書店 | 서점 |
| スティテュート | 튜트 | 順序 | 순서 | 書道 | 서예 |
| 社会デザイン工学科 | 사회디자인공학과 | 順番 | 차례 | 序盤 | 초반 |
| ジャガイモ | 감자 | 準備 | 준비 | 処分 | 처분 |
| 市役所 | 시청 | 情 | 정 | 処方箋 | 처방전 |
| 社交的 | 사교적 | 〜しょうか | −ㄹ/을까요? | 書類 | 서류 |
| 写真 | 사진 | 生姜 | 생강 | 新羅 | 신라 |
| 写真集 | 사진집 | 情が厚い | 정이 많다 | 知らせる | 알리다 |
| ジャズ | 재즈 | 紹介 | 소개 | 知らない | 모르다 |
| 社長 | 사장님 | 障がい | 장애 | 知られる | 알려지다 |
| 若干 | 약간 | 商学科 | 상학과 | 尻 | 엉덩이 |
| 〜じゃない | −가/ 이 아니다 | 小学生 | 초등학생 | シリアル | 시리얼 |
| 〜じゃないですか | −잖아요 | 商学部 | 상학부 | 資料 | 자료 |
| 車輪 | 바퀴 | 正月 | 설 | 汁 | 국물 |
| シャワー | 샤워 | 小学校 | 초등학교 | 記す | 적다 |
| シャンプー | 샴푸 | 将棋 | 장기 | じれったい | 답답하다 |
| 週 | 주 | 定規 | 자 | 白 | 하양 |
| 十 | 열, 십 | 上級 | 고급, 상급 | 〜しろ | −아/어라 |
| 十一月 | 십일월 | 商業 | 상업 | 白い | 하얗다 |
| 集会 | 집회 | 条件 | 조건 | 白ネギ | 대파 |
| 修学旅行 | 수학여행 | 上司 | 상사 | 新学期 | 새 학기, 신학기 |
| 十月 | 시월 | 少々 (時間) | 잠깐, 잠깐만 | 信号 | 신호등 |
| 〜週間 | −주일 | 少々お待ちを | 잠깐만요 | 審査 | 심사 |
| 習慣 | 습관 | 生じる | 생기다 | 人材 | 인재 |
| 宗教 | 종교 | 上手だ | 잘하다 | 人事 | 인사 |
| 就業 | 취업 | 使用する | 사용하다 | 進出 | 진출 |
| 修士 | 석사 | 小説 | 소설 | 信じる | 믿다 |
| 住所 | 주소 | 招待 | 초대 | 申請 | 신청 |
| 就職 | 취직 | 渋滞する | 차가 밀리다/ | 人生 | 인생, 삶 |
| ジュース | 주스 | | 길이 막히다 | 親戚 | 친척 |
| 修正液 | 수정액, 화이트 | 冗談 | 농담 | 親切だ | 친절하다 |
| 渋滞する | 차가 밀리다/ | 焼酎 | 소주 | 新鮮だ | 신선하다, 싱싱하다 |
| | 길이 막히다 | 商品 | 상품 | 身長 | 키 |
| 柔道 | 유도 | 上品だ | 고상하다, 기품 있다 | しんどい | 힘들다 |
| 十二月 | 십이월 | 譲歩 | 양보 | 新入社員 | 신입 사원 |

| | | | | | |
|---|---|---|---|---|---|
| 新入生 | 신입생 | スポーツ科学部 | 스포츠과학부 | 先生 | 선생님 |
| 新年 | 새해, 신년 | ズボン | 바지 | 全然 | 전혀 |
| 心配 | 걱정 | スマートフォン | 스마트폰 | 先祖 | 조상 |
| 新婦 | 신부 | 済ます | 마치다 | 戦争 | 전쟁 |
| 新聞 | 신문 | すまない | 미안하다 | 洗濯 | 빨래, 세탁 |
| 人文学部 | 인문학부 | すみません | 미안합니다/ 죄송합니다 | 選択 | 선택 |
| 心理 | 심리 | 住む | 살다 | センチ | 센치 |
| 新郎 | 신랑 | 相撲 | 씨름 | 先輩 | 선배 |
| 神話 | 신화 | すらりとしている | 날씬하다 | 全部 | 다, 모두, 전부 |
| 水泳 | 수영 | ~する~・であろう~ | -ㄹ/을 (未来連体形) | 善良だ | 착하다, 선량하다 |
| スイカ | 수박 | する | 하다 | 象 | 코끼리 |
| 推薦 | 추천 | ~する(している)~ | -는 (動詞・存在詞の現在連体形) | 掃除 | 청소 |
| 水筒 | 물통 | | | 葬式 | 장례식 |
| 水道 | 수도 | ~する価値がある | -ㄹ/을 만하다 | 想像 | 상상 |
| 水道水 | 수돗물 | 座らせる | 앉히다 | そうだ | 그렇다 |
| 水曜日 | 수요일 | 座る | 앉다 | そうです | 그래요, 맞아요 |
| 吸う (タバコ等) | 피우다 | 澄んでいる | 맑다 | そうですとも | 그럼요 |
| 数字 | 숫자 | スントゥブチゲ | 순두부찌개 | 雑煮 | 떡국 |
| 数日 | 며칠 | 背 (身長) | 키 | ソウル | 서울 (地名) |
| スーツ | 정장, 양복 | 生 | 삶 | ~足 (そく) | -켤레 |
| スーパーマーケット | 슈퍼마켓 | 性格 | 성격 | 速達 | 빠른우편 |
| スープ | 국물, 스프 | 正確だ | 정확하다 | そして | 그리고 |
| 末っ子 | 막내 | 生活 | 생활 | 育てる | 키우다 |
| スカート | 치마 | 税金 | 세금 | そちら | 그쪽 |
| すがた | 모습 | 清潔だ | 깨끗하다 | 卒業 | 졸업 |
| スキー | 스키 | 成功 | 성공 | 卒業式 | 졸업식 |
| 好きだ | 좋아하다 | 生産量 | 생산량 | 外 | 밖 |
| 過ぎる | 지나다 | 誠実だ | 성실하다 | その | 그 |
| すぐ (に) | 곧, 금방, 바로 | 清酒 | 청주 | その他 | 기타 |
| すく (おなかが) | 고프다 | 精神 | 정신 | その通りです | 맞아요 |
| 少ない | 적다 | 成績 | 성적 | そのまま | 그대로 |
| 優れる | 뛰어나다, 우수하다 | 生年月日 | 생년월일 | そのように | 그렇게 |
| スケート | 스케이트 | 正門 | 정문 | 祖父 | 할아버지 |
| すごい | 대단하다, 굉장하다 | 整理する | 정리하다, 정돈하다 | ソファー | 소파 |
| すごく | 굉장히 | 世界 | 세계 | 祖母 | 할머니 |
| 少し | 조금, 좀 | 背が高い | 키가 크다 | 空 | 하늘 |
| 少しして | 이따가 | せき (風邪など) | 기침 | それ | 그것 |
| 過ごす | 지내다 | 席 | 자리 | それで | 그래서 |
| 寿司 | 초밥 | せっかちだ | 급하다 | それでは | 그럼 |
| スジョンガ (水正果) | 수정과 | 石鹸 | 비누 | それでも | 그래도 |
| すずしい | 시원하다, 선선하다 | 絶対 | 절대 | 尊敬 | 존경 |
| 勧める | 추천하다, 권유하다 | 説明 | 설명 | | |
| ~ずつ | -씩 | 説明書 | 설명서 | | た |
| ずっと | 쭉 (距離・時間など), 훨씬 (程度), 계속 (続けて) | 狭い | 좁다 | ~たい | -고 싶다 |
| | | セルフサービス | 셀프, 셀프서비스 | ~代 | -대 |
| | | ゼロ | 공, 영 | ~台 | -대 |
| 酸っぱい | 시다 | 千 | 천 | 体育館 | 체육관 |
| すてきだ | 예쁘다, 멋있다 | 前回 | 지난 번 | ダイエット | 다이어트 |
| すでに | 벌써, 이미 | 洗顔 | 세수 | 大会 | 대회 |
| 捨てる | 버리다 | 先月 | 지난 달 | 退学 | 퇴학 |
| ストレス | 스트레스 | 専攻 | 전공 | 大学 | 대학교, 대학 |
| すなわち | 곧 | 選考 | 전형 | 大学生 | 대학생 |
| スプーン | 숟가락 | 全国 | 전국 | 大韓民国 | 대한민국 |
| スペイン | 스페인 | 洗剤 | 세제 | 退屈だ | 심심하다 |
| すべて | 다, 모두 | 選手 | 선수 | 大根 | 무 |
| スポーツ | 스포츠 | 先週 | 지난주 | 大使館 | 대사관 |
| スポーツ科学科 | 스포츠과학과 | センス | 센스 | 大事にする | 아끼다 |

| 体重 | 몸무게, 체중 |
| 大丈夫だ | 괜찮다 |
| 退職金 | 퇴직금 |
| 対する | 대하다 |
| 大西洋 | 대서양 |
| 大切だ | 소중하다, 중요하다 |
| 大卒 | 대졸 |
| 体調が悪い | 몸이 안 좋다 |
| 大統領 | 대통령 |
| 台所 | 부엌 |
| 第二外国語 | 제이외국어 |
| 代表 | 대표 |
| 代表取締役 | 대표이사 |
| ダイビング | 다이빙 |
| タイプ | 타입 |
| 台風 | 태풍 |
| 大部分 | 대부분, 거의 |
| 太平洋 | 태평양 |
| 大変だ (苦労や疲労) | 힘들다 |
| 大変なことになる | 큰일 나다 |
| 題名 | 제목 |
| 太陽 | 태양, 해 |
| 台湾 | 타이완, 대만 |
| ダウンロード | 다운로드 |
| 耐える | 참다 |
| タオル | 수건 |
| 倒れる | 쓰러지다 |
| ～だが | −ㄴ데/는데/은데 |
| 高い | 높다 (高度、水準など), 비싸다 (値段) |
| 互いに | 서로 |
| 高さ (高度) | 높이 |
| だから | 그러니까, 그래서, 그러므로 |
| 宝くじ | 복권 |
| 抱かれる | 안기다 |
| 滝 | 폭포 |
| 炊く (ごはん) | 짓다 |
| 抱く | 안다 |
| たくさん | 많이 |
| タクシー | 택시 |
| 宅配 | 택배 |
| 竹 | 대나무 |
| ～だけ | −만, −뿐 |
| ～ (する) だけのことはある | −ㄹ/을 만하다 |
| 凧揚げ | 연날리기 |
| ～たことがある | −ㄴ/은 적이 있다 |
| ～たことがない | −ㄴ/은 적이 없다 |
| 足し算 | 더하기 |
| 出す | 내다 |
| 助けてあげる (くれる) | 도와주다 |
| 助ける | 구하다 (救出), 돕다 (手助け) |
| 尋ねてみる | 물어보다 |
| 尋ねる | 묻다 |

| ただ | 그냥 |
| たたかう | 싸우다 |
| ～たち | −들 |
| 立ち上がる | 일어서다 |
| 立ち去る | 떠나다 |
| 立場 | 입장 |
| 立ち寄る | 들르다 |
| 発つ | 떠나다 |
| 立つ | 서다 |
| 建つ | 세워지다 |
| タッカルビ | 닭갈비 |
| 卓球 | 탁구 |
| 宅急便 | 택배 |
| ～だった～ | −ㄴ/은 (形容詞・指定詞の現在連体形) |
| ～だった～ | −던 (存在詞・形容詞・指定詞の過去形), −았던/었던 (過去完了形) |
| 建物 | 건물 |
| 建てる | 짓다 |
| 立てる | 세우다 |
| たとえば | 예를 들어, 가령 |
| ～だと考える | − (이) 라고 생각하다 |
| 楽しい | 즐겁다 |
| 楽しむ | 즐기다 |
| タバコ | 담배 |
| たぶん | 아마 |
| たべさせる | 먹이다 |
| 食べ過ぎ | 과식 |
| 食べ物 | 음식 |
| 食べられる | 먹히다 |
| 食べる | 먹다 |
| 卵 | 알 |
| 卵 (鶏卵) | 계란 |
| 魂 | 넋 |
| だます | 속이다 |
| 玉ねぎ | 양파 |
| たまる (仕事など) | 쌓이다, 밀리다 |
| だめだ | 안 되다 |
| ～ (する) ために | −기 위해 |
| ～たら | − (으) 면 |
| タラ (魚) | 대구 |
| ～たらいい | − (으) 면 되다 |
| ～たり | −거나 |
| 足りない | 모자라다 |
| 誰 | 누구 |
| 誰が | 누가 |
| 誰も | 아무도 |
| ～だろう | −ㄹ/을 것이다 |
| タワー | 타워 |
| 単位 (学校の) | 학점 |
| 単位をとる | 학점을 따다 |
| 単語 | 단어 |
| 炭酸飲料 | 탄산음료 |
| 男子学生 | 남학생 |
| 男女 | 남녀 |
| 誕生日 | 생일 |

| たんす | 옷장 |
| ダンス | 댄스 |
| 男性 | 남성 |
| 担当者 | 담당자 |
| 淡泊だ | 담백하다 |
| 暖房 | 난방 |
| 血 | 피 |
| 地域 | 지역 |
| 小さい | 작다 |
| チーズケーキ | 치즈케이크 |
| チーム | 팀 |
| チーム長 | 팀장 |
| チェック | 체크 |
| 地下 | 지하 |
| 近い | 가깝다 |
| 違う | 다르다, 틀리다 |
| 近く | 근처, 가까이 |
| 地下鉄 | 지하철 |
| 力 | 힘 |
| 力が出る | 힘이 나다 |
| 地球圏科学科 | 지구권과학과 |
| チキン | 치킨 |
| 畜産業 | 축산업 |
| チケット | 티켓, 표 |
| 遅刻 | 지각 |
| 地図 | 지도 |
| 父 | 아버지 |
| 地方 | 지방 |
| チャージ | 충전 |
| 茶色 | 갈색 |
| 着陸 | 착륙 |
| 茶の間 | 거실 |
| チャプチェ | 잡채 |
| チュー (キス) | 뽀뽀 |
| ～中 | −중 |
| 注意 (気をつけること) | 조심 |
| 中学生 | 중학생 |
| 中華料理 | 중국요리, 중식 |
| 中間 | 중간 |
| 中級 | 중급 |
| 中国 | 중국 |
| 中国語 | 중국말, 중국어 |
| 注射 | 주사 |
| 駐車 | 주차 |
| 駐車場 | 주차장 |
| 中秋 | 추석, 한가위 |
| 昼食 | 점심 |
| 中心 | 중심 |
| チューター | 도우미 |
| 中火 (料理用語) | 중불 |
| 注文 | 주문 |
| 注文する | 주문하다, 시키다 |
| 駐車する | 주차하다 |
| 蝶 | 나비 |
| 長兄 | 맏형, 큰오빠 |
| 聴講 | 청강 |
| 調査 | 조사 |

| | | | | | | |
|---|---|---|---|---|---|
| 長女 | 맏딸, 장녀 | 爪 (手) | 손톱 | ~ですって? | ─ (이) 라고요? |
| 朝食 | 아침 | 冷たい | 차다, 차갑다 | テスト | 시험, 테스트 |
| 挑戦 | 도전 | ~つもりだ | ─ㄹ/을 것이다 | ~ですね (感嘆) | ─군요/는군요, ─네요 |
| 朝鮮 | 조선 | 積もる | 쌓이다 | 手帳 | 수첩 |
| 朝鮮時代 | 조선시대 | 梅雨 | 장마 | 手伝う | 돕다 |
| 朝鮮民主主義 | 조선민주주의 | 梅雨どき | 장마철 | 手続き | 수속 |
| 人民共和国 | 인민공화국 | 強い | 강하다 | 徹夜する | 밤새다 |
| ちょうど | 바로, 마침, 딱 (ぴった | つらい | 힘들다 | 出ていく | 나가다 |
| | り) , 막 (たった今) | つり | 낚시 | 出てくる | 나오다 |
| 長男 | 맏아들, 장남 | ~て (先行動作, 理由) | ─아/어서 | テナガダコ炒め | 낙지볶음 |
| チョーク | 분필 | ~て (並列, 方法, 完了) | ─고 | テニス | 테니스 |
| チョゴリ | 저고리 | 手 | 손 | では | 그럼 |
| チョコレート | 초콜릿 | ~で (道具, 方法, 手段) | ─ (으) 로 | ~てはいけない | ─ (으) 면 안 되다 |
| 直行 | 직행 | ~てあげる | ─아/어 주다 | プッチムゲ | 부침개 |
| ちょっと | 좀, 조금 | 手当 | 수당 | ~ではない | ─가/ 이 아니다 |
| 散らかっている | 지저분하다 | 提案 | 제안 | ~ではなく | ─가/이 아니라 |
| 治療 | 치료 | DVD | 디브이디 | 手袋 | 장갑 |
| 賃貸 | 임대 | 定期試験 | 정기시험 | 手袋をする | 장갑을 끼다 |
| 追加する | 추가하다, 더하다 | ~ていく | ─아/어 가다 | 手振り | 손짓 |
| 追跡 | 추적 | 提出 | 제출 | 出前 | 배달 |
| 通じる | 통하다 | 定食 | 정식 | ~てみる | ─아/어 보다 |
| 通信 | 통신 | ティッシュ | 티슈, 휴지 | 出迎え | 마중 |
| 通帳 | 통장 | 程度 | 정도 | ~てもよい | ─아/어도 되다 |
| 通訳 | 통역 | ~て以来 | ─ㄴ 지/은 지 | 寺 | 절 |
| 通話 | 통화 | 停留所 | 정거장, 정류장 | 出る | 나다 |
| 使う | 쓰다 | ~ている | ─고 있다 (進行・習慣) , | テレビ | 텔레비전, 티브이 |
| 捕まえる | 잡다 | | ─아/어 있다 (状態) | 点 | 점 |
| 捕まる | 잡히다 | 手入れ | 손질 | 店員 | 점원 |
| つかむ | 잡다 | デート | 데이트 | 天気 | 날씨 |
| 疲れている | 피곤하다 | テーブル | 테이블 | 電気 (照明) | 불 |
| 使われる | 쓰이다 | ~ておく | ─아/어 놓다, | 電気工学科 | 전기공학과 |
| 月 | 달 | | ─아/어 두다 | 電気炊飯器 | 전기밥솥 |
| 次 (の) | 다음 | 出かける | 나가다 | 電源 | 전원 |
| 付き合う (交際する) | 사귀다, 교제하다 | 手紙 | 편지 | 電子情報工学科 | 전자정보공학과 |
| 尽きる | 다하다 | ~てから | ─ㄴ/은 지 | 電子メール | 이메일 |
| 付く | 붙다 | (~て以降) | | 電車 | 전차, 전철 |
| 机 | 책상 | 適応 | 적응 | テンジャンチゲ | 된장찌개 |
| 尽くす | 다하다 | ~ (する) ことができ | ─ㄹ/을 줄 모르다 (技 | 電子レンジ | 전자레인지 |
| 作られる | 만들어지다 | ない | 能の有無), 못하다 | 伝統 | 전통 |
| 作る | 만들다 | ~できない | 못, ─지 못하다 | 展覧会 | 전람회 |
| 点ける | 켜다 | ~ (する) ことができる | ─ㄹ/을 줄 알다 | 電話 | 전화 |
| 伝える | 전하다 | | (技能の有無) | 電話番号 | 전화번호 |
| 土 | 흙 | できる | 생기다 (生じる、生まれる | ~ (する) と (あとの | ─ (으) 니 |
| 続く | 계속되다 | | など), 잘하다 (上手だ) | 状況の前置き) | |
| 続けて | 계속 | 出口 | 나가는 곳, 출구 | ~と (助詞) | ─와/과, ─하고, |
| 続ける | 계속하다 | ~てくる | ─아/어 오다 | | ─ (이) 랑 |
| つつましい | 겸손하다 | ~ (し) てくれと | ─아/어 달라고 | 戸 | 문 |
| 包む | 싸다 | ~てくれる | ─아/어 주다 | 問い合わせ | 문의 |
| つながる | 연결되다 | テコンドー | 태권도 | ドイツ | 독일 |
| つなげる | 연결하다 | デザイン | 디자인 | ドイツ語学科 | 독일어학과 |
| つねに | 항상 | ~てさしあげる | ─아/어 드리다 | トイレ | 화장실 |
| つぶす (料理で押さ | 다지다 | ~てしまう | ─아/어 버리다 | トイレットペーパー | 휴지, 두루마리휴지 |
| えるなどして) | | ~でしょう | ─죠 | 動画 | 동영상 |
| 妻 | 아내, 처 | ~です | ─ㅂ니다/습니다 | 唐辛子 | 고추 |
| 詰まる | 막히다 | ~ですか | ─ㅂ니까?/습니까?/ | 唐辛子粉 | 고춧가루 |
| 積む | 쌓다 | | ─나요? | 唐辛子味噌 | 고추장 |
| 爪 (足) | 발톱 | ~ですが | ─ㅂ니다만/습니다만 | 当時 | 당시 |

| | | | | | | |
|---|---|---|---|---|---|
| どうして | 왜 | 取り消し | 취소 | 何 | 무엇 |
| 搭乗 | 답승 | 鶏肉 | 닭고기 | 何~ (数える場合) | 몇- |
| 当然だ | 당연하다 | 鳥肌 | 닭살, 소름 | 何か | 뭔가, 무슨 |
| どうぞ | 어서 | 取引 | 거래 | 何も | 아무것도 |
| どうだ | 어떻다 | 努力 | 노력 | ナノサイエンス・イン | 나노 사이언스・인스티 |
| 到着 | 도착 | 撮る | 찍다 | スティテュート | 튜트 |
| 等々 | 등등 | 取る (資格、単位など) | 따다 | 鍋 | 냄비 |
| 東南アジア | 동남아시아 | どれ | 어느 것 | 名前 | 이름 |
| 投票 | 투표 | どれくらい | 얼마나 | 涙 | 눈물 |
| 豆腐 | 두부 | トロット (韓国演歌) | 트로트 | ナムル | 나물 |
| 動物 | 동물 | 泥棒 | 도둑 | 悩み | 고민 |
| 動物園 | 동물원 | 豚足 | 족발 | 習う | 배우다 |
| 同僚 | 동료 | どんな | 어떤 | なる | 되다 |
| 遠い | 멀다 | どんなに | 아무리 | 慣れている | 익숙하다 |
| ~ (する) 通りに | 대로 | ~と思ってです | -(으)려고요 | 慣れる | 익숙해지다 |
| ~とき | -ㄹ/을 때 | | | 何でも | 뭐든지, 아무거나 |
| とき | 때 | | な | | 何度も | 몇 번이나 |
| ときどき | 가끔 | ない | 없다 | 何日 | 며칠 |
| 解く | 풀다 | ~ない (否定) | 안-, -지 않다 | 何の | 무슨 |
| 読書 | 독서 | 内定 | 내정 | 何曜日 | 무슨 요일 |
| とくに | 특히, 특별히 | ~ないでおく | -지 말다 | ~に | -에 |
| 独立 | 독립 | ~ないで下さい | -지 마세요 | ~に (人、動物) | -에게, -한테, -께 (尊敬) |
| 時計 | 시계 | 内容 | 내용 | ~に/く (副詞化) | -게 |
| 解ける | 풀리다 | 直す | 고치다 | 二 | 둘, 이 |
| 遂げる | 이루다 | 治る | 낫다 | 二~ | 두 |
| どこ | 어디 | 中 | 안 (内側), 속 (内部) | 似合う | 어울리다 |
| 所 | 곳 | 長い | 길다 | ~に行く | - (으) 러 가다 |
| ところが・ところで | 그런데 | 仲がいい | 사이가 좋다 | におい | 냄새 |
| 登山 | 등산 | 長く | 오래, 길게 | 苦い | 쓰다 |
| 年 (歳) | 나이 | 長く経つ (時間) | 오래되다 | 二月 | 이월 |
| 都市 | 도시 | 長さ | 길이 | ~に関する | -에 관한 |
| ~年 | -년 | 流す | 흘리다 | 握る | 잡다 |
| ~ (する) としても | -더라도 | 泣かせる | 울리다 | 肉 | 고기, 살 |
| 図書館 | 도서관 | 長袖 | 긴팔 | ~に来る | - (으) 러 오다 |
| 閉じる | 닫다 | ~ながら | - (으) 면서 | 逃げる | 도망가다 |
| 閉じる (本を) | 덮다 | 流れる | 흐르다 | 煮込む | 푹 끓이다 |
| どちら | 어느 쪽 | 泣く・鳴く | 울다 | 西 | 서쪽 |
| 突然 | 갑자기 | 慰める | 위로하다 | 虹 | 무지개 |
| トッポッキ | 떡볶이 | なくす | 잃어버리다 | 二十 | 스물 |
| とても | 아주, 너무, 무척, 참 | 投げる | 던지다 | ~にする | - (으) 로 하다 |
| 届ける | 신고하다 | ~なければならない | -아/여야 되다, | 偽物 | 가짜 |
| とどまる | 머무르다 | | -아/여야 하다 | ~日 | -일 |
| どの | 어느 | ~なさってください | - (으) 십시오 | 日曜日 | 일요일 |
| どのように | 어떻게 | 梨 | 배 | ~について | -에 대해서 |
| トマト | 토마토 | なしとげられる | 이루어지다 | 日記 | 일기 |
| 止まる | 멈추다 (動きなど), | 成す | 이루다 | 煮つけ | 조림 |
| | 서다 (車など) | なぜ | 왜 | 日光 | 햇빛 |
| 泊まる | 숙박하다, 머무르다 | なぜならば | 왜냐하면 | 日程 | 일정 |
| 止める (車などを) | 세우다 | 夏 | 여름 | 似ている | 비슷하다 (ほぼ同様), |
| 友だち | 친구 | なつく | 따르다 | | 닮다 (生まれつき) |
| 土曜日 | 토요일 | 夏バテする | 더위를 먹다 | ~には | -에는 |
| 虎 | 호랑이 | ナツメ茶 | 대추차 | 日本 | 일본 |
| ドライブ | 드라이브 | 夏休み | 여름 방학 | 日本語 | 일본말, 일본어 |
| ドラマ | 드라마 | など | 등 | 日本語日本文学科 | 일본어일본문학과 |
| ドラム | 드럼 | 七 | 일곱, 칠 | 日本人 | 일본 사람, 일본인 |
| 鶏 | 닭 | 七十 | 일흔 | 日本料理 | 일본요리, 일식 |
| 鳥 | 새 | ななめに | 비스듬히 | 荷物 | 짐 |

| | | | | | |
|---|---|---|---|---|---|
| 煮物 | 조림 | (原因・理由) | 命令形等とともに），－기<br>때문에 | 肌寒い | 쌀쌀하다 |
| 入学 | 입학 | | | 果たして | 과연 |
| 入金 | 입금 | ～のに | －ㄴ데/은데/는데 | 果たす | 이루다, 다하다 |
| 入国 | 입국 | ～のほう | －쪽 | 二十歳 (はたち) | 스무 살 |
| 入試 | 입시 | のぼる | 오르다, 뜨다 (陽が) | 働く | 일하다 |
| 入社 | 입사 | ～のみ | －뿐 | 八 | 여덟, 팔 |
| ニュース | 뉴스 | 飲み物 (飲料) | 음료수 | 八月 | 팔월 |
| 入門 | 입문 | 飲む | 마시다 | 八十 | 여든 |
| 入浴する | 목욕하다 | 海苔 | 김 | 発音 | 발음 |
| 入力 | 입력 | 糊 | 풀 | 初恋 | 첫사랑 |
| 似る | 닮다 | 乗り遅れる | 놓치다 | 発生 | 발생 |
| 人気 | 인기 | 乗り換え口 | 갈아타는 곳 | 発送 | 발송 |
| 人気がある | 인기가 많다 | 乗り換える | 갈아타다 | 発展 | 발전 |
| 人形 | 인형 | 乗り場 | 타는 곳 | 発表 | 발표 |
| 人間 | 인간, 사람 | のり巻き | 김밥 | 派手だ | 화려하다 |
| ニンジン | 당근 | 乗る | 타다 | 鳩 | 비둘기 |
| にんにく | 마늘 | | | バドミントン | 배드민턴 |
| ～人分 | －인분 | **は** | | 花 | 꽃 |
| 脱ぐ | 벗다 | ～は | －는/은 | 鼻 | 코 |
| 抜ける | 빠지다 | ～は (尊敬) | －께서는 | 話 | 이야기, 얘기 |
| 塗る | 바르다 | 歯 | 이 | 話す | 말하다, 얘기하다,<br>이야기하다 |
| 根 | 뿌리 | 葉 | 잎 | | |
| 値上げ | 가격 인상 | パーティー | 파티, 잔치 | 話すこと | 말하기 |
| 願い | 소원 | パーマ | 파마 | 花束 | 꽃다발 |
| 願う | 바라다, 원하다 | はい (肯定的な返答) | 네, 예 | バナナ | 바나나 |
| 猫 | 고양이 | ～杯 | －잔 | はなはだしい | 심하다 |
| 値下げ | 가격 인하 | 配達 | 배달 | 花びら | 꽃잎 |
| ネズミ | 쥐 | 売店 | 매점 | 鼻水 | 콧물 |
| 値段 | 값 | 俳優 | 배우 | 母 | 어머니 |
| 熱 | 열 | 入る | 들다, 들어가다, 들어오다 | パパ (父さん) | 아빠 |
| 寝坊する | 늦잠을 자다 | はがき | 엽서 | 母方の祖父 | 외할아버지 |
| 眠い | 졸리다 | 博士 | 박사 | 母方の祖母 | 외할머니 |
| 眠り | 잠 | 履き物 | 신발 | 歯ブラシ | 칫솔 |
| 眠る | 자다, 잠들다 | ～泊 | －박 | はまる | 빠지다 |
| 狙う | 노리다 | 履く | 신다 | 歯磨き粉 | 치약 |
| 寝る | 자다, 잠들다 | 白菜 | 배추 | はめる | 끼다 |
| 念願 | 염원 | 博物館 | 박물관 | はやい | 이르다 (早い),<br>빠르다 (速い) |
| ～年生 (学年) | －학년 | 箱 | 상자 | | |
| 年末 | 연말 | ハサミ | 가위 | はやく | 일찍 (早く),<br>빨리 (速く) |
| 年齢 | 나이 | 挟む | 끼다 | | |
| ～の | －의 | 橋 | 다리 | 林 | 숲 |
| 農業 | 농업 | 箸 | 젓가락 | 腹 | 배 |
| 能力 | 능력 | はじめ・はじめて | 처음 | 薔薇 | 장미 |
| ノート | 노트, 공책 | はじめまして | 처음 뵙겠습니다. | 腹がたつ | 화가 나다 |
| ノートパソコン | 노트북 | (あいさつ) | | 貼り付け | 붙여넣기 |
| ～のか | －ㄴ지/은지/는지 | はじめる | 시작하다 | 春 | 봄 |
| 逃す | 놓치다 | パジャマ | 잠옷 | はるかに | 훨씬 |
| 残す | 남기다 | 場所 | 자리, 장소 | バレーボール | 배구 |
| 残り | 나머지 | 走る | 뛰다, 달리다 | 腫れる | 붓다 |
| 載せる | 싣다 | バス | 버스 | 半 | 반 |
| 乗せる | 태우다 | 恥ずかしい | 창피하다 (みっともない),<br>부끄럽다 (顔向けできない),<br>쑥스럽다 (照れくさい) | 晩 | 저녁 |
| 望む | 바라다, 원하다 | | | ～番 | －번 |
| のち | 후 | | | パン | 빵 |
| のちほど | 이따가 | バスケットボール | 농구 | ハンガー | 옷걸이 |
| ノック | 노크 | バスターミナル | 버스터미널 | ハンカチ | 손수건 |
| ～ので | － (으) 니까 (勧誘形や | パスポート | 여권 | ハンガン (漢江) | 한강 (地名) |
| | | パスワード | 비밀번호 | 番組 | 프로그램 |

| | | | | | | |
|---|---|---|---|---|---|
| ハングル | 한글 | 百 | 백 | ふところ | 품 |
| ハングルの日 | 한글날 | 百貨店 | 백화점 | 太っている | 뚱뚱하다 |
| はんこ | 도장 | 表 | 표 | 太る | 살 (이) 찌다 |
| 番号 | 번호 | 〜秒 | −초 | ふとん | 이불 |
| 晩御飯 | 저녁 | 病院 | 병원 | 船 | 배 |
| ハンサムだ | 잘생기다 | 病気 | 병 | 部分 | 부분 |
| 半ズボン | 반바지 | 美容師 | 미용사 | 父母 | 부모 |
| 反対 | 반대 | 美容室 | 미용실 | 踏まれる | 밟히다 |
| 反対に | 반대로 | 表情 | 표정 | 踏む | 밟다 |
| 判断 | 판단 | ひょっとして | 혹시 | 冬 | 겨울 |
| ハンバーガー | 햄버거 | ピョンヤン (平壌) | 평양 (地名) | 冬休み | 겨울 방학 |
| ハンバーグ | 햄버그 | 開かれる | 열리다 | フライドチキン | 치킨, 통닭 |
| 販売 | 판매 | 開く | 열다 | フライパン | 프라이팬 |
| 反復 | 반복 | 昼 | 낮 | ブラックコーヒー | 블랙 커피 |
| 〜番目 | −번째 | 昼寝 | 낮잠 | フランス | 프랑스 |
| 火 | 불 | 広い | 넓다 | フランス語学科 | 프랑스어학과 |
| 日 | 날 | 広げる | 넓히다 | 降る | 내리다, 오다 |
| ピアノ | 피아노 | 広さ | 넓이 | プルコギ | 불고기 |
| ビール | 맥주 | 火を消す | 불을 끄다 | ふるさと | 고향 |
| 東 | 동쪽 | ピンク | 분홍색 | プレゼント | 선물 |
| 東アジア地域言語学科 | 동아시아지역언어학과 | ファイル | 파일 | 触れる | 손 대다 |
| 〜匹 | −마리 | ファッション | 패션 | 風呂 (公衆浴場) | 목욕탕 |
| 引き受ける | 맡다 | ファン | 팬 | プログラム | 프로그램 |
| 引き算 | 빼기 | 不安 | 불안 | プロポーズ | 청혼 |
| ひきだし (家具) | 서랍 | 封筒 | 봉투 | 風呂に入る | 목욕하다, 씻다 |
| 引き抜く | 뽑다 | プール | 수영장, 풀장 | 〜分 | −분 |
| 引く (ドア) | 당기다 | 増える | 늘다, 늘어나다, 증가하다 | 雰囲気 | 분위기 |
| 低い | 낮다 | 深い | 깊다 | 文化 | 문화 |
| ひげ | 수염 | 深さ | 깊이 | 文化学科 | 문화학과 |
| 髭剃り | 면도 | 拭く | 닦다 | 文学 | 문학 |
| 飛行機 | 비행기 | 吹く | 불다 | 紛失 | 분실 |
| ビザ (査証) | 비자 | 服 | 옷 | 文法 | 문법 |
| 久しぶり | 오래간만, 오랜만 | 複雑だ | 복잡하다 | 文房具 | 문방구, 문구 |
| ひたい | 이마 | 腹痛 | 배탈 | 分野 | 분야 |
| ビタミン | 비타민 | 不幸 | 불행 | 〜へ | − (으) 로 |
| 左 | 왼쪽 | ふさがる | 막히다 | 弊害 | 폐해 |
| 筆記 | 필기 | プサン (釜山) | 부산 (地名) | 平日 | 평일 |
| 引越し | 이사 | 部署 | 부서 | 平和 | 평화 |
| 羊 | 양 | 不親切だ | 불친절하다 | ページ | 쪽, 페이지 |
| ぴったり | 딱 | 防ぐ | 막다 | ペキン (北京) | 베이징 (地名) |
| 必要 | 필요 | ふた | 뚜껑 | へそ | 배꼽 |
| 人 | 사람 | 豚 | 돼지 | ベッド | 침대 |
| 一つ | 하나 | ふたたび | 다시 | ペット | 애완 동물 |
| 一つも | 하나도 | 豚肉 | 돼지고기 | 別に | 별, 별로 |
| 人見知りする | 낯가림하다 | 二人で | 둘이서 | 別々に | 따로 |
| 一人 | 혼자 | 負担 | 부담 | 部屋 | 방 |
| 一人で, 独りで | 혼자서 | 負担に思う・ | 부담스럽다 | ベランダ | 베란다 |
| 一人息子 | 외아들 | 負担に感じる | | 減る | 줄다, 줄어들다 |
| 一人娘 | 외딸, 외동딸 | 部長 | 부장 | ペン | 펜 |
| 避難する | 대피하다 | 普通 | 보통 | 返却する | 반납하다 |
| 日にち | 날짜 | 二日 (日数) | 이틀 | 勉強 | 공부 |
| ビビンバ | 비빔밥 | 物価 | 물가 | 勉強する | 공부하다 |
| ビビン冷麺 | 비빔냉면 | 物理科学科 | 물리과학과 | 弁護士 | 변호사 |
| 皮膚 | 피부 | 筆 | 붓 | 返事 | 대답, 답장 |
| 暇だ | 한가하다 | 筆箱 | 필통 | 返信 | 답신, 답장 |
| 秘密 | 비밀 | ふと | 문득 | 変だ | 이상하다 |
| 紐 | 끈, 줄 | 不動産 | 부동산 | ベンチ | 벤치 |

| | | | | | |
|---|---|---|---|---|---|
| 弁当 | 도시락 | ~（する）前 | −기 전 | 短い | 짧다 |
| 返納する | 반납하다 | ~前（~分前など） | −전 | 水 | 물 |
| 便利だ | 편리하다 | 前 | 앞 | 水冷麺 | 물냉면 |
| 保育士 | 보육교사 | 前売り | 예매 | 湖 | 호수 |
| 法 | 법 | 任せる | 맡기다 | 自ら | 스스로 |
| 貿易学科 | 무역학과 | まく（水、粉、種など） | 뿌리다 | みずみずしい | 싱싱하다 |
| 法学部 | 법학부 | 枕 | 베개 | 店 | 가게, 집 (飲食店など) |
| 放棄 | 포기 | 負ける | 지다 | 見せる | 보이다, 보여주다 |
| 方向 | 방향 | 孫（男） | 손자 | 味噌 | 된장 |
| 報告書 | 보고서 | 孫（女） | 손녀 | 道 | 길 |
| 帽子 | 모자 | まさか | 설마 | 道端 | 길가 |
| 包装 | 포장 | まさに | 바로 | みちる | 차다 |
| 放送 | 방송 | 混ざる | 섞이다 | 認める | 인정하다 |
| 豊富だ | 풍부하다 | ましだ | 낫다 | 緑色 | 녹색, 초록색 |
| 方法 | 법, 방법 | 真面目だ | 부지런하다 | みな | 다, 모두 |
| 法律 | 법률 | ~ましょう | −ㅂ/읍시다 | 皆さん | 여러분 |
| 法律学科 | 법률학과 | ~ましょうか | −ㄹ/을까요? | 港 | 항구 |
| 暴力 | 폭력 | ~ます | −ㅂ/습니다 | 南 | 남쪽 |
| ほうれん草 | 시금치 | まず | 먼저, 우선 | ミネラルウオーター | 생수 |
| ボーイフレンド | 남자 친구 | まずい | 맛없다 | 身振り | 몸짓 |
| ホームページ | 홈페이지 | ~ますか | −ㅂ/−습니까? | 未満 | 미만 |
| ボール | 공 | ~ますからね | −ㄹ/을게요 | 耳 | 귀 |
| ボールペン | 볼펜 | 貧しい | 가난하다 | ミョンドン（明洞） | 명동 (地名) |
| ポケット | 주머니 | 混ぜる | 섞다 | 未来 | 미래 |
| 保険 | 보험 | また | 다시, 또 | 見る、観る | 보다 |
| 星 | 별 | まだ | 아직 | 民俗 | 민속 |
| 募集 | 모집 | 町 | 동네 | 民族 | 민족 |
| 細い | 가늘다 | 間違っている | 틀리다 | 向かい側 | 맞은편, 건너편 |
| 保存する（コンピュータ） | 저장하다 | 待つ | 기다리다 | 昔 | 옛날 |
| ボタン | 단추 | まっすぐ | 곧장, 쪽 | 無我夢中だ | 정신없다 |
| ほっそりしている | 날씬하다 | まったく | 전혀 | 麦 | 보리 |
| ホッチキス | 스테이플러 | 祭り | 축제 | 婿 | 사위 |
| ホットク | 호떡 | 松 | 소나무 | 虫 | 벌레 |
| ポテト | 프렌치프라이, 감자, 감자튀김 | ~まで | −까지 | 蒸し暑い | 무덥다 |
| ホテル | 호텔 | 窓 | 창문 | 無人島 | 무인도 |
| ~（する）ほどに | −ㄹ/을수록 | 窓口 | 창구 | 蒸す | 찌다 |
| ほとんど | 거의 | まな板 | 도마 | 難しい | 어렵다 |
| 骨 | 뼈 | 学ぶ | 배우다 | 難しさ | 어려움 |
| 褒める | 칭찬하다 | ママ（母さん） | 엄마 | 息子 | 아들 |
| 保養 | 보양 | まもなく | 금방, 곧 | 娘 | 딸 |
| ほれる | 반하다 | 守る | 지키다 | 胸 | 가슴 |
| 本 | 책 | 眉毛 | 눈썹 | 村 | 마을 |
| ~本 | −병 (瓶), −그루 (木など) | マラソン | 마라톤 | 無理 | 무리 |
| 本棚 | 책장 | 丸い | 둥글다 | 目 | 눈 |
| 本当ですか | 정말이요 | まれだ | 드물다 | ~名 | −명 |
| 本当に | 정말, 참, 진짜 | 回す | 돌리다 | 名刺 | 명함 |
| 本部棟 | 본부동 | 回る | 돌다 | メートル | 미터 |
| 本文 | 본문 | 万 | 만 | メール | 메일 |
| 本物 | 진짜 | 万一 | 만일, 만약 | メールアドレス | 메일주소 |
| 翻訳 | 번역 | 漫画 | 만화 | メガネ | 안경 |
| | | マンション | 아파트 | 目薬 | 안약 |
| **ま** | | 実 | 열매 | 召し上がる | 드시다, 잡수시다 |
| まあまあだ | 그저 그렇다 | 見える | 보이다 | 珍しい | 드물다 |
| ~枚 | −장 | 見送り | 배웅 | メニュー | 메뉴 |
| マイナス | 마이너스 | 磨く | 닦다 | メモ | 메모 |
| 毎日 | 매일 | みかん | 귤 | メモ紙 | 쪽지 |
| | | 右 | 오른쪽 | 目を覚まさせる | 깨우다 |

| | | | | | |
|---|---|---|---|---|---|
| 目を覚ます | 깨다 | 夜景 | 야경 | よくわかりません | 잘 모르겠어요 |
| 目をつむる | 눈을 감다 | 野菜 | 야채 | 横 | 옆 |
| 免税 | 면세 | 易しい | 쉽다 | 横になる | 눕다 |
| 免税店 | 면세점 | 優しい | 상냥하다, 자상하다 | よそよそしい | 쌀쌀하다, 쌀쌀맞다 |
| 面接 | 면접 | 安い | 싸다 | 四つ角 | 사거리 |
| 面倒くさがる | 귀찮아하다 | 休み (学校の長期休み) | 방학 | 予定 | 예정 |
| ～も (助詞) | －도 | 休む | 쉬다 | 四人で | 넷이서 |
| ～も (数量の驚き) | － (이) 나 | 痩せる | 살이 빠지다, 마르다 | 世の中 | 세상 |
| ～も (尊敬) | －께서도 | 薬局 | 약국 | 予備校 | 학원 |
| もう | 벌써, 이제, 이미 | やはり | 역시 | 呼ぶ | 부르다 |
| 申し上げる | 말씀드리다 | 破れる | 찢어지다 | 読ませる | 읽히다 |
| 申し訳ありません | 죄송합니다 | 山 | 산 | 読まれる | 읽히다 |
| 申し訳ない | 죄송하다 | 山積み (たくさんあること) | 산더미 | 読む | 읽다 |
| もうすぐ | 곧, 금방, 바로 | やめる | 그만두다, 그만하다 | 読むこと | 읽기 |
| 毛布 | 담요 | 湯 | 뜨거운 물 | 嫁 | 며느리 |
| 目撃 | 목격 | 憂鬱だ | 우울하다 | 予約 | 예약 |
| 目的地 | 목적지 | 遊園地 | 놀이공원 | 余裕 | 여유 |
| 目標 | 목표 | 夕方 | 저녁 | ～より | －보다 |
| 木曜日 | 목요일 | 勇気 | 용기 | より～ | 보다 |
| もし | 만일, 만약 | 優勝 | 우승 | 夜 | 밤 |
| 文字 | 문자, 글자 | 友情 | 우정 | 喜ぶ | 좋아하다 |
| もしかして | 혹시 | 夕食 | 저녁 | 弱い | 약하다 |
| 文字メッセージ | 문자 (SMS) | 有能 | 유능 | 四 | 넷, 사 |
| もしもし | 여보세요 | 郵便局 | 우체국 | 四～ | 네－ |
| もち | 떡 | 有名だ | 유명하다 | 四十 | 마흔 |
| もちろん | 물론 | 遊覧船 | 유람선 | | |
| 持つ | 가지다, 들다 | 床 | 바닥 | **ら** | |
| もっと | 더, 더욱 | 雪 | 눈 | ラーメン | 라면 |
| 最も | 가장 | ゆず茶 | 유자차 | 来月 | 다음 달 |
| 求める | 구하다 | 譲る | 양보하다 | 来週 | 다음주 |
| もともと | 원래 | ゆっくり | 천천히 | 来年 | 내년, 다음해 |
| もの | 물건, 것 | ゆっくり休む | 푹 쉬다 | 来年度 | 내년도 |
| ～ものと思った | －줄 알았다 | ゆでる | 삶다 | 楽だ | 편하다 |
| ～ものと思わなかった | －줄 몰랐다 | 指輪 | 반지 | ラジオ | 라디오 |
| もみじ | 단풍 | 指輪をはめる | 반지를 끼다 | ランニング | 달리기, 러닝 |
| 桃 | 복숭아 | 夢 | 꿈 | ～里 | －리 |
| 燃やす | 태우다 | 夢がかなう | 꿈이 이루어지다 | 理解 | 이해 |
| 模様 | 무늬 | 夢を見る | 꿈꾸다 | 理学部 | 이학부 |
| もらう | 받다, 얻다 | 許す | 허락하다 (許諾), | 陸上競技 | 육상경기 |
| 盛る (容器に) | 담다 | | 용서하다 (容赦) | 離婚 | 이혼 |
| 問題 | 문제 | ユンノリ | 윷놀이 | リビング | 거실 |
| | | ～よう | －자 | 理由 | 이유 |
| **や** | | 酔う | 취하다 | 留学生 | 유학생 |
| ～や | － (이) 나 | 用事 | 볼일 | 流行 | 유행 |
| やかん | 주전자 | 様式 | 양식 | リュック | 배낭 |
| 焼き芋 | 군고구마 | ～ (する・した) ようだ | －것 같다 | 寮 | 기숙사 |
| 野球 | 야구 | 幼稚園児 | 유치원생 | 利用 | 이용 |
| 野球場 | 야구장 | ～ようと思う | － (으) 려고 하다 | 両替 | 환전 |
| 焼く | 부치다 (フライパンの油 | ～ (する) ように | －도록 | 料金 | 요금 |
| | で), 굽다 (魚, 肉など) | ～ように (副詞化) | －게 | 両親 | 부모님 |
| 約 | 약 | 陽暦 | 양력 | 料理 | 요리 |
| 薬学科 | 약학과 | ヨーグルト | 요구르트 | 旅館 | 여관 |
| 薬学部 | 약학부 | ヨーロッパ | 유럽 | 緑茶 | 녹차 |
| 薬剤師 | 약사 | よく (状態・程度など) | 잘 | 旅行 | 여행 |
| 約束 | 약속 | よく (頻度) | 자주 | 履歴書 | 이력서 |
| 役立つ | 유용하다 | 欲 | 욕심 | リンゴ | 사과 |
| 役割 | 역할 | よくわからないのですが | 잘 모르겠는데요 | 隣国 | 이웃나라 |

| | |
|---|---|
| リンス | 린스 |
| 零 | 공, 영 |
| 例 | 예, 보기 |
| 零下 | 영하 |
| 礼儀 | 예의 |
| 冷蔵庫 | 냉장고 |
| 冷房 | 냉방 |
| 冷麺 | 냉면 |
| 歴史 | 역사 |
| 歴史学科 | 역사학과 |
| レギュラーサイズ | 레귤러 사이즈 |
| レシピ | 레시피 |
| 列 | 줄 |
| 列車 | 열차 |
| ～れば | － (으) 면 |
| ～ればいい | － (으) 면 되다 |
| レポート | 리포트 |
| 連休 | 연휴 |
| 練習 | 연습 |
| 連絡 | 연락 |
| 廊下 | 복도 |
| 労働 | 노동 |
| 浪費 | 낭비 |
| 六 | 여섯, 육 |
| 六月 | 유월 |
| 六十 | 예순 |
| 六人で | 여섯이서 |
| ロシア | 러시아 |
| ロック | 록, 록음악 |
| 露店 | 노점 |
| 論文 | 논문 |

## わ

| | |
|---|---|
| 若い | 젊다 |
| 沸かす | 끓이다 |
| 若者 | 젊은이 |
| 分からない | 모르다 |
| 分かる | 알다, 이해하다 |
| 別れる | 헤어지다 |
| 分ける | 나누다 |
| わずかの間 | 잠깐, 잠시 |
| 忘れられる | 잊히다, 잊혀지다 |
| 忘れる | 잊다 |
| 私 | 저, 나 |
| 私が | 제가, 내가 |
| 私たち (の) | 우리 |
| 私たち、私ども (謙譲) | 저희 |
| 私の | 제, 내 |
| 渡す | 건네다 |
| 渡る | 건너다 |
| 笑う | 웃다 |
| 笑わせる | 웃기다 |
| 割り算 | 나누기 |
| 割引 | 할인 |
| 割れる | 깨지다 |
| ワンルーム | 원룸 |
| ～を | －를/을 |

## 著者紹介

松﨑 真日（まつざき　まひる）
　福岡大学人文学部教授

丁　仁京（ちょん　いんぎょん）
　福岡大学共通教育センター外国語講師

熊木　勉（くまき　つとむ）
　天理大学国際学部教授

金　昴京（きむ　みょうきょん）
　前福岡大学共通教育センター外国語講師

李　秀炅（い　すぎょん）
　大阪大学他非常勤講師

韓 国 語 教 本
# ハングルマダン
### 改 訂 版

| 検印省略 | | |
| --- | --- | --- |
| | ⓒ 2017 年 1 月 30 日　　初版発行 | |
| | 2020 年 1 月 30 日　改訂初版発行 | |
| | 2024 年 1 月 30 日　　第 4 刷発行 | |

|  |  |
| --- | --- |
| 著者 | 松﨑 真日<br>丁　仁京<br>熊木　勉<br>金　昴京<br>李　秀炅 |
| 発行者 | 原　雅久 |
| 発行所 | 株式会社　朝日出版社<br>101-0065　東京都千代田区西神田 3-3-5<br>電話　03-3239-0271/72<br>振替口座　00140-2-46008<br>http://www.asahipress.com/ |
|  | 組版 / 剛一　印刷 / 図書印刷 |

乱丁、落丁本はお取り替えいたします。
ISBN978-4-255-55673-4 C1087